정조대왕의 꿈

개혁과 갈등의 시대

머리말

2000년대는 21세기의 시작이라는 의미 이상의 의미로 우리에게 다가왔다. 지난 시대 분열과 갈등의 역사적 경험을 바탕으로 이제는 후진성의 굴레를 청산하고 선진화를 구현해야 한다는 민족의 간절한 염원이 있기 때문이다.

부실과 졸속으로 점철된 오늘의 후진적 문화와, 주체와 개성을 상실한 현시대의 정신적 상황은 선진화의 문턱에서 번번히 우리를 나락으로 굴러 떨어지게 하고 있다. 그토록 자주 개혁을 부르짖었지만 개혁은 언제나 혼란만을 야기한 채 쉽사리 좌초하고 말았다.

그러기에 우리는 오늘의 난국을 이해하기 위해 오늘이 있게 한 지난 시대를 돌이켜 보게 되고, 그 과정에서 자신의 한계를 자각하여 그 극복을 위해 몸부림쳤던 2백 년 전 정조시대의 역사를 만나게 된다.

공교롭게도 2백 년 전인 서기 1800년은 조선후기의 위대한 군주 정조대왕이 그 원대한 꿈을 접고 서거한 해였다. 주자학사상과 진경문화, 그리고 사림정치가 마지막 불꽃을 태우는 가운데 왕조사회 전체가 미증유의 격동 속으로 빠져들어 가던 전환기적 국면에서 정조는 숨을 거두었고, 이 시대 이래의 역사적 과제는 21세기로 접어든 오늘까지도 여전히 미완인 채로 남아 있다.

정조대왕은 격동의 시대를 고뇌 속에 이끌다가 병마에 휩싸였으며, 음력 6월의 무더위에 시달리며 고통 속에 한스런 죽음을 맞이하였다. 2백 년 전의 이 사건은 단순한 군주 교체의 의미를 넘어서서 정치사적으로는 사림정치와 탕평정치의 시대가 끝나고 세도정치와 민란의 시대가 시작된다는 의미를 지니고 있다. 나아가 군주가 앞장서 전 사회적 변화를 모색했던 정조시대야말로 전통시대의 종장이자 새로운 시대의 서장이라 할 수 있는, 민족사 전개에 있어 획기적 계기였다.

24년 재위 기간 동안 150여 종 4천 권에 이르는 방대한 서적 편찬사업을 수행하였으며, 스스로도 『홍재전서』라는 184권 100책의 문집을 남길 정도의 학자였던 정조는 훌륭한 자질과 차원높은 꿈을 지닌 지도자였다. 그러나 정조는 혁신의 의지와 그를 실현하려는 각고의 노력에도 불구하고 계속되는 어려움 속에 좌절을 맛보곤 했다.

어린 시절 아버지 사도세자의 죽음으로부터 야기된 개인적 불행은 언제나 정조의 운신을 옥죄었고, 인생의 황혼기에 가서도 결국 넘어설 수 없는 한계로 작용했다. 정조시대 내내 지도자를 곤혹스럽게 만들었던 정파간의 정치적 갈등과 외래문화의 충격, 전면적 사회 변화를 초래한 시대의 격랑은 외롭게 몸부림치다 쓰러져 간 정조의 삶과 죽음을 비장하고도 극적인 대하드라마로 꾸며놓았다.

그런 만큼 정조와 관련된 사건과 정조시대의 문화적 산물은 그 속에 숨가쁜 변화와 갈등의 자취를 남기고 있다. 정조가 왕위에서 물러나 상왕으로서 노후를 보내려 한 화성신도시의 웅대한 시설물들은 이루어질 수 없었던 대왕의 꿈과 비원을 간직한 정조시대 문화의 상징물이다.

이들은 전통문화와 외래문화의 융합이라는 당대의 혁신적 문화이념에 따라 조성되었거니와, 이 시대 문화유산 모두가 마찬가지 맥락을 지니고 있다. 사도세자의 명복을 빌기 위해 세운 용주사 대웅전의 탱화 하나만 보더라도, 이 그림을 그릴 즈음 정조는 단원 김홍도와 이명기를 북경의 천주교회당에 특파하여 서양화법을 배워와 불화를 그리도록 하였다. 그러므로 정조시대의 저 풍부한 문화유산 속에서 우리는 시대의 역동적 변화와 방향성을 실감하게 된다.

통칭 5천 년이라는 우리 역사에서 2백 년 전이란 그리 오래 전은 아니다. 그럼에도 우리는 지난 2백 년 간 겪었던 격동의 역사가 지닌 무게 때문에, 그리고 이 기간에 진행된 일방적인 서양 배우기와 그 부담감 때문에, 그 너머에 있는 정조시대에 대해 꽤 오래된, 그래서 이제는 잘 알 수 없고 때로는 잘 몰라도 좋은 그런 시기로 느끼게 된 듯하다.

2백 년 전이라면 1776년의 미국독립이나 1789년의 프랑스혁명을 떠올리고, 서구의 근대사회 발전과정에 대해 누구나 꽤 잘 설명할 수 있다. 하지만 우리 역사에 있어 정조시대(1776~1800)가 겪었던 역동적 변화의 과정에 대해서는 생각조차 못하는 경우가 많다.

그러나 서양에서처럼 우리에게도 2백 년 전은 오늘의 출발점이었다. 정조시대는 전통문화를 집대성한 역량 위에서 자신의 한계를 인식하고, 나아가 그를 극복하고자 청나라 문물은 물론 천주교를 위시한 외래의 서구문화까지 받아들이려 의식적으로 노력하기 시작한 시기였다. 이후 2백 년 간 '세계화'를 향한 이런 노력이 계속되어 왔다면, 이제 그 연장선상에 서있는 오늘의 시대야말로 전통과 외래문화를 아우르는 새로운 형태의 개성적 문화를 도출해야 할 단계라 할 것이다.

2백 년 전 정조시대는 저만한 역량을 가졌기에 당시의 문화적 산물인 창덕궁과 화성 등은 일제 이후 오늘까지 수많은 파괴와 왜곡을 겪고서도 세계문화유산으로서 그 개성과 우수성을 인정받았다. 오늘 우리 시대의 그 어떤 문화적 산물이 2백 년 후 다시 세계로부터 이만한 평가를 받을 수 있을 것인가?

전통을 망각하고 개성을 상실한 채 부실과 졸속으로 일관하는 우리시대 문화의 부끄러운 실상을 직시한다면 결론은 자명하다. 그러기에 절정을 맞아 스스로 변화를 모색했던 전통문화의 진면목은 재조명되어야 할 필요가 있다. 정조 서거 2백주년이란 오늘의 시점은 2백 년 전부터 진행되어 온 변화와 방향성을 정당히 인식하고 그를 계승하여 완수하기 위한 진지한 노력의 시발점이 되어야 할 것이다.

정조에 대하여는 학교교육을 통해 주어진 지식 외에 소설이나 연속사극, 영화 등을 통해 알려진 몇몇 이야기가 있어서, 정조시대는 여기서 받은 인상으로 채색되어 있다. 탕평책으로 정치적 안정을 이끌어 내고 문화의 중흥을 이룩한 군주라는 교과서적 지식에다가, 근래에 와서는 근대를 향해 개혁을 시도하다가 정치적 반대파에 의해 독살된 비운의 탕평군주라는 등의 소설적 설명이 정조에게 덧붙여진 것이다. 이제 이를 근거로 정조시대에는 진보적 군주와 보수적 반대파 사이에 치열한 정쟁이 벌어졌고, 이 과정에서 정조가 희생되었으며 이로써 우리의 자주적 근대화가 좌절되었다는 식으로 인식되기에 이르렀다.

그러나 이같은 설명과 평가는 문학적 상상에서 나온 허구적인 것이 많고, 정조와 정조시대의 역사적 실상과는 거리가 멀다. 이제는 거의 상식이 되다시피 한 '정조독살설'을 비롯하여, 정조가 반대파를 피해 수원으로 서울을 옮기려 화성을 건설했다는 '화성천도론', 정조의 탕평정치와 개혁에 대한 일방적 예찬 등도 모두 마찬가지이다. 노론 벽파에게 정조의 개혁을 거부한 보수반동집단의 굴레를 씌우고, 나아가 세도정치를 시작한 책임을 지우는 식의 단선적 역사 이해도 전통시대의 역사상을 크게 왜곡하고 있다.

역사의 왜곡은 잘못된 현실인식의 산물이다. 역사에 대한 이해 수준은 현실 인식의 수준과 일치하게 마련이며, 잘못된 역사관은 현실을 왜곡된 시각으로 인식하여 현실문제를 호도하도록 만든다. 정조와 정조시대에 대한 왜곡된 이해는 우리 현실에서의 잘못된 지도자상이나 허황된 정치론, 그리고 후진적 문화의식과 직결되고 있다. 정조를 내세워 정치에서 독재와 폭력을 정당화하거나, 황당한 개혁론이나 무조건적 단결론으로 부실을 덮고 정론을 억누르려는 경우도 보게 된다. 심지어는 세계문화유산의 허울좋은 미명을 내건 채 그 이면에서 대대적 훼손과 유린을 자행하는 것이 오늘의 현실이며 이런 것이 우리의 선진화를 가로막는 걸림돌이다.

그러므로 정조와 정조시대, 그리고 전통문화의 실상은 다시 살펴보아야 하고, 그에 대한 기존의 지식들도 객관적으로 다시 검증해 보아야 한다. 정조가 지녔던 개인적 꿈과 비원, 그리고 지도자로서의 개혁의지와 실천, 그에 따른 고뇌와 갈등 등도 정조시대의 역사적 추이와 견주어 올바로 해석하고 평가하지 않으면 안된다. 전통문화의 극점을 구현하고 새로운 문화를 추구하던 시점에 국가의 최고지도자가 당대의 관료, 학자, 그리고 백성들과 함께 시대의 한계를 깨려는 노력을 시도하였다면, 그 성공과 실패의 역사적 경험은 지도력의 부재와 이념 및 문화의식의 혼란 속에 더 큰 갈등을 겪고 있는 오늘 우리 시대의 문제를 해결해 나가는 근거가 될 것이다.

이는 현실의 개혁을 모색하면서 바람직한 미래상을 꿈꾸는 우리들에게 많은 것을 시사해 준다. 전통문화를 집대성하고 그 화려한 절정을 구가하면서, 거기서 한 단계 더 나아가기 위해 외래문화의 수용을 놓고 갈등을 겪었던 시대, '법고창신(法古創新; 옛 것을 모범으로 새로운 것을 창안함)'의 이념을 내세워 새로운 사회질서와 문화적 개성을 수립하고자 몸부림치던 이 시대는 사실 세계화를 외치며 서구문화를 받아들여 선진화를 이루려는 오늘 우리 시대와 직결되어 있다. 그런 면에서 정조시대의 탐구는 현재에 대한 재인식이라는 의미를 지니게 된다. 정조를 비롯한 역사 속의 여러 인간 군상과 그들의 노력은 오늘 이 시대의 정치와 사회, 문화를 비추어 보는 거울로서 주목할만한 가치가 있다.

지난해 7월 29일(음력 6월 28일)은 정조대왕 서거 2백주기 기일이었다. 화산 아래 정조의 능침 건릉과 용주사에서는 화성군 주최의 조촐한 추모식 행사가 베풀어졌다. 정조대왕의 역사적 중요성과 극명히 대비되는 우리 현실 속에서의 위상을 견주어 보면서, 필자는 우리시대의 후진성을 극복하기 위하여 정조와 정조시대를 올바로 인식하는 것이 긴요하다는 생각을 해 보았다. 정조시대로부터 2백 년이 지난 지금, 2백 년 전 정조의 꿈과 고뇌, 그리고 시대적 추이와 갈등에 대해 필자 나름의 작은 깨달음을 적어보는 것도 무의미하지는 않을 것 같았다.

돌이켜 보면, 지난 시절 규장각에서 정조시대 이래 선학들의 손때가 묻은 방대한 자료들을 직접 들추어 볼 수 있었던 것과, 간송미술관 보화각의 빛나는 명품들을 접할 수 있었던 것은 필자에겐 과분한 행운이었다. 지난 십여 년 간 학교 연구실 창문 너머로 언제나 화산과 화성을 바라볼 수 있었던 것도 필자 연구에 큰 자극이 되었다. 화성 준공 2백주년을 기념하여 『꿈의 문화유산, 화성』을 썼던 것에 이어, 이제 정조대왕의 서거 2백주기를 보내며 이 책을 출간하게 된 바탕에는 이런 계기들이 있었다.

그간 정조대왕의 기일이면 함께 건릉을 찾았던 김항수, 강관식, 오주석, 조재송, 이남규 교수와의 토론, 그리고 임철우 교수, 한기철, 백영식 선생의 애정어린 충고도 큰 도움이 되었다. 이 책을 정성으로 단장해 주신 신구문화사의 김광근 상무님과 여러 직원께도 깊은 감사의 뜻을 전하고자 한다.

2001년 1월 31일
유 봉 학 씀

차 례

제 1 장

정조대왕의 죽음과 꿈의 좌절

1. 대왕의 죽음: '독살설'의 오류

정조는 1800년 6월 28일(음력), 삼복의 더위 속에 거의 한 달간을 투병하다가 심신의 고통 속에 한스러운 죽음을 맞이하였다.

『조선왕조실록』 등 당시의 기록에 의하면 그는 6월 초순에 병환을 얻었다고 한다. 정조는 부스럼으로 시작된 이 병을 과거에도 여러 차례 앓은 적이 있어서 처음엔 대수롭게 여기지 않았다. 그러나 이러저러한 약을 써보는 가운데 점차 부스럼은 악성종기로 진전되어 병세가 악화되었으며, 급기야 보름이 지나서는 종기가 온몸으로 퍼져나가 곪게 되었다. 밤에 자리에 눕게 되면 종기가 터져 피고름이 쏟아지는 통증과 음력 6월의 무더위에 시달리면서 정조의 투병은 계속되었다.

과거에 비슷한 상황에서 써본 바 있던 여러 처방과 연훈방까지, 정조의 동의 하에 다시 시도하게 되었던 것은 이러한 병세 악화 때

문이었다. 그럼에도 병세는 호전되지 않았으며, 백약이 무효인 가운데 탈진한 정조는 6월 28일 오전 혼수상태에 빠지게 된다. 결국 발병 20여 일만인 그 날 오후 늦게 창경궁 영춘헌에서 정조는 백관과 백성들의 안타까움과 애도 속에 서거하기에 이르렀다.

정조독살설

정조의 죽음과 관련하여 항간에는 '정조독살설'이 널리 유포되어 있다. 세간의 막연한 추측이 『영원한 제국』이라는 소설의 상업적 성공 이후 이제 일반에게는 통설이 된 셈이다. 소설적 허구가 역사적 사실과 일치하지도 않으며 또 일치할 필요도 없다는 점을 간과하는 가운데, 정조독살설은 역사적 사실인 양 받아들여지고 있다. 심환지 등 노론벽파의 음모에 의해 정조는 독살되었으며, 이들이 집권하여 세도정치를 펼쳐 정조가 주도하던 조선의 진보적 개혁과 자주적 근대화가 좌절되었다는 것이다.

소설은 작가의 상상력에 의지하는 허구의 산물이다. 그러므로 그 내용이 모두 역사적 사실과 일치할 필요는 없다. 하지만 역사소설이 사실적 역사 상황을 바탕에 깔고 상상력을 발휘하여 이야기를 전개할 때, 소설적 허구는 소설가의 통찰력 이상의 설득력을 발휘하고 감동을 줄 것이다. 때로는 문학적 상상이 사료만으로는 불가능한 역사적 상황을 구성해 내어 숨어 있던 역사의 진실을 끌어낼 수도 있다.

따라서 역사소설에서 제시된 세세한 내용의 역사적 사실 여부를 따질 필요는 없지만, 이제 소설적 허구로서가 아니라 우리 역사 어떤 시기에 대해 통설처럼 된 역사인식과 영향력 있는 역사관이라면 문제가 다르다. 이에 대해 역사학은 소설적 허구와 역사사실의 경계점을 분명히 알리고, 이 역사관의 정당성을 엄밀히 검증해 주어야 할 것이다. 역사관이란 과거의 역사적 사실에 대한 해석의 관점이며, 이는 현실인식과 직결되어 있어 잘못된 역사관은 현실에 대한 인식을 호도하기 때문이다. 정조독살설과 그 배후의 역사관, 그리고 그를 정당화하는 역사적 사실과 논리는 그 영향력이 커진 만큼 우리의 현실인식 태도에도 많은 영향을 주고 있다.

마치 통설처럼 되어버린 정조독살설, 그로부터 도출된 역사상과 역사관을 검증하는 일은 우선 이 주장이 어떤 근거로 어떤 논리 위에서 나오게 되었는가를 따지는 데서 출발한다. 사실에 대한 검토로부터 어떤 논리구조를 가지고 어떤 역사상을 구성하는지, 나아가 이런 역사상의 근저에 있는 역사관이 현실인식에 어떠한 결과를 가져올 것인지를 살펴보아야 할 것이다.

독살설의 오류

역사적 사실의 차원에서 결론부터 먼저 말하자면, 정조독살설은 그 근거로서 제시된 핵심적 사실들이 역사적 사실과 부합하지 않는다. 정조의 독살 이후 정조를 제거한 노론벽파가 세도정치를 하게 되고, 이에 따라 조선에는 역사의 단절이 와서 암흑시대로 추락한다는 설정도 역사적 사실과 엄청난 거리가 있다.

우선 정조의 죽음이 심환지 등 노론벽파의 흉계에 의한 독살이라는 주장에 대하여서는 20여 일 간에 걸친 정조의 병세와 투약과정을 자세하게 기록한 『조선왕조실록』 등의 기록들을 살펴보는 것만으로도 명백한 결론을 얻을 수 있다. 적어도 기록상으로는 정조의 죽음과 관련하여 독살이 시도될 정황은 존재하지 않았다.

독살이라면 일거에 추진되어 정조는 어느날 갑자기 급서하여야 했다. 그러나 그는 거의 한 달에 가까운 투병 끝에 서거하였던 것이다. 정조 자신이 『수민묘전(壽民妙詮)』이라는 의학에 관한 책을 저술할 정도로 전문적 지식을 가지고 있었으므로, 서거하던 날까지 투약과정에서 그는 직접 약처방에 관여하였다. 또 마지막까지 내의원도제조로서 정조 간병을 지휘하였던 사람도 정조의 절대적 신임을 받고 있던 소론 시파의 우의정 이시수(李時秀)였다.

정조를 독살한 배후 조종자로 흔히 지목하는 정순왕후나 노론벽

파의 심환지는 정조의
투약과정에 거의 관여
하지 않았다. 수은 연
기를 쐬는 연훈방을
처방한 의관 심연도
심환지와 성은 같은
심씨이나 일가친척은
아니었다. 그러므로
시파의 김조순 등에
의해 벽파가 일망타진
되었던 1806년 이른
바 '병인경화(丙寅更

化)'의 시기에도, 이들은 정조의 서거와 관련하여 어떠한 의심도 받
지 않았다.

　만일 정조 죽음에 조금이라도 독살의 혐의가 있거나, 정조독살설
이 당시 서울에 유포되어 있었다면, 정조의 심복이었던 김조순 등
시파들이 벽파정권을 전복시킨 후 자신들의 집권을 정당화하고 권
력을 공고히 하기 위하여 당연히 이를 문제 삼았을 것이다. 벽파를
일망타진하기 위하여 정조독살 혐의의 규명 이상의 더 좋은 명분은
없을 것이기 때문이다. 그러나 병인경화 당시, 그리고 이후 60년
간 지속된 안동김씨 등 시파들의 집권기간과 그 이후까지 영남 일
각을 제외한 어떤 곳에서도 이와 관련된 문제제기가 나온 적은 없
었다.

　정조 사후 노론벽파가 정권을 잡아 세도정치를 해나간다는 설정
도 사실과는 거리가 멀다. 정조 사후 수렴청정을 하게 된 정순왕후

의 후원 아래 벽파가 정국의 주도권을 잡았지만 그것은 불과 5년간에 불과했다. 더구나 벽파의 주도권은 정순왕후의 경주김씨와 순조 외가 반남박씨, 순조의 처가로 내정되었던 안동김씨 등 세 외척이 서로 대치하는 이른바 '삼척정립(三戚鼎立)'의 형국 위에서였다고 당시의 기록은 적고 있다.

벽파의 입지를 강화하려던 우의정 김달순의 시도가 좌절되어 대대적 옥사로 전개된 1806년 '병인경화' 이후, 벽파는 일망타진되고 정권은 안동김씨와 반남박씨 두 시파 외척의 차지로 돌아갔다. 본격적인 외척세도가 이루어진 것은 이때부터다. 이후 1863년 고종이 즉위할 때까지 지속된 세도정치는 일찍이 정조에 의해 양성되었던 시파 관료와 정치인들이 이끌어 갔다. 김조순, 심상규, 남공철 등 안동김씨 쪽의 세도가와 반남박씨, 풍양조씨 등 세도가문들은 정조의 후광으로 정치적 입지를 마련하였던 노론시파 계열 인물과 집안들이었다.

그러므로 당시 영남 일각에서의 정조독살설이란 서울에서 멀리 떨어진 시골 한 구석에서의 막연한 수근거림에 지나지 않는 것이었다. 남인들이 중앙정계에서 완전히 밀려난 숙종대의 갑술환국(甲戌換局, 1694년) 이후 100년 만에, 정조에 의해 중앙정계 진출이 가능하게 되었던 영남남인들의 희망적 상황이 정조의 서거로 일거에 무너지자, 여기에 충격 받은 영남 일각에서의 좌절감과 의구심이 이렇게 표현되었던 것이다.

그러나 정조의 죽음을 둘러싼 일각에서의 이 막연한 의구심은, 이를 소재로 삼은 소설과 영화의 상업적 성공에 의해 오늘날 엄청나게 증폭되어, 우리의 역사의식과 현실인식에 커다란 영향을 주고 있다. 문학적 허구와 역사적 사실을 혼동하면서 일반인들이 정조독살설을 근거로 정조 시대 역사상에 대해 오해하고 잘못된 역사의식을 갖기에 이른 점은 우리 시대 후진성의 일면이기도 하다. 전근대적인 영웅사관에 입각하여 그 연장선상에서 독재를 용인하고, 나아가 정치에서 폭력적 방법을 신봉하도록 이끌고 있기 때문이다.

역사에서의 폭력

정조독살설은 근대로의 개혁이 과단성 있는 지도자 정조 한 사람에 의해 진행되다가, 독살이라는 폭력적 방법에 의해 지도자가 시해되자, 이후 그가 추진한 근대로의 개혁이 좌절되었다는 상황 설정을 하고 있다.

그러나 아무리 개혁이 시급하고 그 목적이 옳다 하더라도 어느 시대에서나 1인 독재는 정당화될 수 없다. 근대로의 개혁이 정조 1인에 의해 주도되었다는 설정은, 국왕의 '전제체제'가 아니라 엄연히 '양반관료체제'였던 조선에서 군주의 위상과 역할을 과대평가하여 정조를 독재적 인물로 그려냄으로써 전근대적 영웅사관을 답

습하였다고 하겠다. 이는 조선의 역사발전과정에서 양반관료와 사(士), 민(民) 일반의 역할을 상대적으로 과소평가한 결과이다.

분명한 것은 역사가 어떤 일 개인에게 이끌려 가는 것이 아니라는 점이다. 정조시대의 역사 발전과 근대로의 발돋움은, 정조는 물론 당대의 수많은 지식인과 민의 요구였고 이들의 노력에 의해 추진되고 있었다. 정조는 이 시기 가장 중요한 역할을 맡고 있었으므로 그의 죽음이 큰 파문을 일으키고 정조 개인의 정치적 지향을 중단시켰던 것도 사실이다. 하지만 그의 죽음에도 불구하고 역사의 큰 물줄기는 도도하게 새로운 시대를 향해 흘러갔다.

정조를 죽인 폭력에 의해 근대로 향하던 역사의 물줄기가 끊겼다는 설정이 역사에서 폭력의 위력, 또는 그 효력에 대한 무의식적 신봉을 전제로 하고 있다면 문제가 아닐 수 없다. 어떤 상황에서도 역사적 과제를 일방적 폭력으로 달성하려 해서는 안될 것이기 때문이다. 설사 잘못된 1인 독재정치라 할지라도 그 해결 방법이 살인과 같은 극단적 방법이 되어서는 안 되며, 또 이런 방법으로 문제가 해결되지도 않는다. 이는 해방 이후 근래까지 우리의 역사적 경험, 예컨대 김구의 암살이나 박정희의 살해사건 등에서도 이미 확인된 바 있기에 더욱 위험한 발상이라고 하겠다.

정조의 우상화와 독재 옹호

한편 정조독살설과 관련하여 일반인에게 자연스럽게 받아들여진 정조의 우상화가 현재의 정치에서 무단적 통치, 독재의 효율성을 인정하는 것으로 연장된다면 이 또한 문제이다. 지금도 군사독재체제에서의 일사불란함에 익숙한 이들에게는 문민정부 이후의 민주화로의 과정이 혼란으로 비춰지고, 그래서 '구관이 명관'이라는 식의 독재 옹호론이 등장하는 경우를 종종 본다.

그러나 어떤 상황, 어떤 시대에도 권위주의적 통치, 또는 독재와 정치적 폭력이 정당화될 수는 없다. 설사 전근대사회라 할지라도 이를 지양하고자 노력할 때에만 '성군(聖君)'이라는 칭송이 나올 수 있었던 것이다. 정조가 진정 훌륭한 군주였던 것은 그가 무단적이거나 독재적인 정치 스타일을 가졌기 때문이 아니라, 그를 깨려 노력하고 고민하는 모습이 어떤 군주에게서보다 진실하였기 때문이다.

그런데 정조독살설이 독재와 암살의 효율성을 인정하는 역사관의 확산으로 귀결되는 현상과 관련하여, 이런 논리와 설정에 손쉽게 매료되는 우리나라 지식인과 대중의 역사의식, 그리고 그와 연관된 현실인식의 논리를 먼저 문제 삼아야 할 것 같다.

지난 시절 우리는 저 강고한 독재정권들에 저항을 하면서도 때때로 독재가 불가피하다는 생각을 하는 경우가 있었다. 과장된 위기론과 무조건적 안정론 및 경제발전론에 따라 독재정권의 선전을 받아들이고 경우에 따라 마음 한 구석에서 독재의 효율성을 인정하는 함정에 빠져들곤 하였던 것이다. 이러한 군사독재에 대한 우리들의 가식적 대응과 자포자기, 방황, 이런 것들이 역사에서 독재와 폭력, 암살의 효율성을 주장하는 논리들을 쉽사리 받아들이도록 이끌었던 것은 아닐까. 정조독살설에서의 정조의 무단적 지도자상은 이런 대중적 의식의 기초 위에서 자연스럽게 받아들여졌다고 생각된다.

개혁과 발전을 위해서는 단결이 필요하고 이를 위해 때로는 지도자의 전권이 불가피하다는 독재자의 선전에 공감하였던 우리는, 비운의 주인공이었던 그래서 당연히 정의의 편이었던 정조에 대하여도 마찬가지 지도자상을 요청했다. 정조가 추진한 시책은 모두 개혁과 발전을 위한 것이었으며, 이 영웅적 지도자는 악당들의 반대에도 불구하고 그에 맞서서 과단성 있게, 때로는 독재적으로 전권을 휘둘러 개혁을 추구한다. 그렇기 때문에 악당들은 이 영웅적 지도자만 제거하면 모든 문제가 해결된다고 생각한다. 결국 정조는 악당들의 음모에 의해 독살을 당하고, 안타깝게도 이 비극적 사건에 의해 개혁과 역사발전은 중단되었다.

이와 같은 정조독살설의 전개는 군사독재체제에 익숙하였던 대중들에게 그들이 원하던 이야기의 과정과 결과를 흑백논리에 따라 정확히 제시하고 있다. 그리고 자주적 근대화에 실패했던 원인에 대해 늘 궁금해 하던 지식인들에게는 통속적인 감은 있지만 공감할 수 있는 해명을 제공하였다. '경우에 따라' 혹은 '때로는'이라는 전제를 달면서 독재와 폭력의 효율성을 인정하는 역사의식과 현실인식이 우리 내면의 공감대였으므로, 정조독살설은 여기에 호소하여 대중적 공감을 얻고, 지식인들의 의문을 풀어주었다. 그리하여 이제 이는 정조와 정조시대를 설명하는 핵심적 개념이 되고 마치 역사적 사실인 양 받아들여지게 된 것이다.

현실에 대한 인식 수준은 언제나 역사 이해의 수준과 나란히 나아간다. 그러기에 우리가 진정 독재와 폭력을 배제한 자유와 민주의 사회를 구현하고자 한다면, 그리고 참된 개혁과 발전을 원한다면, 우리들 내면에 도사린 이러한 공감대를 직시하고 그를 청산하려는 진지한 노력을 기울여야 한다. 정조독살설의 사회적 확산은 이러한 노력이 시급한 문제임을 일깨워주고 있다. 그런 점에서 2백

년 전 정조시대의 역사적 실상과 정조의 지도자상, 그의 고뇌와 꿈,
비원은 새로이 조명되어야 하고, 현재적 관심 위에서 올바로 해석
되어야 할 역사적 과제라고 할 수 있다.

2. 개혁과 갈등: 고뇌의 탕평군주

　객관적 사실에 입각하여 본다면, 정조 사망의 일차적 원인은 6월 초부터 급속히 번졌던 악성 종기였다. 그러나 이밖에도 정조가 처하였던 1800년의 상황이 정조에게 감당하기 어려울 정도의 정신적 긴장감과 피로를 유발하고 심신에 큰 타격을 주었던 것이 틀림없다. 당시 상황을 예의 주시하던 신료들은 정월달 현륭원 성묘 이후부터 정조의 '마음의 병'이 심해져 편찮을 때가 많아졌고, 혜경궁의 병간호로 피곤이 겹쳐 그 여파로 서거하였다고 전하고 있다. 특히 5월 그믐날(晦日)에 정조가 내린 '오회연교(五晦筵敎)'를 둘러싼 정치적 소용돌이와 정신적 충격, 이런 요인들이 6월 28일 정조 서거의 또 다른 원인이라고 할 수 있다.

정조의 건강

정조가 49세가 되었던 1800년, 그 이전부터 이미 정조의 건강에는 심각한 이상 징후가 나타나고 있었다. 정조는 사도세자의 비참한 죽음을 목도한 충격 때문에 어려서부터 울화증을 고질병으로 갖고 있었다. 게다가 어려운 상황 속에 임금이 되어서인지 평상시에는 속마음을 잘 드러내지 않다가도 사도세자와 관련된 일에는 감정을 억누르지 못하고 오열하면서 극도의 비탄에 빠져들곤 했다. 그럼에도 신료들을 능가해야 한다는 강박관념 때문에 모든 일을 직접 처리해야 마음을 놓는 성격이었고, 이런 철저함이 언제나 밤 늦게까지 무리를 하도록 하여 정조의 심신을 상하게 만들었다.

40대 이후 정조는 스스로도 기력의 소진을 자주 말하였다. 1800

현륭원 전경

정조의 비원에 따라 원래 수원 읍치의 천하명당 터에 조성된 사도세자의 묘원. 정조의 효심에 따라 석물 등에 최대의 정성이 기울여졌다. 하지만 이곳에 더해진 치장이라야 봉분을 둘러싼 병풍석 정도로서 결코 사치스럽다고 할 수는 없다. 그러나 군주의 검박을 요구하던 조선의 신료들은 이마저도 허용하지 않음으로써 정조 사후 정조의 능묘에서는 다시 난간석 제도로 돌아가고 말았다.

년 정월에는 사도세자의 생일(1월 21일)에 맞추어 매년 다니던 현
륭원 성묘를 신하들이 만류할 정도로 건강상의 문제는 심각하였다.
그럼에도 정조는 왕세자의 책봉과 관례, 혼례를 앞둔 자신의 감회
를 선영에 고하기 위해 현륭원 성묘를 강행하였다. 이곳에 간 정조
는 과연 감정의 격앙으로 오열하다가 몸도 가누지 못할 정도가 되
어, 오히려 심환지와 이시수, 두 노정승의 부축을 받아 내려와서는
재실에서 밤을 지새고 환궁하였으며, 이후 건강의 악화로 자주 병
석에 눕게 되었던 것이다.

　더구나 매년 5월은 정조의 건강이 심리적 불안정에 의해 더욱 나
빠지곤 하던 달이었다. 5월 13일이 사도세자가 비참한 죽음을 당한
기일(忌日)이었기 때문이다. 정조는 이 날이 오면 사도세자의 사당
인 경모궁(景慕宮)에 나가 열흘 씩이나 모든 일을 전폐하고 비통함
에 잠겨서 혼자만의 시간을 보내곤 하였다. 뒤주에 갇혀 8일만에
숨을 거둔 사도세자를 외로이 추모하면서 이때 쯤이면 정조의 신경
은 극도로 날카로워지고, 고질병인 울화증이 도져서 심신은 극히

쇠약한 상태가 되곤 하였다.

1800년 연초부터 조급한 마음에 정조는 부산하게 움직였으며, 급기야 5월 중순경 중대한 결정을 내리게 된다. 4년 후인 1804년, 갑자년(甲子年)으로 예정된 왕위의 전위와 화성으로의 은퇴, 그리고 사도세자의 추숭이라는 수순을 의식하면서 정조는 다음 왕이 될 왕세자의 배필로 김조순의 딸을 정했다. 그리고 왕위를 물려준 후 노후를 보낼 화성신도시에서의 농업개혁 강화와 전국적 확산을 논하는 등 본격적 준비를 추진하고 있었다. 그러면서 정조는 장차의 정국구도를 조속히 구축하기 위하여 놀랄만한 정치적 모험을 감행하였다. 탕평책 하의 오랜 인사원칙이었던 호대법(互對法)*을 파기한 채 국왕의 자의적 인사를 관철한 것이다.

사도세자의 기일을 하루 앞두고 정신적 긴장이 고조되던 5월 12일, 정조는 사도세자의 추존을 위한 갑자년 이후의 문제를 심각히 고민하면서 정치적 승부수를 던졌다. 당시 소론의 영수였던 이시수가 우의정이었던 위에, 그 동생인 이만수를 이조판서로 임명하고 다시 소론의 윤광안을 이조참의로 임명하는 등, 관료 인사를 담당하는 이조의 주요관직을 소론 일색으로 구성해 버린 것이다. 정조는 이 충격적 인사조치를 단행하고 다음 날부터 열흘 간 사도세자를 위해 근신재계하는 고독한 침묵의 시간을 가지게 된다.

정조의 인사 조치 이후 김이재를 필두로 정조의 측근관료들은 물론 거의 모든 신하들이 여기에 반발함으로써 심각한 정치적 파란이 야기되었다. 우의정 이시수와 이조판서로 임명된 이만수까지도 이러한 반발에 대해 수긍하는 태도를 보이며 사직소를 거듭 올리고, 정조의 조치가 지나치다고 하면서 처벌받은 김이재에 대해 정조의 용서를 빌기에 이르렀다. 이런 와중에 신료들로부터 완전히 고립된

＊호대법
판서가 노론이면 참판은 소론, 참의는 남인을 임명하는 방식으로 여러 당파의 인물을 함께 써서 세력의 균형을 맞추는 인사 원칙.

처지에 놓인 정조는 이제 어떤 식으로든 국면을 전환하지 않으면 안 되는 상황에 몰리게 되었다.

오회연교

홀로 열흘을 보내고 조정에 나온 정조는 이러한 신료들의 입장에 강경한 태도를 취하였다. 그러나 파문은 가라앉지 않았다. 드디어 1800년 5월 그믐날(晦日), 정조는 조관들을 불러 모아, 즉위 이래 자신의 인사방침 등 정치적 입장을 재천명하면서 신료들의 추종을 종용하는 단호한 태도를 천명하였다. 이른바 '오회연교(五晦筵敎: 오월 그믐날 경연에서의 교시)'라 불리우는 이 담화에서 정조는 신료들의 태도를 '속된 습속(俗習)'이라 비판하면서 그를 시정할 것('矯俗〔교속〕')을 요구하고, 자신의 입장에 추종할 것('率敎〔솔교〕')을 강력히 요구한 것이다.

이러한 정조의 입장은 2년 전인 1798년, 정조 스스로 군주의 초월적이며 절대적 위상을 강조하여 '만천명월주인옹(萬川明月主人翁; 만갈래 하천을 비추는 밝은 달과 같은 존재)'이라 자처하면서 「만천명월주인옹자서(萬川明月主人翁自序)」를 짓고, 이 글을 신하들로 하여금 각기 베껴 써오게 해서 궁중 곳곳에 내붙이도록 하였던 것에서도 잘 나타난다. 집권 전반기까지만 하더라도 군주의 허물을 비판하지 않는다고 신하들을 질책하곤 했던 정조는, 이제는 신료와 백성들에게 자신의 초월적 권위를 인정할 것을 요구하면서 순종의 맹서를 확인하려 들기에 이르렀다. 이때 신료들은 정조의 이 요구에 대하여 이병모와 심환지 두 대신을 통하여 조직적으로

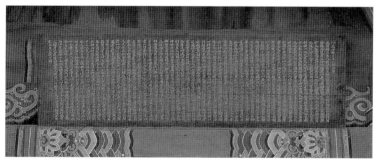

**창덕궁 존덕정과
만천명월주인옹 현판**

창덕궁 후원(일본사람들이
붙여준 이름 '비원'으로 더 잘
알려져 있다) 깊숙한 곳에
위치한 정자로서 정조와
신료들이 노닐던 곳이다. 이곳
내부에 정조가 내걸었던
'만천명월주인옹자서' 현판 중
하나가 아직도 걸려 있다. 이
현판에서 왕권강화를 위한
정조의 몸부림을 감지한다면
이곳의 아름다운 경치도 또다른
느낌으로 다가온다.

반발하였으며, 정조의 무리한 요구에 동의하지 않음을 표명하였다.
이로써 오히려 국왕의 권위에는 흠집이 나고, 그 간 키워온 측근의
신료로부터도 지원을 받지 못하는 상황에서 정조는 극도의 고립감
을 맛보았다.

　오회연교 이후에도 정조는 '교속'의 명분을 내세워 집요하게 신

료들의 반성을 촉구하고, 붕당 간의 적대와 관직의 안배 관습을 초월하려는 자신의 입장에 추종할 것을 거듭 요구하였다. 그러나 정조가 경원하던 이서구만이 노론으로서 사림청론의 원칙적 입장을 당당히 천명하였을 뿐, 정조의 강권에도 불구하고 모든 신료들은 무응답으로 일관하였다. 정조는 심환지, 이시수 등 대신들을 질책하고 심지어는 시한까지 정하여 신료들의 응답을 강요하였지만 아무 소용이 없었다.

실상 이러한 상황 전개과정에서 가장 큰 정치적, 정신적 부담을 안게 된 것은 정조 자신이었다. 신료들의 추종을 유도하여 왕권을 강화하고자 한 자신의 24년 간의 탕평정치가 결국 실패하였음을 절감하게 된 것이다. 자신의 절박한 정치적 선택마저도 신료들로부터 외면당하고 있다는 뼈저린 자각에 정조는 깊은 고민에 빠졌으며 자신의 뜻대로 움직이지 않는 정치상황에 대해 무력감을 감수해야 했다. 오랜 동안 지속된 정신적 긴장과 극도의 피로감은 그의 심신을 지치게 하였다. 그렇지 않아도 쇠약하였던 정조의 발병은 6월 초 이런 상황 속에 일어났고, 이후 신료들과의 갈등상태가 고조되는 가운데 정조의 병세는 더욱 악화되었다.

외척세도론의 등장

정조가 '교속'과 '솔교'를 강조하면서 '호대'의 인사원칙을 무시하고, 즉위 이후 자신이 내걸었던 탕평정치의 원칙을 스스로 부인한 것은 상당한 정국의 혼란을 야기하였다. 이즈음 정조는 측근세력마저도 냉담해진 심각한 정치적 고립에서 벗어나고자 했으며,

그 간의 정치운영의 원칙을 뒤엎고 4년 후 갑자년을 겨냥하여 외척을 중용하면서 정치적 영향력의 확대를 시도하게 된다.

정조의 병환이 깊어지던 6월 14일 밤, 그는 편전인 영춘헌으로 장차의 외척인 김조순을 불러들였다. 김조순은 대대로 서울에 살던 안동김씨 명문가의 후손으로서 문체반정 사건 이후 정조의 신임이 더욱 깊어진 측근 중의 측근이었다. 이미 그의 딸은 몇 달 전 왕세자빈으로 선택되어 세 번째 최종 간택이라는 형식적 확인 절차만 남겨 놓은 상태였다. 장차 국왕의 장인으로 정치적 위치가 보장된 상태였던 김조순에게 정조는 자신이 왕세자에게 왕위를 물려준 후 화성으로 내려갈 1804년 (갑자년) 이후 정국에서의 주도적 역할에 대해 각별한 당부를 하기에 이른다.

김조순의 외척세도를 종용하는 이 놀라운 내용은 김조순의 집에 비장되었다가 훗날 안동김씨 외척세도가 확립된 이후 공개되었던 「영춘옥음기(迎春玉音記)」라는 비밀기록에 실려 있다. 여기서 정조는 오회연교와 마찬가지 맥락에서 기존의 정국운영을 회고하면서, 외척세도의 새로운 정국운영 방침을 개진하였다. 즉위 초 표방하였던 우현좌척(右賢左戚)의 개혁적 정국운영 원칙, 곧 외척을 배제하

迎春玉音記

己未九月二十三日賊臣以秋到記對讀官入參科
次是日考券雖早而侵夜未出榻留宿鑄字所明日
修橋目以入即以閣吏下教曰檢校直閣留待諸
試官皆散去賊徑留待笑而已入侍命下賊臣
入至迎春軒前榮曲拜 上自房內出臨至賊臣拜
處攜賊臣手還入房內前都事朴宗輔及椽府石
渠廳數人侍立 上喜動顏色而下教曰今日於
元子大吉也予久有所欲言者每因煩擾未果今日
幸從容日辰又吉予當爲所欲言矣 元子年齒漸

「영춘옥음기」 부분

정조가 서거하기 1년 전인 1799년 9월 23일부터 서거하기 보름 전인 1800년 6월 14일의 비밀하교에까지 정조의 편전인 영춘헌에서 김조순이 정조와 나누었던 내밀한 대화를 적어놓은 기록의 첫부분.

고 사림을 우대하여 등용한다는 방안의 실패를 인정하고, 이제는 외척이 정국운영에 적극 개입할 것을 요청하고 있었던 것이다.

이는 우현좌척의 원칙에 따라 청론사류로서 정조의 측근으로 발탁되어 이제는 국왕과 사돈이라는 특별한 관계를 맺게 되었던 김조순에게도 놀라운 것이었다. 정조와의 대화에서 김조순은 사림정치의 원칙론과 외척세도의 부당함을 환기시키며, 완곡하게나마 정조의 정국구상에 대해 우려를 피력하였다.

그러나 정조의 입장은 강경한 것이었다. 즉위 후 정국운영에서 중용하였던 사림과 측근 친위관료들에 대한 실망감이 그 이유였다. 왕위 전위를 몇 년 앞둔 시점에서 지난 24년 간 탕평정책을 펴며 꾸준히 추진하여 온 왕권강화가 한계에 부딪쳤다는 좌절감, 사림과 측근세력에 대한 불신이 외척세도론으로의 방향 선회로 나타나고 있었던 것이다.

탕평정치의 한계

결국 정조는 자신의 24년 정국운영을 실패한 것으로 자인하였다. 할아버지 영조의 탕평정치가 척족의 발호를 초래하였기에, 그 한계를 의식하며 그를 극복하려 표방하였던 의리탕평(義理蕩平)과 우현좌척의 원칙을 스스로 부인하기에 이른 것이다.

거대한 사림세력에 둘러싸여 고단한 위치에 있었던 국왕은 왕권강화를 위해 탕평을 추진하면서 언제나 측근세력을 키우고자 하였다. 그러나 측근에게 실망하게 되면서 정조의 탕평정치도 영조대 탕평정치의 귀결이 그러하였듯이 결국은 외척의 중용이라는 수순을 밟아가고 있었다. 외척세도정치는 왕권강화를 지향하였던 영·정조대 탕평정치의 한계가 노출된 결과이자 필연적 귀결이었다.

정조의 이러한 정치노선의 변화는 『조선왕조실록』 정조 24년 간의 방대한 기록을 읽는 중에는 찾아내기 힘들다. 이 점이 보다 알기 쉽게 정리된 자료로 정조의 측근관료들이 정조의 언행을 기록해 놓은 『일득록(日得錄)』이 있다. '정사', '문학', '인물', '훈어(訓語)' 등으로 분류되어 있는 『일득록』의 기록은 측근의 규장각 각신들이 정조의 말씀을 적어 놓은 것으로, 매 기사 끝에 기록한 사람의 이름과 시점을 밝혀놓았다. 정조의 문집 『홍재전서(弘齋全書)』에 이 기록이 실려 있어 우리는 정조의 정치적 관견, 문학론, 인물에 대한 견해 등이 각 시기에 따라 어떻게 변화하였는가를 추적할 수 있다.

물론 이 기록도 모두 신뢰할 수는 없다. 사람이 하는 일인지라 정조의 말을 적던 신하가 자신과 관련된 정조의 언급이 불리하다고 생각될 때, 또는 정치적 상황의 변화에 따라 적당히 기록을 빼거나 내용을 바꾸는 경우도 간혹 발견되기 때문이다. 따라서 엄밀히 하자면 『일득록』의 기록은 기록한 당사자의 문집에 실린 내용이나, 같은 장소에서 정조의 언행을 적은 다른 신료들의 기록과 비교해서 교차 검증하여야 그 진실성이 보장된다. 정치적으로 민감한 사항, 또는 명분과 관련한 내용의 경우는 이런 검증이 꼭 필요하다.

『일득록』의 자료적 성격에 유의하면서 기록을 정밀히 검토해 보면 흥미로운 사실들이 드러난다. 정조의 정치적 신념의 변화과정, 그리고 결국 상반되기에 이른 집권 초반기와 말년의 두 정치적 지향이 분명히 나타나는 것이다. 이는 정조의 정치를 바라보는 측근 신료들의 시각을 반영하는 것이기도 하다. 그들이 『일득록』에 실어 놓은 정조의 언급을 살펴보면, 말년의 정조는 측근사류에 대해 실

弘齋全書卷百六十二

日得錄

文學

讀其文而可以論其世予未知近日文風之如何而
試以章奏間攷之昌言正論雖不可責之人人尋
常劄牘亦未見稍加之意使後世讀之當以今之
世謂何歟告君之際必曰薰沐古之君子不言則
己言則必不放過於一字一句矣　直提學臣李
　　　　　　　　　　　　　　秉橫丙午錄
賤臣入侍嘗命讀朱書節要敎曰予於朱書最好著
工而每恨宋帝有臣如朱夫子而不能行其言至

『홍재전서』 「일득록」 부분

정조의 문집인 『홍재전서』에 실린 「일득록」의 일부분. 정조가 문풍에 관해 언급한 내용으로 당시 규장각 직제학으로 있던 이병모가 병오년(1786)에 기록하였음이 문단 끝부분에 작은 글씨로 밝혀져 있다.

망한 이후 김종수와 윤시동, 유언호 등 대신에 의지하려는 경향도 보였으며, 고립감을 느끼는 가운데 정치론의 갈등을 겪고 있었다. 결국 그는 최말년에 이르러서는 그간 배척하여 왔던 외척에 의지하고자 하면서, 장차 상왕의 자격으로 새로운 방식의 정치를 시도하려 했던 것이다.

고독했던 탕평군주

정조가 절박한 처지에서 개진한 야심찬 정국구상은 소년시절 이후 오랜 기간 품어왔던 꿈을 실현하기 위한 것이었다. 오회연교와 영춘헌의 비밀하교에 이르기까지 정조의 꿈은 갑자년과 그 이후를 겨냥하고 있었다. 그러나 신료들의 저항으로 상황은 갈수록 어려워졌다. 이에 자신감을 잃으면서 더욱 조급해지고 강경해진 정조는 4년 후를 내다보며 이런 놀라운 결심을 밝히기에 이른다. 하지만, 당시 그는 자신의 운명이 불과 보름의 시간적 여유만을 가지고 있다는 사실을 알지 못하였다.

『정조실록』에 의하면 김조순을 만나던 이 날부터 이미 정조의 병세는 위중해지고 있었다. 이 날 이후 정상적인 정사 처리를 하지 못하고 있으며, 실록의 기록도 정조의 투병과 투약에 관한 내용으로 채워져 있다. 정조는 자신의 병을 '가슴 속의 해묵은 화병 때문에 생긴 것인데 요즈음 더 심한 것은 그것을 풀어버리지 못해서'라고 하면서 신료들에 대한 불만을 토로하고, 자신에게 순종할 것을 신경질적으로 재촉하였다. 그러나 정신적 고통에서 유래한 가슴의 울화기와 두통, 이미 온몸으로 퍼진 종기의 통증은 점점 심해져만 갔다. 급기야 음력 6월 하순의 무더위가 기승을 부리는 속에서 병세는 호전되지 못한 채, 정조는 6월 28일 오후 49세를 일기로 삶을 마감하게 되었다.

열한 살 어린 시절에 목도한 아버지의 비참한 죽음 이후, 숱한 어려움 속에 국왕이 되어서도 이루지 못한 정조의 꿈은 이제 몇몇 기록과 문화유산 속에만 희미한 자취를 남기게 되었다. 정조의 마지막 정치적 선택에 대해서는 측근신료들마저 매우 냉담했다. 이는 측근신료였던 이만수가 정조의 삶을 자세히 정리한 「정조행장」과 홍양호가 지은 「정조시장」, 그리고 심상규의 「천릉지문」 등의 기록만으로도 알 수 있다. 이 중요한 오회연교의 내용을 겨우 한 줄 정도로 간략히 언급하거나 빠뜨림으로써 정조의 허물을 덮고 그 실상을 묻어 버리려 한 의도가 엿보이는 것이다. 정조의 꿈이 실린 화성행궁과 화성신도시는 갑자년을 4년 앞두고 주인을 잃었지만, 정조시대 문화의 상징으로서 남아 정조의 위대한 치적이 되었다. 그러나 여기에 실렸던 정조의 꿈과 이를 둘러싼 정조의 고심과 고뇌는 이후 지금까지도 철저히 잊혀지고 말았다.

정조는 24년 간의 자신의 개혁적인 정치적 지향을 스스로 부인하기에 이르렀으며, 정조 생전에 싹텄던 군신 간의 갈등은 사후 그의 고뇌를 무의미한 것으로 만들어 버렸다. 정조의 후광을 입었던 신료들까지도 정조의 유지를 받들어 그의 꿈을 완수하려는 노력을 보이지 않았다. 왕권 강화에 대한 집착은 이제 다가오는 새로운 시

화성행궁 낙남헌 전경

화성행궁 6백칸의 건물 중
일제의 철거를 면한 유일한 건물.
앞뜰은 화성 낙성연과 을묘원행
시 양로연, 특별과거시험 등
정조시대의 각종 행사가
베풀어졌던 뜻깊은
행사공간이었다. 그러나 지금은
세종대왕 동상과 '나는 공산당이
싫어요'의 이승복 어린이
동상만이 서 있을 뿐 정조대왕과
정조시대의 자취는 찾을 길이
없다. 남아 있는 문화유산도 이런
지경인데, 그 뒷편에서는 다시
엄청난 돈을 들여 화성행궁
건물을 짓는 사업이 진행 중이다.
정조와 정조시대를 보는 오늘의
태도와 부실한 문화재 관리
수준을 보여주는 현장이다.

대와는 어울리지 않는다고 생각하였기 때문이다. 역사의 수레바퀴
는 정조의 고뇌와 꿈, 비원(悲願), 그리고 개혁의 의지까지도 뒤로
한 채 제갈 길로 달려갔다. 그런 점에서 정조는 서거한 이후에도 고
독하였다.

3. 갑자년의 꿈: 화성 건설의 비밀

　죽음을 목전에 둔 상황에서도 정조가 이를 의식하지 못하고 몇 년 이후를 위한 대책에 골몰하고 있었던 것은 의외가 아닐 수 없다. 하지만 어려서부터 품어왔던 꿈의 실현을 위해 가슴 속의 '화기(火氣)'를 억누르고, 병마와 싸우면서도 정조가 몇 년 후의 장기적 구상을 가다듬고 있었던 것은 엄연한 사실이었다. 4년 뒤 갑자년이 되면 왕위를 왕세자에게 물려주고 자신은 어머님 혜경궁 홍씨를 모시고 화성신도시로 내려가 상왕으로서 노후를 보내리라는 구상이 바로 그것이었다. 이는 1789년 사도세자의 묘소를 수원으로 옮기고 바로 이듬해에 왕세자를 얻으면서 틀이 잡혔다. 그리고 1794년부터 10년 계획으로 화성신도시 건설을 시작하면서 실천되었다.

갑자년구상

　원래 화성 건설 완료 예정 시점이었던 1804년 갑자년은 왕세자가 15세로 성년이 되는 해이며, 어머니 혜경궁이 칠순이 되는 해였다. 정조는 이때를 기다려 세자에게 왕위를 물려주고자 하였다. 그리고는 자신이 국왕의 지위에 있으면서 이루지 못한 꿈을 세자가 실현하도록 의도하였던 것이다.

　세자는 사도세자 묘소를 수원의 천하명당 자리에 이전하고서 그 효험인 듯 수빈박씨에게 바로 태기가 있어, 그 이듬해 1790년 6월 18일, 공교롭게도 혜경궁 홍씨의 생신날 사도세자의 탄생처인 집복헌(集福軒)에서 태어났다. 그러므로 정조는 사도세자의 음덕으로 세자를 얻었다고 믿었으며, 이렇게 얻은 세자가 성년이 되는 대로 왕위를 물려주어, 그로 하여금 사도세자와 혜경궁, 그리고 자신의

창경궁 집복헌 전경

사도세자와 순조가 태어난 건물. 뒤쪽으로 연결된 건물이 정조가 거처하다 돌아간 영춘헌으로 1834년 중건 시에 모두 원형이 바뀌었고 주변 건물도 일제시대에 대부분 헐려서 경관이 상당히 바뀐 상태이다. 원래의 모습은 〈동궐도〉에서 확인할 수 있다.

한을 풀고 왕실의 권위를 드높이고자 하였다.

사도세자의 비참한 죽음 이후 그에게 씌워진 패륜의 죄인이라는 굴레는, 유교국가인 조선에서 그 아들 정조의 국왕으로서의 정통성을 위협하는 빌미가 되었다. 즉위 초 궁궐 깊은 곳, 정조의 침실에까지 자객을 침투시켰던 적대세력들은 정조의 왕위계승을 비방하면서 '팔자흉언(八字凶言; 여덟 글자로 된 흉악한 말)'을 유포시켰다. '죄인지자 불위군왕(罪人之子 不爲君王)', 곧 아버지(영조)로부터도 버림받은 패륜 죄인의 아들은 국왕이 될 자격이 없다고 하는 내용이었다.

이러한 상황에서 정조는 가슴 속의 오랜 한을 풀고, 나아가 왕실의 권위를 높이고 왕권을 강화하기 위해, 패륜죄인으로 죽음을 당한 사도세자의 죄인 허물을 벗겨내고자 하였다. 그리고 다음 단계로 사도세자를 국왕의 지위에까지 추존함으로써 자신의 왕통을 정당화하는 것이 필요하였다.

그러나 사도세자에게 패륜죄인의 굴레를 씌우고 죽음으로 몰아갔던 제일 당사자는 사도세자의 아버지이자 정조의 할아버지인 선왕 영조였다. 이런 점 때문에 정조의 비원 실현은 순조로울 수 없었다. 사도세자의 허물을 벗겨내는 일은 사도세자에 대한 영조의 극단적 조처가 오류임을 확인하는 일이며, 손자(정조)가 할아버지(영조)의 허물을 드러내는 일이었다. 이는 충효와 같은 유교적 명분론을 국시로 하는 국가였던 조선에서는 용납될 수 없었다.

더구나 영조는 사도세자에 대한 자신의 조처가 지나친 일이었음을 깨닫고, 이 문제가 가져올 훗날의 정치적 파란을 우려하였다. 왕세손이었던 정조에게 사도세자 처벌 결정을 번복하지 말도록 특별히 경계하면서, 영조는 정조의 왕통시비를 우려하여 형식상 정조와

사도세자의 관계를 끊어 버렸다. 정조를 어려서 죽은 사도세자의 이복형인 효장세자(진종)의 양자로 들여서, 효장세자의 자식이라는 자격으로 왕위를 계승하도록 조치한 것이다. 그러므로 정조의 왕위계승은 형식상 효장세자의 뒤를 이은 것이었다. 하지만 이러한 부자연스러운 정황이야말로 정조 왕권의 정통성을 위협하는 직접적 요인이 되고 있었다.

정조의 의리탕평론

영조대 말년, 사도세자를 죽이는데 가담했거나 정조와 불편한 관계에 있었던 여러 세력들의 위협과 방해에도 불구하고, 어려움 속에 정조는 왕위를 계승할 수 있었다. 잘 알려져 있는 것처럼 홍국영(洪國榮 1748~1781), 서명선(徐命善 1728~1791), 정민시(鄭民始 1745~1800), 김종수(金鍾秀 1728~1799) 등 노론과 소론 출신 몇 명의 정조 측근들은 이 어려운 시기에 목숨을 걸고 정조를 보호하였다. 정조가 국왕이 된 이후에도 이들은 '동덕회(同德會)'라는 모임의 구성원으로서 정조를 보위하는 핵심적 역할을 담당하였다. 집권 초 권력을 쥐었던 홍국영만이 자기 누이동생을 정조의 후궁(元嬪[원빈])으로 들여서 외척의 자리를 넘보다 쫓겨났을 뿐, 나머지 사람들은 정조대 말년까지 시파 벽파의 입장 차이에도 불구하고 정조의 심복으로 중요한 정치적 역할을 수행하였다.

이들의 도움으로 어렵사리 왕위에 오르자마자 정조는 먼저 자신이 사도세자의 아들임을 천명하였다. 효장세자를 진종(眞宗)으로 추존하여 형식적 왕통관계를 명분적으로 인정하고, 동시에 사도세자를 장헌세자로 추존하여 현실적 천륜을 복원한 것이다.

정조는 노론, 소론, 남인 각 정파가 정치 상황에 따라 죄인이 되었다가 충신이 될 수도 있는 것처럼 사도세자 역시 마찬가지이며, 그리고 각 정파에 각각의 의리론이 있는 것과 마찬가지로 자신에게도 사도세자에 대한 부자(父子)의 의리(義理)가 있음을 천명하였

〈표1〉 영조 · 정조 · 순조 왕실세계도

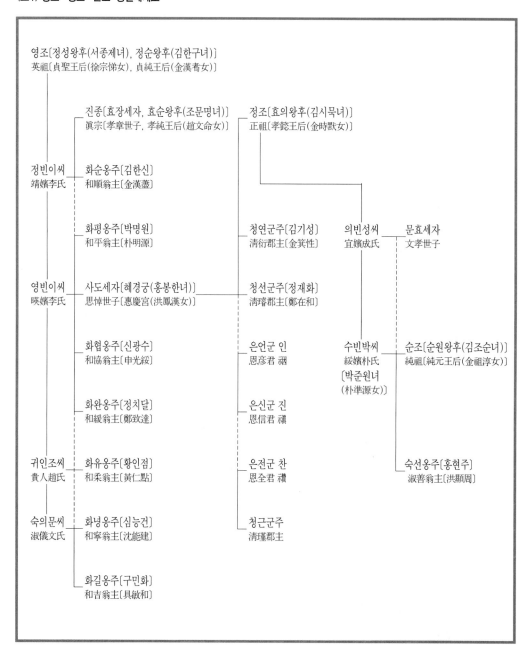

다. 탕평의 논리에 따르면 각 정파의 의리론은 서로 인정되며 각 정파는 조정에서 공존하여야 한다. 국왕으로서 정조는 이를 확인하면서 신료들도 자신의 의리론을 인정할 것을 요구하였다. 이것이 정조의 의리탕평론(義理蕩平論)이다.

즉위 초 정조의 이러한 결단은 왕세손으로서 오랫 동안 생각해 오던 조치였다. 영조의 탕평론과 사도세자에 대한 처분을 명분적으로 수용하면서, 노론의 정신적 지주였던 우암 송시열(尤菴 宋時烈)을 높이고 대명의리론과 노론의리론의 정당성을 인정하여, 우선 최강의 정치 세력인 노론을 회유하였다. 그리고 의리탕평론에 따라 소론과 남인도 등용하였다. 정조 나름의 새로운 탕평론은 그의 왕위계승 자체를 막으려 했던 일각의 극단적 저항을 잠재우고 시간이 지나면서 점차 실효를 거두게 된다.

그러나 의리탕평론에서 제기한 정조의 의리론과 그에 따른 사도세자 복권 및 추존을 위한 노력은 정조 재위기간 내내 지속된 정조 왕통의 정통성 논쟁과 정치적 사단의 출발점이 되었다.

정조의 왕권 강화

즉위 이전부터 정조는 내심 사도세자의 복권과 추존을 의도하고 있었다. 즉위 직후 사도세자의 위호를 장헌세자로 바꾸고 경모궁(景慕宮)이란 이름의 사당을 궁궐 담장 바로 너머에 세우고는 이곳에 빈번히 출입하면서 사도세자의 국왕 생부로서의 처우는 어느 정도 실현할 수 있었다. 하지만 패륜죄인이라는 허물을 벗기는 도덕적 차원에서의 복권은 물론, 나아가 왕통의 계승에 하자가 없도록 하는 정치적 복권과 추존은 아직도 머나먼 상태였다. 정적으로부터 생명의 위협을 당하고 있던 처지의 정조로서는 이를 실현할 정치적 기반과 정치세력이 없었다.

이에 정조는 개혁적 명분을 내세워 정치의 혁신을 추진하였다. 우선 영조대 후반 외척의 발호 등 탕평정치의 폐단을 비판하며 등장하였던 사림청론(士林淸論) 세력의 명분론인 '우현좌척론(右賢左戚論)'을 받아들여 정치의 원칙으로 내세우고 이들을 자신의 지지기반으로 흡수해 나가게 된다. 즉위 후 청론사류 세력을 등용하여 영조말년 '남당(南黨)'과 '북당(北黨)'으로 발호하였던 정순왕후의 경주김씨 세력과 자신의 외가이기도 한 풍산홍씨 세력을 일거에 축출하면서, 학문을 숭상하고 학자를 우대한다는 '우문지치(右文之治)'의 명분을 내세워 규장각(奎章閣)을 세웠다. 여기서 초계

문신제도(抄啓文臣制度) 등을 운용하여 청론의 소장학자들과 정치와 학문을 토론하면서 이들의 학문연구성과와 경륜을 정치에 반영하고 나아가 이들을 친위세력으로 육성할 수 있었다. 또한, 궁궐의 호위부대를 점차 확대시켜 새로운 군영 장용영(壯勇營)으로 개편하면서 기존 군영의 군사력을 와해시키고 휘하에 친위 군사력을 집중시켜 나갔다.

정조의 24년 집권기 가운데 전반 12년은 이러한 개혁 실천의 노력을 통하여 기존의 특권세력과 적대세력을 배제하고, 신료 간의 상호 견제구조를 만들어 정치적 안정을 도모하며, 친위세력을 양성하여 왕권을 강화시켜 나가는 시기였다. 정조가 내세운 의리탕평론은 정조의 정치적 위상을 강화하였고 탕평책의 조제보합론(調劑保合論)은 여러 정파의 공존을 유도하는 명분으로 작용하였다.

이러한 정치적 지향 위에 정조는 12년 2월 노론 김치인(金致仁)이 영의정인 상황에서 소론의 이성원(李性源)과 함께 남인 출신의 채제공을 정승으로 기용하였다. 이는 노론·소론·남인의 삼당이 공존하면서 상호견제하는 안정된 탕평정치 구조를 창출하는 기반이 되었다. 정조가 삼당의 세력을 조정하는 위치에 섬으로써 왕권이 결정적으로 강화되는 계기가 마련된 것이다.

사도세자의 복권과 추존

정조는 이러한 정치적 성공을 바탕으로 이듬해에는 사도세자의 복권과 추존을 위해 보다 본격적 조치를 취하기에 이른다. 1789년 7월, 자신의 고모부인 금성위 박명원(錦城尉 朴明源; 화평옹주의 남편)의 상소를 계기로, 사도세자의 묘소를 수원의 천하명당 자리로 전격 이전하고, 왕릉에 버금가는 위의를 갖춘 것이다. 게다가 매년 모든 신료를 이끌고 성묘를 가서 벽파의 신료까지도 사도세자의 영전에 머리를 조아리게 하였다.

더욱이 사도세자가 서거한 지 30년이 되던 1792년, 사도세자 변무를 주장하는 영남만인소가 올라온 것을 계기로 정조는 사도세자에 대한 허물을 벗겨내 버리고 사도세자에 대한 의리를 '천하만세의 공적인 대의리(天下萬世公共之大義理)'로 절대화하면서, 장차의 추존의 단서를 만들어 놓기에 이르렀다. 이미 이때 쯤 정조는 사도세자의 추존방안을 확정지었던 것으로 보인다. 사도세자 묘소가 있는 수원에 화성신도시를 건설하여, 갑자년 1804년이 되면 자신은 왕위를 물려주고 상왕으로 물러나며, 신왕이 정조의 뜻을 받들어 사도세자를 국왕의 지위로 추존한다는 방안이 정조에 의해 직접적으로 언명되었기 때문이다. 그 자세한 기록이 혜경궁 홍씨의『한중록』에 다음과 같이 나오고 있다.

"돌아가신 임금(정조)께서 비록 종묘사직을 위하여 부지런히 힘쓰며 임금자리에 계셨으나, 지극히 비통한 마음이 있어서 임금자리에 있음을 즐겨하지 않으셔서, 존호 올리려는 것도 굳이 막아 받지 아니하시고, 매번 임금자리를 벗어버릴 뜻(脫蹤千乘之志)을 가지시더니, 훌륭한 자식(왕세자 - 순조)을 얻으셔서 나라를 부탁할 사람이 있게 되고, 화성을 크게 쌓아 서울의 버금이 되게 하고, 행궁의 집 이름을 노래당(老來堂)과 미로한정(未老閒亭)이라 하시고, 나(혜경궁 홍씨)에게 말씀하시되 '임금자리를 탐하여서가 아니라 마지 못하여 나라를 위하여 있었는데, 갑자년에 왕세자의 나이가 15

세가 되니 족히 임금자리를 전할 수 있을 것이
니, 원래의 소원을 이루어 마마(혜경궁)를 모시
고 화성으로 가서 평생에 사도세자께 자손으로서
이루지 못한 통한을 이루어낼 것입니다. 내가 영조

『한중록』 부분

정조가 혜경궁에게 밝힌
갑자년구상의 내용이 궁체
글씨로 단정히 필사된
『한중록』의 일부분.

의 하교를 받아 이 일을 이루어내지 못하는 것이 지극히 원통하나
이것 또한 의리요, 왕세자는 나의 부탁을 받아 내 소원을 이루어내
어, 내가 못한 일을 내 대신 행하는 것이 또한 의리요, 오늘의 여러
신하들은 내 뜻을 따라 이 일을 안하는 것이 의리요, 훗날 여러 신
하들은 새 임금을 좇아 그 뜻을 받드는 것이 의리요, 의리가 일정한
것이 없어 때에 따라 의리가 되는 것이니, 우리 모자가 살아 있다가
자손의 효도로 훗날의 영화와 효도를 받게 된다면 어떻겠습니까'
하시니… 돌아가신 임금(정조)께서 슬퍼서 함께 우시며 '이리하여
내가 하지 못한 일을 아들의 효도로 이루고, 죽어 지하에서 (사도세

자를) 뵙는다면 무슨 한이 있겠습니까'
하시고…"

정조로서 사도세자의 추존은 영조의
당부를 거역하는 불효의 행위가 된다는
부담감이 컸다. 그러므로 이를 사도세
자의 음덕으로 태어난 왕세자로 하여금
성취하도록 하여, 사도세자의 추존이
부왕(父王)의 비원을 이루어낸 왕세자
의 아름다운 효행이 되도록 할 셈이었
다. 나아가 영조에 대한 불효라는 논란
도 피할 수 있으리라는 생각에 정조는
이러한 구상을 하기에 이른 것이다.

『한중록』의 진실성

정조가 갑자년이 되면 왕위를 물려
준 후 화성으로 은퇴하고, 신왕이 사도
세자 추존을 달성한다는 '갑자년구상'

단원 김홍도 〈한정품국도(閒亭品菊圖)〉

화성행궁 후원의 미로한정에서 국화꽃을 완상하는 가을 경치
그림으로 수원추팔경도 중 하나. 그림 상단의 건물이 지금도
남아 있는 서장대이며 왼쪽 하단 큰 지붕이 낙남헌이다. 단원
김홍도가 어명을 받아 그린 것으로 현재는
〈서성우렵도(西城羽獵圖)〉와 함께 단 두 폭만이 서울대박물관에
남아 있다.

은 이처럼 『한중록』에 번듯하게 실려 있다. 그럼에도 학계에서는 이 기사를 의도적으로 무시하는 경우가 많았다. 『한중록』을 기록한 혜경궁 홍씨가 『한중록』을 통하여 자기 집안 인물들의 무고함을 계속 주장하는 등 정치적 의도를 가지고 사실을 왜곡하고 있다고 보았기 때문이다.

혜경궁의 풍산홍씨 집안은 서울에 대대로 터잡고 살아온 혁혁한 노론 명문가로서 영조에 의해 외척으로 선택된 이후, 또 다른 외척인 정순왕후의 경주김씨 집안과 대립하며 영조대 후반의 탕평정국을 주도하였다. 이 과정에서 죽음을 맞게 된 사도세자에 대하여 혜경궁의 아버지로서 장인인 홍봉한은 방관적 태도를 취하였다. 또한 영조대 말년에 좌의정이었던 혜경궁의 숙부 홍인한은 정조의 대리청정을 가로막는 언행을 하여, 정조의 왕위 계승을 방해한 혐의로 훗날 정조에 의해 죽음을 당하기까지 하였다. 이런 까닭에 이들을 옹호하던 혜경궁의 정치적 입장도 역시 집안의 당리당략을 강하게 따르고 있으리라 여기고, 『한중록』의 기록을 흔히 불신하였던 것이다.

그러나 혜경궁이 설사 집안의 당리당략에 따라 친정 조카 홍수영 (洪守榮)에게 보여줄 내용은 그렇게 썼다 하더라도, 정조 사후 이를 보완하여 순조에게 보일 글을 만들면서, 장차 공개될 수밖에 없는 글 곳곳에 이처럼 중요한 정조의 언명을 상황과 함께 완전히 만들어 내어 쓸 수 있었을까 하는 점은 의문이다.

『한중록』에 실린 이 중요한 언명이 무시되었던 또다른 이유는 이 시기 연구의 기본 자료인 『조선왕조실록』 정조 24년 간의 그 방대한 기사 어느 부분에도 이러한 내용이 나오지 않기 때문이다. 『한중록』에 나온 갑자년구상은 이 시기의 기본사서에서 검증되기 어려웠던 것이다.

그러나 이 점에 관하여는 근래 『정조실록』 등 관련 자료들의 정밀한 연구에 의하여 그 해명이 가능해졌다. 우선 『조선왕조실록』 정조 24년 간의 기사에는 갑자년구상과 관련된 기록이 빠져 있는 것이 사실이지만, 『정조실록』 말미에 부록으로 첨부된 정조의 「시장」, 「행장」과 「천릉지문」 등에는 간략하게나마 그 방증 기록이 등장하고 있다. 또한 김조순의 『영춘옥음기』와 정약용의 『여유당전서』 등 여러 기록에도 정조의 갑자년구상이 언급되어 있음이 밝혀졌다. 『한중록』에 기록된 갑자년구상이 사실로 입증된 것이다.

『정조실록』의 문제점

　　그렇다면 이런 중요한 내용이 『정조실록』 24년 간의 기사에서 빠진 이유는 무엇이었을까? 이는 세계에 유례를 찾아보기 어려운 방대한 연대기 기록으로서 객관성을 인정받고 있는 『조선왕조실록』의 자료적 성격과 관련하여 설명될 문제이다. 아마 이 문제 속에는 정조대 이후 정치사의 또 다른 비밀이 숨어 있는 것으로 생각된다.

　　정조의 갑자년구상이 빠지게 된 큰 이유는 정조 사후 『정조실록』 편찬이 완료되었던 1805년 8월까지의 정치적 동향과 관련되어 있다. 정조가 서거했을 때 순조는 11살의 어린 나이였다. 이에 왕실의 제일 어른인 영조의 계비 정순왕후가 자연스럽게 수렴청정을 하게 되고, 결국 정국을 주도한 것은 정순왕후의 친정인 경주김씨 일문과 벽파세력이었다. 이들은 1806년의 병인경화로 일망타진되어 정계에서 완전히 숙청될 때까지 안동김씨의 김조순, 반남박씨의 박준원 등과 각립하면서도 월등히 우세한 위치에서 정계를 이끌어 갔다. 신유사옥을 일으켜 천주교를 믿던 신서파(信西派) 남인과 시파세력을 숙청하고, 장용영을 혁파하여 정조의 비원을 무위로 돌리는 일도 이들의 주도로 이루어졌다.

『정조실록』은 바로 이런 시점에 편찬되었다. 편찬을 담당한 실록찬수청의 구성원을 보면 다양한 정치색을 가진 이들이 참여하고 있긴 하다. 하지만 신유사옥 이후 숙청의 바람이 끝없이 휘몰아칠 것 같은 분위기가 사회를 짓누르고 있는 상황에서, 실록의 편찬도 시대적 분위기를 탈 수밖에 없었다.

벽파의 집권으로 정조의 정치적 지향이 무위로 돌아가는 가운데 『정조실록』의 기록은 벽파세력의 시각에서 정리되었다. 정조 회심의 사업이었던 화성건설사업에 대한 기록에서 반대의사를 크게 실은 반면, 반드시 실려야 할 화성관련 중요기사를 빠뜨린 것이 그 일례이다. 예컨대 정조가 그토록 기다리던 1796년 10월 16일의 화성 낙성연에 관한 기사는 소략하기 그지없다. 정조가 갑자기 이 낙성연에 불참하게 된 과정에 관한 기사가 빠지는 등 낙성식을 둘러싼 상황이 알 수 없게 되어 버린 것이다.

더욱이 중요인물이 돌아가고 난 뒤 내리는

김종수 초상

청풍김씨 명문가의 후예로서 사림청론의 정치적 입장에 서서 세손 시절부터 정조를 도왔으나, 정조의 의리탕평론에는 반대하는 입장을 취하여 훗날 노론벽파를 이끌게 된다. 현재 올림픽공원이 있는 몽촌토성 자리에 장토가 있어 이곳에 자주 머물렀으므로 '몽촌대신'이라고도 했다. 일본 천리대 소장의 그림.

채제공 초상

1792년(정조 16) 당대 제일의 초상화가인 이명기가 그린 채제공 73세 때의 초상화. 정조로부터 하사받은 부채와 향낭을 손에 쥐고 찬 모습을 그렸으며, 좌측상단에 자신의 모든 것이 국왕의 은덕이라는 내용으로 채제공 자신이 지은 찬시가 씌어 있다. 사시인 눈도 그대로 그리는 등 정조대 사실적 초상화의 대표작으로써 서양화법의 영향을 받아 그린 손 표현도 이채롭다. 후손 채호석 소장.

사관의 사평(史評: 卒記〔졸기〕)에서 벽파적 편향은 심각하게 드러나고 있다. 정조 서거 1년 전인 1799년 정월 같은 시기에 돌아간 노론벽파의 영수 김종수의 졸기에서는 '(정조의) 대우의 융성함이 제신 중에 비할 자가 없었다. 매양 경연에서 아뢸 때나 상소문에서 이따금 다른 사람이 감히 말하지 못할 일을 말하였다. 행동은 매양

급하게 한 때가 많았고 언론은 혹 한쪽으로 치우치는 점도 있었으나, 대체로 명예를 좋아하고 의리를 사모하는 선비였다'라고 한 반면에, 남인시파 채제공 줄기에서는 '일을 만나서는 권모술수 쓰기를 좋아하였다. 외모는 소탈해 보였으나 속마음은 실상 비밀스럽고 기만적이었다. 매양 경연하는 자리에 나가서는 웃으며 말하고 누구를 헐뜯거나 찬양하는데 있어 교묘하게 임금의 뜻을 엿보았고, 물러가서는 임금의 총애를 빙자하여 은밀히 자기의 사사로운 일을 성취시키곤 하였다'고 하였던 류의 극단적 차이는 물론이고, 노소론의 시파로서 정조의 심복이었던 서유린과 정민시에 대해 국가재정 고갈의 책임을 지우는 등 노골적 비판이 두드러졌던 것은 모두 이런 상황에서 나왔다.

그러므로 벽파세력들이 반대하던 정조의 갑자년구상에 대한 기록도 의도적으로 제거될 수밖에 없었다고 생각된다. 정조서거 직후, 조정에 있던 정조의 측근들이 맡아 써서 『정조실록』의 부록으로 실린 「시장」, 「행장」, 「천릉지문」 등의 기록에는 정조의 갑자년구상과 관련된 서술들이 조금 씩이나마 드러나고 있어, 큰 대조를 보이기 때문이다.

이는 아무리 정확한 기록이라 할지라도 피하기 어려운 『조선왕조실록』의 자료적 한계를 확연히 보여주는 부분이라 하겠다. 그러나 『정조실록』의 경우, 벽파에 의해 이처럼 왜곡되어 편찬되었으나, 1806년 벽파 퇴진 이후에도 앞 시기의 『선조실록』이나 『경종실록』처럼 새로 수정본을 내는 상황은 전개되지 않았다. 병인경화로 벽파를 일망타진한 뒤 정권을 잡은 시파의 세도정권은 『정조실록』의 기록에 신경을 쓰지 않아도 될 만큼 안정된 기반 위에 서 있었던 것이다. 세도정권은 벽파는 물론 척족세도를 비판하며 사림정치의 회복을 주장하다가 축출되었던 이서구 등 청론세력과 정약용 등 남인세력의 숙청을 계속 유지하면서, '하고픈 말을 못하는 것이 평생의 한'이란 말이 나올 정도로 사림의 공론을 통제하였으며, 정치적 비판세력을 배제한 위에서 장기간의 과두독재체제를 이끌었다.

결국 『한중록』에 분명히 실린 정조의 갑자년구상이 『정조실록』의 기사에서 배제된 이유는 이런 것이었다. 정조는 집권 초 내세운 개혁적 명분과 집권 전반기에 달성한 정치적 안정을 토대로, 갑자년의 전위와 화성으로의 은퇴를 꿈꾸면서 집권 후반의 정치와 정책을 펴나갔다. 때문에 정조의 꿈이었던 갑자년구상을 무시한 채로는 정조대 후반의 정치는 물론 정조대 후반의 가장 중요한 정책이었던 화성신도시 건설사업의 의미도 설명이 되지 않는다.

화성천도설의 오류

그러나 그간 학계에서는 혜경궁 홍씨에 대해 의구심을 가지고 『한중록』에 나온 갑자년구상의 기록을 도외시하였으며, 『정조실록』 부록의 기사도 무시하고 화성 건설의 동기를 엉뚱하게 상상하였다. 정조의 고단한 입장을 동정하고 역으로 정조에 대한 벽파세력의 압박을 과장하면서, 정조가 벽파를 피해 화성으로 천도하려 하였다고 하는 '화성천도설'을 지어낸 것이다. 그러나 정조가 400년 동안 조선의 수도였던 서울을 옮길 정도의 권력행사를 할 수 있었다면, 그런 강성한 권력을 가지고 무엇 때문에 벽파를 피해 굳이 서울을 옮기려 했을까. 이러한 점을 생각해 본다면 이 가설이 얼마나 불합리한 지 저절로 드러난다.

아마 '화성천도설'을 내세우는 사람들은 정조의 비운을 동정하고, 정조의 능력을 강조하고자 하는 마음에서 이런 공상을 전개하였을 것이다. 그러나 이 가설이 정조의 잘못을 드러내어 정조를 무단적 폭군으로 내모는 주장이 된다는 점은 인식하지 못하였다. 화성신도시가 단순히 벽파세력의 근거지로부터의 탈출이라든가, 사도세자 추숭과 왕권 강화라는 정조의 개인적 비원을 이루기 위해서 건설되었다고 한다면, 일각의 반대에도 불구하고 국력을 기울여 건설된 이 도시는 국왕의 독재를 상징하는 도시이며 조선사회 패망의 표징이 되는 도시에 불과할 것이다.

그렇다면 정조는 과연 이러한 폭군이며, 개인적 꿈과 자기만족을 위하여 화성신도시를 건설하였을까?

화성신도시는 천도를 위해서가 아니라 갑자년 이후 상왕으로서의 거처를 염두에 두고 건설된 것이다. 이는 일각의 반대에도 불구하고 국가적 목표와 공익을 앞세우며 시대적 요구에 부응하였던 까닭에 신민의 광범위한 참여로 급속히 추진될 수 있었다. 화성 건설은 정조시대의 사회경제적 발전의 성과를 수용하고, 그를 더 가속화하기 위해 시범도시를 마련하려는 사업이었다. 이곳에서는 여러 가지 새로운 제도가 시범적으로 시행되고, 첨단의 과학기술이 실험되었다. 또 농업생산을 증대하고 유통경제를 활성화하기 위한 시책을 시행함으로써 조선사회의 변화를 선도하고자 하였다.

갑자년구상 자체는 정조 자신의 개인적 비원을 실현하기 위한 것이기도 했다. 하지만 그를 위한 사업인 화성신도시의 건설 과정이나, 발전을 위한 시책 등에는 정조 개인의 의도보다는 공공의 이익 추구가 전면에 드러났다. 이 점은 화성에서 정조와 그의 측근신료들이 시행한 제 시책을 검토하는데서 분명히 확인할 수 있다.

4. 비원의 전말: 개인적 갈망과 시대적 요구

흔히 임오화변(壬午禍變)이라 부르는 1762년(영조38년) 임오년(壬午年) 윤5월 13일에 있었던 사도세자의 죽음은, 국왕 영조가 국사를 대리청정 중인 자신의 아들을 직접 처단한 대단히 비극적인 사건이었다. 1748년부터 대리청정을 해왔던 28세의 왕세자가 창경궁 선인문(宣仁門) 안 휘녕전(徽寧殿) 뒤주 속에 갇히어 아사(餓死)하는 참변을 당한 것이다. 야담집 등에서는 이를 둘러싸고 많은 일화를 전하고 있으며, 훗날 윤색되기도 했지만, 이 사건은 영조 탕평정치의 귀결로 벌어진 사건이자 당시의 정치적 모순과 갈등이 극단적으로 표출되었던 사건으로, 후대에까지 그 파장이 컸다.

11세의 어린 나이로 이런 비극을 겪고 갖은 파란 끝에 1776년 왕위에 오른 정조는, 그의 집권 기간 내내 이러한 문제들에 대처하기 위해 허다한 대립과 갈등을 극복하고자 부심하였다. 그는 변화된 사회상에 부응하는 개혁적 지향을 내걸어 왕권을 강화하며, 화성 건설 등의 시책을 통해 자신의 비원(悲願)을 이루고자 하였다. 그러나 이러한 시책의 추진이 정조 혼자만의 힘으로 가능한 것은 아니었다. 이를 위하여 신료들의 지원이 필요했으며, 개인적 갈망이라기보다 시대적 요청이라는 명분이 우선되어야 했다.

시파 벽파의 대립

그러나 노론, 소론, 남인 각 정파 간의 해묵은 대립이 있었던 데다, 청론사류의 분열로 새로이 야기된 시파, 벽파 사이 대립의 격화는 정조를 더욱 어렵게 만들었다. 흔히 시파, 벽파의 대립은 사도세자를 죽음으로 몰고 갔던 영조대의 정국에서부터 있었던 것으로 알고 있지만, 사실 시파, 벽파가 정파로서 등장하여 정국 동향에 영향을 주기 시작한 것은 정조대 이후의 일이다. 정조의 의리탕평론과 소론, 남인 등용을 통한 상호견제론, 사도세자 추숭의 기도 등과 관련하여 정조의 의도에 추종했던 쪽을, 시류에 영합했다 하여 그 반대파가 '시파(時派)'라고 비방하여 부른 것이 새로운 대립의 시작이었다.

사실 '시파'란 칭호는 원래는 벽파에 의해 그리 좋지 않은 의미로 붙여진 것이다. 그러나 이는 청론사류 가운데 정조의 개인적 불행에 동정하고 정조의 의리탕평론에 동조했던 측근신료들의 정치적 입장이었다. 이들은 정조 사후 1806년의 병인경화로 벽파에 대해 완전한 정치적 승리를 거두게 됨으로써 시·벽의 대립을 종식시켰다. 그리고 자신들의 입장을 일방적으로 정당화하여 시파는 옳고 벽파는 잘못되었다는 식의 일반적 인상을 형성하기에 이른다.

청론사류 내에서 시·벽의 대립이 확연히 드러나게 된 것은 정조 12년(1788) 노·소·남의 삼상체제가 성립한 이후인 정조대 후반에 들어서의 일이다. 특히 1792년 영남만인소(嶺南萬人疏)를 필두로 남인에 의해 임오의리론(壬午義理論)이 대두하면서, 이를 비판하고 대립하는 과정에서 시파와 벽파는 확연히 분립하게 된다. 이는 노론, 소론과 남인 모두에 영향을 미쳐, 이후 시·벽의 대립은 정치적 파란의 가장 중요한 변수가 되었다.

사도세자 죽음의 원인

이들은 사도세자의 능력에 대한 평가에서부터 그의 추숭 문제에까지 각기 상이한 평가를 내리고 다양한 대처론을 제시하였다. 하지만 사도세자의 죽음과 관련해서는 크게 보아 다음과 같은 두 가지 입장으로 대립하였다.

우선, 『한중록』에 보이는 것처럼 부왕 영조로부터의 정신적 압박감과 왕실 내의 미묘한 인간관계 속에 상황이 꼬이면서 사도세자는 정신질환을 가지게 되었고, 살인 등 여러 기행을 일삼다가 일부 신하, 특히 그 생모 영빈이씨의 건의에 따라 영조가 처단을 결심함으로써 불가피하게 부왕의 단죄를 받았다는 입장이다. 반면에, 사

사도세자와 정조의 글씨 〈무안왕묘비(武安王廟碑)〉

관우(關羽)의 충절을 기려 제사지내던 서울 동대문 밖 동묘(東廟)에 1785년(정조 9) 정조가 해 세운 비석의 탁본. 앞면(왼쪽)은 1752년(영조 28) 정조를 낳던 해에 쓴 사도세자의 글씨로서 18세 젊은 왕세자의 웅혼한 기상이 넘쳐 나며, 뒷면(오른쪽)은 정조 자신의 글씨로서 단정하면서도 힘차다. 정조로서는 18세에 이미 이런 대단한 글씨를 쓸 수 있었던 사도세자의 자질을 과시함으로써 사도세자를 부정하려는 일각의 여론을 잠재우려 하였다. 두 사람 글씨의 대표작으로 탁본의 크기만도 가로 세로 90×222.5cm로 2미터가 넘는 대작이다.

右龍所征旡敲海內麜風暨亦我猱伊龐伊能載揚豊烈為漢之

天地鍾英鼎氣雄、切盖萬禩威耀八戎旰禬載籍侯莫與同

禍禪子雲卒伍老忠杌園盟血直盤　皇穹恩兄義君首腹璧

崇若唐若宋同不致僊　皇祖秩典舜視王公逑我宣祖肇

祀國中衆繪九章有儀　眸容甫稲有刻兩聖紀切小子式

欽麻遂感而通誕聖　顯靈大德鎬脳歲一精裎帕首甲東

冥麻遂感而通訛聖　先志是從我銘作訏以詔旡窮不騫董筆斬權毀蒙恭惟

靈如地水若胡耆蓬冀垂　英頎祿我大東歲壬申謹撰

王在帝傍魄毅神雄赤驪翠鍇廓掃籉戎辮香拜稽萬方收同誕我

肇祀匪直尚忠蘂牲練日銚鼓殷穹九旒琅璆決雲駕龍悅芳儦芳肅

然有風神之降矣河魁熊熊歆我肝蔘格我欽崇永懷奭駿惠洵

莫與隆像配光嶽邁戾公霾牲有石于廟之中承奉承奎璧載

烈象容華渚壽丘於萬頌功神芳錫骰龜篁叶從邦享五福民無四

窮顧瞻靡騁玄黃晦蒙一指風霆顯麻冥通環庭介士豎髮沽骨剗

剗上下弗遊皦衷神之迪矣如相攀逢地久天長永食吾東

卸胙九季乙巳陽至撰並篆書付太常作迎送神眞獻樂歌

도세자는 영조시대의 정치를 개혁하려는 뜻을 품었던 비범한 자질의 소유자였기 때문에, 척족과 일부 노론의 사주에 의해서 죽음을 당하기에 이르렀다는 일각의 주장도 있었다. 이들은 사도세자의 부인이던 혜경궁조차도 남편을 저버릴 수밖에 없도록 몰고 간 노론과 척족 일각의 입장을 비판하고, 사도세자에게 아무 허물이 없음을 주장하면서 임오의리론을 제기하기도 하였다.

정조는 임오의리론을 후원하였지만 현실정치에서는 노론이 압도적으로 우위였으므로, 이들 남인의 의리론을 근거로 사도세자 추숭을 관철하는 것은 결코 쉬운 일이 아니었다. 오히려 죄인이 되어 죽음을 당한 사도세자의 아들이었기에 정조 자신의 왕위 계승조차도 엄청난 파란의 연속이었다. 사도세자의 죽음을 당연시하던 세력들은 이른바 '팔자흉언(八字凶言)'*이나 '십육자흉언(十六字凶言)'*과 같은 논리를 내세워 정조의 왕위계승권자로서의 자격을 부인하고, 그의 왕위계승을 반대하면서 때로는 군주교체를 꾀하기까지 하였던 것이다.

그러므로 1776년 3월 5일 영조가 서거한 후 정조가 등극하였던 것은 사도세자의 아들로서가 아니라 효장세자의 아들이라는 자격으로 가능하였다. 정조는 즉위하자 곧 자신의 양부(養父) 효장세자를 진종(眞宗)으로 추존(追尊)하여 국왕의 위격을 부여하였다. 영조에서 진종을 거쳐 자신에게 이어지는 왕권의 정통성을 내외에 확인시킨 것이다. 이와 함께 자신의 생부(生父) 사도세자에 대하여도 시호(諡號)를 장헌세자(莊獻世子)라 새로이 올리고, 원호(園號)를 영우원(永佑園), 사당(祠堂)을 경모궁(景慕宮)이라 개칭하도록 하였다.

그리고 창경궁 안 높은 언덕 위, 경모궁이 바로 바라다 보이는 곳에 자경전(慈慶殿)을 지어 통한(痛恨)의 세월을 지내온 어머니 혜

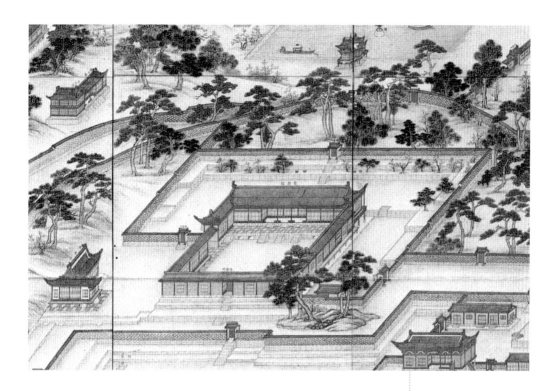

경궁 홍씨를 머물게 하였다. 또한 자신은 효(孝)의 유교윤리를 명
분으로 창경궁 담장 바로 밖의 경모궁에 빈번히 출입하며 사도세자
의 복권과 추숭을 모색하였다. 이로써 사도세자를 장차 효장세자처
럼 국왕의 위격에까지 높이고자 하였던 정조 의지의 실현을 위한
서막은 오른 셈이었다. 그러나 정조 초년의 불안정한 정국과 취약
한 왕권의 위상 때문에, 이는 후속조치로 바로 이어지지 못하였다.

사도세자 묘소의 이장

정조는 즉위하자마자 정치적 개혁과 학문정치의 명분을 내세우

현륭원 전경

용이 여의주를 희롱하는
형국이라는 천하명당 터에
자리잡은 사도세자 묘소. 이 명당
터의 효험으로 왕세자를 얻고
왕실도 더욱 번창하리라고
정조는 생각했지만 이런
사고방식이야말로 정조의
한계였다. 정조의 생각과 달리
조선왕조와 왕실은 이후 백여
년만에 무너졌다. 운명과 역사는
풍수지리가 아니라 인간의
의지와 노력에 따라 좌우된다는
점을 여기서 확인한다면, 이순신
장군 무덤에 식칼을 꽂았던 어떤
무당과 동류인 오늘날
사회지도층 인사들의 명당터
맹신이 얼마나 시대착오적인지
알 수 있다.

고 규장각을 세워 청론(淸論)을 중심으로 인재를 모아 자신의 친위
세력으로 키워 나갔다. 그리고 서서히 군권을 장악해 즉위 12년
(1788) 1월에는 장용영을 발족시켜 친위군사기반을 갖추기에 이
른다. 이처럼 정조 자신의 지지기반을 확충하여 득의(得意)의 노소
남 삼상체제(老少南 三相體制)를 구축한 것이, 그 다음 달인 정조
12년 2월이다. 이후 정조는 오랜 숙원이던 영우원 이장(移葬)을 실
현시켜 사도세자 추숭사업을 본격화하기 시작한다.

　1789년 7월, 영조의 부마로서 정조의 고모부였던 박명원(朴明
源 - 그는 연암 박지원의 삼종형으로, 북경사행시 연암을 자제군관
으로 하여 수종케 하였고, 이 여행 결과 나온 연암의 글이 유명한
『열하일기』이다)의 제안에 따라 정조는 수원읍치 자리로 사도세자
의 무덤을 옮겨 쓸 것을 전격적으로 결단하기에 이른다. 수원읍치
는 팔백 개의 연봉이 꽃잎처럼 둘러싼 형국, 또는 용이 여의주를 희
롱하는 형국으로 국중제일(國中第一)의 명당 자리로 알려져 있었

다. 이에 화산 아래 기존의 수원읍치와 백성들을 북쪽의 팔달산 아래 현재의 수원 자리로 옮기고, 10월 7일 석 달 여의 분망한 준비작업 끝에 정조는 영우원 이장을 마치게 된다.

정조는 사도세자의 새 묘소를 현륭원(顯隆園)이라 개칭하고 여기에 정성을 다해서 국왕의 위격에 준하는 치장을 가하였다. 아직 국왕의 지위까지 추숭을 진행시키지는 못하였으므로, 석물인 마석(馬石), 양석(羊石), 호석(虎石) 등 석수(石獸)의 수효를 반감(半減)하는 차별을 두기는 했다. 하지만 인조대 이후 처음으로 병풍석(屛風石)을 설치하는 등 기존의 왕세자 묘소의 격식과는 다른 새로운 분묘 격식을 갖추고, 당대 최고의 예술가들을 동원하여 세련된 조각기술을 집성하도록 하였다. 그리하여 현륭원에는 결코 사치스럽거나 화려하지 않으면서도 단아한 진경시대의 걸작 조각품들이 탄생하여 도열하게 된다.

또한 정조는 새로이 자신의 초상화(御眞)를 그리게 하여 이를 현륭원 재실에 늘 걸어두고, 곁에서 아버지를 봉양하고자 하는 뜻을 살리도록 조치하였다. 이 초상화는 정조 사후 그의 사당인 수원 시내 화녕전(華寧殿)으로 옮겨졌지만, 사도세자의 무덤에는 정조 정성의 결정체인 석물들이 지금까지 그대로 시립하여 있다. 그들 중

현륭원 병풍석 탁본

정조의 효심과 각수(조각가)의 정성이 깃든 조선 조각의 명품. 가운데는 모란문을 새기고 좌우로는 연꽃 무늬를 세련되게 새겼다. 조선국왕의 최상의 능묘 치장이 이런 정도에 머문 것에서 국왕에게까지도 엄격히 적용되었던 조선의 주자학적 이념이 얼마나 철저하였던가, 그리고 조선 문화의 지향성이 어떤 것이었던가를 느끼게 된다. 같은 시기 중국 등에 비해 조선 왕릉의 규모가 극히 작고 초라해 보이는 것에서 오히려 조선정치의 건실성과 문화의 세련성을 읽어야 한다.

언제나 사도세자 곁에 있고자
했던 정조의 마음을 담아 조성된
조선시대 문인석 조각의 백미.
세련된 석물 조성과 조각을 위해
정조는 당대 최고의 조각가였던
정우태(丁遇泰)를 초빙하였다.
불교가 지배하던 시대의 대표적
조각이 불상이라면 조선의
유교문화를 대표하는 조각은
조상 분묘의 석인조각이다.
유교문화가 쇠퇴하는 시대적
변화 속에, 진경시대 문인석이
이러한 정형화를 이룬 이후 서울
부근의 사대부 분묘에서부터
석인조각이 사라지게 된다.

에서, 정조의 마음에 따라 어쩌면 정조의 분신인 듯 지금껏 사도세자 묘소 곁을 지키고 있는 문인석은 정조의 초상화가 소실된 지금, 정조의 모습을 연상시켜 주는 가장 의미있는 자료로 남아 있다.

용주사의 문화유산

한편 정조는 이듬해 1790년, 현륭원 동쪽 인근에 사도세자의 명복을 빌기 위해 왕실의 원찰로서 용주사(龍珠寺)를 창건하였다. 그리고 진경문화의 절정을 구현한 훌륭한 예술품들을 이곳에 조성 봉안하였다. 이 시기에 정조의 안타까운 효심이 불교적 수단을 통해 표현되었던 것은, 죽음과 내세의 문제를 주자학적 방법만으로 충족시킬 수 없었다는 면에서 어쩔 수 없었던 당시 주자학의 한계

가 드러난 것이라 할 수 있다. 그러므로 조선사회는 주자학을 토대
로 하면서 이단적 사상과 문화까지도 포용하려 하였고, 절정에 이
른 진경문화는 이러한 변화를 수용하면서 더욱 풍부한 내용을 갖
게 되었다.

　정조시대 진경문화의 이러한 면모는 용주사의 여러 시설물과 문
화유산들에서도 그대로 드러나 있다. 특히 대웅전 안에 함께 조성
되어 서로 조화를 이루고 있는 후불탱화와 불상은 전통적인 것 위
에 외래적인 것을 받아들여 새로운 성격을 창조해가던 정조시대 법
고창신(法古創新)의 경향성을 유감없이 보여준다. 서양 그림의 영

향을 받은 탱화는 전통양식의 건물 속에서 전통양식의 불상과도 아주 잘 어우러져 있다. 이 탱화는 전통적 수법에다 단원 김홍도와 화산관 이명기가 정조의 특명을 받들어 북경 천주교회당에서 보고 배워온 음영법 등 성화(聖畵)의 새 표현기법이 가미되어 나름대로 독특한 조화를 이루었다.

정조가 이곳에 하사한 수많은 보배도 같은 시대적 성격을 띠고 있다. 현존하는 정조 어제의 「용주사봉불기복게(龍珠寺奉佛祈福偈)」, 중국 소주산 비단에 쓴 채제공의 「상량문(上樑文)」, 초화(草花)사폭병풍과 『부모은중경(父母恩重經)』 동판, 석판, 목판과 중국식 향로 등은 정조시대가 전통문화의 토대 위에 능동적으로 청조문물을 받아들여 전통을 혁신하려는 노력을 펴던 시기임을 말해 주고 있다. 진경시대는 이제 북학의 시대로 나아가고 있었다.

화성의 명명과 신도시의 건설

한편 천하명당의 효험인 듯 현륭원 이장 후 이듬해 1790년 6월에 바로 왕세자를 얻은 것은 정조로 하여금 사도세자 추숭사업에 대해 확고한 의지를 굳히도록 하는 계기가 되었다. 정조는 현륭원 외곽 수원에 대도회를 건설하여 장차 갑자년이 되면 15살로 성년이 되는 왕세자에게 왕위를 넘겨주고, 칠순을 맞은 혜경궁 홍씨를 모시고 가서 노후를 보내려는 '갑자년구상' 을 세우고, 화성신도시 건설을 추진하게 된다.

화성성역(華城城役)에 착수하기 1년 전인 1793년 정월, 정조는 팔달산에 올라 수원을 내려다 보며 이곳에 건설할 새로운 성곽 도

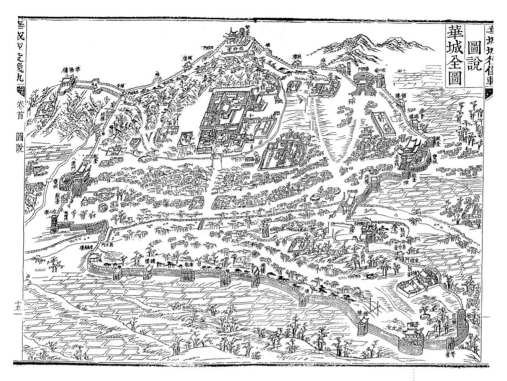

〈화성전도〉

화성신도시의 전체 모습을 그린 그림. 『화성성역의궤』 첫부분에 실려 있다. 그림 상단 중앙에 서장대가 선 팔달산이
있고 그 아래로 화성행궁이 자리잡았다. 행궁 앞 십자로 주변에는 상가와 민가가 즐비하다. 화성성곽이 둘러친
신도시에는 이미 도로, 교량, 수문 등 도시기반시설이 완비되어 수원천에는 남수문, 북수문과 매향교가 아름다운
경관과 함께 설치되어 있다.

화성은 자족적 도시로 설계되었으므로 국영시범농장(대유둔)과 수리시설(만석거) 등 생산기반시설도 화성성역의
일환으로 함께 건설되었다. 그러나 일제시대 때 일인들이 행궁 등 화성의 주요 시설을 파괴하면서 화성의 도시적
성격을 무시한 채, 그 울타리인 성곽만을 부각시켜 '수원성'이라 명명하고 '수원성곽'만을 문화재로 지정하게 된다.
이후 우리는 지금껏 일인들의 가르침을 묵수한 채 학문적 연구를 도외시함으로써, 일제시대와 마찬가지로 신도시의
울타리인 화성성곽만을 문화재로 지정하여 보호하였을 뿐, 나머지 도시시설물들은 무관심 속에 훼손되어 버렸다.
1922년 홍수로 떠내려 간 남수문을 복원하기는커녕 화성이 2백주년 되던 해에 그 위로 복개공사를 시도하였으며,
정조대 농업개혁의 현장인 만석거저수지는 수백억원을 들여 매립함으로써 원형을 훼손하고, 이제는 화성성곽만을
'군사건축물'이라 하면서 세계문화유산으로 등록해 놓기에 이르렀다.

공교롭게도 세계문화유산 등록이 확정되던 1997년 12월 3일은 우리가 I.M.F.에 구제금융을 신청하던 날로써
선진국의 허황된 꿈과 세계화의 허상이 무참히 깨어지던 날이었다. 우리의 정치와 경제, 그리고 문화의 후진적 수준이
별개가 아닌 동질적 문제임을 절감하게 된다. 그러나 더욱 개탄스러운 것은 지금도 이에 대한 반성이 없으며, 성곽을
제외한 화성신도시 유·무형의 문화유산들은 그 가치를 인정받지 못한 채 여전히 훼손되고 있다는 점이다. 우리가
세계화의 허상에 가린 문화적 후진성을 떨쳐내기 위해 어떤 일부터 해야 할 지를 보여주는 전형적 사례라고 하겠다.

시를 '화성(華城)'이라 명명하였다. 훗날 여기에 『장자(莊子)』에 나오는 화인(華人)의 요(堯)임금에 대한 축원의 고사가 덧붙여졌지만, 사도세자의 산소를 옹위한다고 하여 신도시에는 현륭원의 뒷산 화산(花山)의 '花(華와 통용)'를 따다가 이름이 지어졌다. 지금까지도 화성이란 본명과 화성의 도시적 면모를 잊은 채 일본사람들이 명명한 대로 흔히는 '수원성'이라 부르고 성곽만을 문화재로 지정 보존하고 있지만, 원래 화성은 성곽으로 둘러싸인 신도시 전체를 가르키는 말이었다.

정조는 중국의 역대 왕도를 모델로 화성신도시를 건설하고자 하였다. 선산인 사도세자의 원침이 있어 노후에 돌아가 여생을 보낼 수원은, 한나라 고조(高祖; 劉邦[유방])가 수도 장안(長安)에 설치한 새로운 고향(新豊[신풍])처럼, 정조에게도 새로운 고향과 같이 여겨졌다. 이에 화성의 북쪽 대문을 '장안문'이라 하였으며, 화성 행궁의 정문을 '신풍문'이라 하고, 늙어서의 안식처로 삼겠다는 의미에서 행궁건물에 '노래당(老來堂)'과 '미로한정(未老閒亭)' 등의 칭호를 붙인 것이다.

정조는 현륭원 이장 후 내밀한 준비를 거쳐, 5년이 지난 1794년 정월, 1804년 갑자년을 겨냥하여 10년 계획으로 화성신도시 건설에 착수하였다. 정조대의 국력을 기울인 화성신도시 건설은 정조대 후반을 대표하는 국가적 사업으로, 한양 정도(漢陽 定都 - 1394년) 4백 년을 의식하면서 1794년에 착공되었고 국초의 한양 건설에 견줄 만한 신도시 건설사업으로 계획되었다.

갑자년구상에 따르면 화성은 장차 정조가 노후를 보낼 도시였다. 이에 화성에는 600여 칸에 달하는 대규모 행궁이 설치되고, 도시 외곽으로는 거의 6km에 달하는 웅대한 성곽이 건설되었다. 이곳에

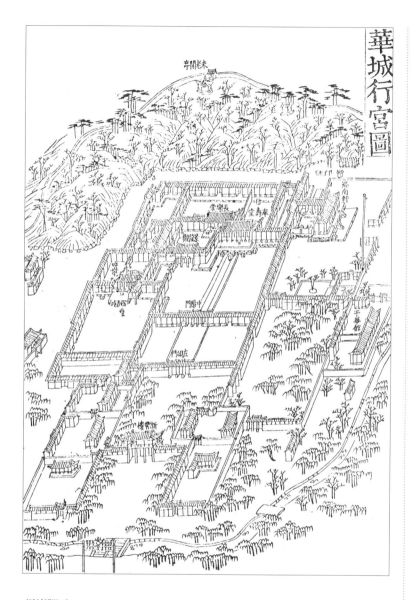

〈화성행궁도〉

1795년 윤2월에 화성에서 벌어진 혜경궁 회갑잔치의 행사기록인 『원행을묘정리의궤』에 실린 그림. 제일
윗부분 팔달산 기슭에 미로한정이 있고, 그 아래에 회갑잔치 본행사가 열렸던 건물인 봉수당이 자리잡았다.
상단 오른쪽 끝에 각종 야외 행사를 위해 넓은 뜰을 가진 건물이 낙남헌인데 일제시대에 모든 건물이 헐리고
오직 이 낙남헌만이 남게 되었다.

는 정조시대의 문화적 역량이 유감없이 발휘되어 모든 시설물마다 인공과 자연의 조화, 기능성과 외관의 겸비, 외래적인 것과 전통적인 것의 융합과 같은 시대적 특색이 나타났다.

꿈의 도시, 미래지향적 구상

더욱 중요한 것은 정조의 꿈을 실은 이 미래의 도시에 그 자족적 발전의 토대이면서 국가적 개혁의 모범이 될 첨단의 도시기반시설과 생산기반시설이 갖추어졌다는 점이다. 정조는 이 도시를 '국가재정을 넉넉하게 하고 백성생활이 유족하도록 하는 방책(裕財足民之策〔유재족민지책〕)'의 일환으로서 건설하려 했다. 이곳에 그 동안 이룬 조선의 사회경제적 발전 성과를 바탕으로, 이를 더욱 가속화하기 위한 새로운 구상들을 반영하였다. 전국적 상업과 농업 개혁의 출발점이자 모범이 되도록 하는 조치가 시행된 것이다.

행궁 바로 앞에 남북과 동서의 교통로가 교차하는 사거리(十字路〔십자로〕)를 두고 여기에 파격적으로 국제무역의 새로운 거점을 지향하는 상업단지가 배치되었다. 또 화성 외곽 북쪽에 만석거저수지와 남쪽에 만년제, 서쪽에 축만제저수지(서호)를 만들어 첨단 경영방식과 기술을 도입한 대규모의 국영 시범농장(屯田; 北屯과 西屯)을 설치하여 경영하기에 이르렀다.

이처럼 화성에는 정조의 개인적 비원을 실현할 도시이자 조선의 사회경제적 개혁을 선도할 도시라는 복합적 의미가 부여되었다. 정조는 조선사회의 시대적 요청에 부응한다는 명분을 전면에 내세우면서 건설사업을 진행하였던 것이다.

만석거저수지 전경

*1795년 5월에 준공된 화성의
농업생산 기반시설. 수원시
정자동 소재. 이곳에는 수문과
갑문이 설치되었으며 수차와 같은
최신의 기계를 설치해 실험하기도
하는 등, 국영시범농장 대유둔의
수리시설로서 서쪽의
서호(축만제), 서둔과 함께
정조대 농업개혁의 근원지였다.
아름다운 경관을 지녀 전국적으로
이름난 명소였으나, 준공
200주년이 되던 해까지 무려
326억원을 들인 매립공사로 반
이상의 면적이 매립되어 원형을
잃게 되었다. 같은 해에
이곳에서의 200년 농업연구
전통을 계승해야 할 서울대
농생대는 아무런 대책없이 서울로
떠나기로 결정함으로써 우리 시대
역사의식의 파탄을 여실히
보여주었다.*

탕평과 화합의 도시

치밀한 준비를 거쳐 1794년 정월부터 10년 계획으로 추진된 화성신도시 건설사업에는 정조가 구현한 탕평정치의 역량이 반영되어 여러 정파 신료들의 지혜와 백성들의 힘이 결집되었다.

서울에서는 남인정승 채제공이 총리대신으로서 사업 전체를 총괄하고, 수원의 현장에서는 소론 출신의 조심태가 '화성이 성화요 조심태가 태심하도다(너무 심하도다)'라는 말이 생길 정도로 철저히 사업을 감독하였다. 비변사에서는 서유린(노론)과 정민시(소론) 등이 재정 마련의 실무를 전담하고, 정약용(남인)과 연암일파 학자였던 서유구(소론), 홍원섭(노론) 등 많은 학자들이 새로운 지식과 기술을 연구하여 적용하는 노력을 기울였다. 김종수와 심환지 같은 노론벽파의 신료까지도 상량문을 짓는 등 어떤 식으로든 화성 건설

팔달문 한 귀퉁이에
공사담당자의 명단을 새겨놓은
표석의 탁본. 세계에 유례를 찾기
힘든 방대하고 세밀한
공사보고서(『화성성역의궤』)와
함께 부실과 졸속을 원천적으로
배제하였던 정조시대 문화의
생생한 증거물이다. 책임 소재를
분명히 하였던 이런 방식은
건축실명제와 유사한 것으로,
공사 책임자(감동)와 간부(패장)
외에 일반 석수의 이름까지도
새겨진 것에서 정조시대 민의
성장을 실감할 수 있다.

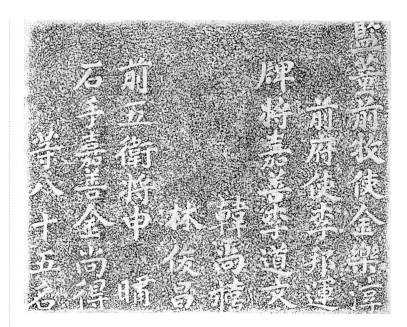

에 참여함으로써 화성은 정조시대의 탕평과 화합을 상징하는 도시로 등장하기에 이르렀다.

화성 건설사업에는 백성들도 자발적으로 참여하였다. 이 사업에서부터 상품화폐 경제의 발달 성과를 반영하여, 부역노동이 아니라 임금노동을 기본으로 하였으므로, 수원에는 전국의 유이민들이 자발적으로 모여 들었고, 신도시 건설사업은 이들에 대한 국가적 구제사업의 성격도 지니면서 진행되었다. 모든 사업 내용은 못 하나, 돌덩이 하나, 인부 한 사람의 반나절 임금에 이르기까지 완벽하게 기록되었으며, 건축실명제적 방식에 의해 부정과 부실, 낭비를 원천적으로 배제하였다. 또 사전 연구를 통해 작업은 최고의 조직력과 최대의 효율성을 추구하며 이루어졌다. 그리하여 원래 갑자년구상에 따라 갑자년, 1804년까지 10년 계획이었던 화성 건설사업은 공기를 삼분의 일로 단축하여, 34개월(중간에 흉년으로 6개월을

쉬었으므로 실제로는 28개월)만인 1796년 10월 16일 낙성연을 가짐으로써 정조의 꿈의 도시이자 첨단의 신도시를 탄생시킬 수 있었던 것이다.

화성 건설과정의 저 놀라운 속도는 불가사의한 느낌까지도 든다. 오늘날의 경제력과 현대적 장비, 기술을 동원한다 하더라도 전장 6km에 달하는 성곽과 600칸에 달하는 대규모 행궁, 수많은 도시기반시설과 아름다운 도시환경, 그리고 외곽의 생산기반시설에 이르기까지 저 웅대한 시설들을 28개월만에 완성할 수는 없을 것이다. 어떤 일을 이루려 할 때 경제력이나 기술 등 그 무엇보다도 인간의 의지가 더 중요한 것임을 절감케 되고, 화성신도시는 그 명백한 사례로 지금껏 남아 우리에게 귀감이 된다.

화성신도시는 정조의 비원을 실현할 도시이면서, 조선사회의 발전을 상징하고 그를 가속화하기 위한 시범도시였다. 이곳에는 조선 후기 사회가 달성하였던 사회경제적 발전의 성과와 문화적 능력이 총동원되어 투입되었으며, 이 과정에서 조선사회가 당도한 여러 모순과 한계, 그리고 가능성까지도 남김없이 드러났다.

당시 낙성연 행사를 그린 『화성성역의궤』의 〈낙성연도〉에는 신료와 사민들이 한자리에 모여 흥겨운 잔치를 벌이는 장면이 그려져 있다. 궁중무용이 공연되고 있는 단상 위쪽 중앙에는 석연치 않은 이유로 정조가 불참한 가운데 총리대신 채제공이 앉아 낙성연을 주관하고 있고, 단 아래에서는 일반 사민이 모여 산대놀이와 탈춤을 즐기고 있다. 아직 단상과 단하로 나뉘어진 공간 설정은 신분적 차별이 여전히 존재하였음을 보여주고, 이러한 상황의 극복이 시대적 과제가 되어 있음을 일깨워 준다. 다만 두 개의 장면이 하나의 그림으로 포괄된 것 자체가 역사적 발전의 성과였으며, 화성낙성연을

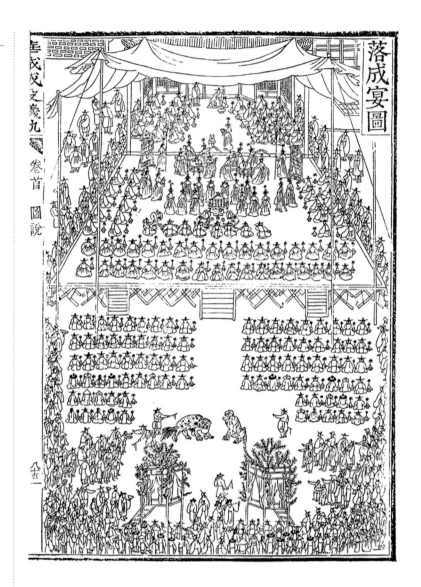

『화성성역의궤』 〈낙성연도〉

1796년(정조 20) 10월 16일 화성행궁의 낙남헌 앞뜰에서 베풀어진 화성신도시 준공식의 성대한 잔치 장면.

통해 하나의 공간에서 지배층과 피지배층 모두가 함께 즐기는 '상하동락(上下同樂)'의 경지를 보여줌으로써, 화성의 낙성이 관(官)과 민(民), 사(士)와 민(民)의 화합과 협력으로 이루어졌음을 상징적으로 보여주고 있다.

사도세자 추숭의 의도

정조가 즉위한 지 20년을 맞은 1796년 화성의 준공으로 이제는 정조의 비원을 이루기 위한 외형적 조건과 물적인 토대가 갖추어졌다. 정조는 정치적 정지작업을 통해 왕권을 강화하며 갑자년을 적극적으로 준비하고 사도세자 추숭의 구상을 보다 구체화하게 된다. 화성이 준공된 이듬해, 1797년 8월 추석에 즈음한 현륭원 성묘에서 정조는 과천을 거치는 길이나 새로이 개설한 시흥대로가 아니라, 김포와 안산을 거쳐 수원으로 가는 길을 선택하여 추석성묘를 단행하였다.

그의 새로운 능행로 선택은 실상 김포에 있는 원종(元宗)의 장릉(章陵)을 직접 살피기 위해서였다. 인조반정(仁祖反正) 후 인조에 의해 원종으로 추존된 정원군(定遠君)은 선조의 왕자로서 인조의 생부였다. 인조는 신하들의 반대를 무릅쓰고 정원군의 추존을 단행하였으며, 이는 취약한 인조의 왕권 확립을 위한 일이었다. 정조는 인조의 정원군 추존을 사도세자 추존의 한 모델로 주목하였으므로, 국왕의 위의를 갖추고 있는 김포 장릉의 규모를 직접 살핀 후 현륭원으로 행차하였던 것이다.

결국 정조가 꿈꾼 사도세자의 추숭은 궁극적으로, 사도세자를 원종의 경우처럼 국왕의 위격으로 추존하고 현륭원 또한 국왕 위격의 왕릉 규모로 치장하는 것이었다. 이를 위해 정조는 미래의 도시 화성을 건설하는데 심혈을 기울였고, 탕평정치를 통해 왕권을 강화하고자 노력을 경주하였다. 화성 건설을 발판으로 한 사도세자 추숭의 실현은 곧 강력한 국왕 지배권의 확립을 보장한다고 생각하였던

것이다.

관료들 일각의 비판에도 불구하고 정조는 화성성역을 성공적으로 관철시켰다. 그리고 화성으로의 은퇴를 앞두고 화성에 장용영의 막강한 군사력과 상당한 재화를 집적하여 갑자년 이후를 대비하였다. 정조는 장용영 운영을 통하여 매년 1만 석과 3만 량 씩, 10년간 십만 석의 곡식과 삼십만 량의 자금을 확보하고자 하였다. 그러나 정조의 이러한 시도에 반발하는 움직임도 만만치 않았다. 은퇴한 정조의 생활을 위하여 이 막대한 자금과 막강한 군사력이 필요한 것인지, 아니면 이것이 상왕으로 물러난 정조가 다시 권력을 쥐고 막후정치를 할 기반이 될 것인지에 대하여 신료들의 의구심이 증폭되고 있었던 것이다.

정조 서거 이후의 화성

그러므로 이런 가운데 찾아온 때이른 그의 서거는 상황을 급전시

컸다. 화성 건설은 정조의 개인적 갈망의 실현수단으로 의심받았으며, 여기에 수렴된 시대적 요구는 그 역사적 의미를 제대로 평가받지 못하였다. 정조 사후, 그의 화성 건설에 대해 '유재족민(裕財足民)'은커녕, '백성을 궁핍하게 만들고 국가재정을 고갈시켰다(民窮財竭)'고 비판하였던 벽파들이 5년 간 집권하면서, 장용영이 혁파되고 그 군사력과 재정은 다른 곳으로 이관되어 버림으로써 정조 필생의 꿈은 무산되어 버렸다.

이러한 상황은 1806년 병인경화로 집권한 시파 척족정권에 의하여도 그대로 용인되었다. 정조의 측근관료들조차도 정조가 없는 상황에서 화성으로 내려갈 이유는 없었으며, 화성의 도시적 발전을 계속 추진할 특별한 명분을 찾지 못하였다. 화성은 정조의 개인적 비원과만 결부하여 인식되었고, 화성 건설의 역사적 의미는 퇴색하고 말았다.

정조의 원대한 구상은 그 생시에는 신료와 백성의 지원을 받았다. 하지만 정조는 자신이 없을 경우에도 이를 추진해 나갈 주체세력을 결집하고 명분을 부여하는데는 실패하였다. 정조 사후 그의 유지와 개인적 비원은 그가 키워낸 시파의 측근관료들에게서도 외면당한 셈이다. 화성행궁은 주인을 잃은 채 방치되었으며, 수원의 도시적 발전은 수도권의 확대라는 조선사회의 역사적 추세에 따라 진행될 뿐이었다. 때문에 오히려 화성은 정조 사후 군주의 것이 아니라 신료와 백성의 것으로 돌려졌다.

정조가 심혈을 기울여 설치한 사도세자 묘소의 병풍석이 정조의 무덤에서 사라져버리고 다시 난간석 제도로 돌아가 버린 것도 정조 비원의 무산과 관련하여 시사하는 바가 크다. 물론 정조는 사도세자의 무덤에 병풍석을 쓰면서 이후 이 제도를 다시 써서는 안 된다고 강조하였다. 그러나 이 병풍석이 망자에 대한 최고의 정성을 의미하는 것이라면, 당연히 이 치장은 돌아간 정조에게도 바쳐져야 하였다.

그러나 정조 사후 병풍석은 정조의 무덤에 적용되지 않았다. 정조 사후 전개된 벽파의 집권이라는 상황이 사도세자 추존과 관련된 모든 시도를 무위로 돌리고 있었으며, 이같은 입장은 정조가 키웠던 시파의 측근관료들에게서도 마찬가지였다. 화성 건설에 적극 협력하였던 이들은 정조대 후반 왕권강화를 겨냥하며 일방적으로 추진되었던 장용영의 강화와 재화의 집적 등을 정조의 개인적 갈망을 실현하기 위한 노력으로 보고 여기에 동의하지 않았다. 정조의 지향은 측근 신료들에게서도 동감을 얻지 못하였으며 정조는 이들에게 실망과 때로는 배신감을 느끼게 되었던 것이다. 이는 순조대 이후 그의 측근신료들이 세도가가 되어 시대를 이끌어가는 가운데 정조의 정치적 지향과 문화적 성향이 맞게 될 상황도 예고하고 있었다.

그러므로 갑자년을 기약하였던 사도세자 추숭의 비원도 정조의 서거와 함께 더 이상의 성과를 거두지 못하고 실질적으로는 종식되고 말았다. 20대에 남편 사도세자를 떠나 보내고 이제 육십대 중반에 다시 아들 정조를 앞세워 보냄으로써 오랜 비원이 무산되어 버린 혜경궁 홍씨가 『한중록(閑中錄)』, 한(恨)을 품고 썼다고 해서 『한중록(恨中錄)』, 또는 피눈물을 흘리며 썼다고 해서 『읍혈록(泣血錄)』이라고도 하는 글을 다시 기록하게 된 순조 초년의 상황은 바로 이러한 것이었다.

훗날 정조가 원하였던 대로 사도세자는 국왕의 위격으로 추존되었다. 고종(高宗)대에 가서 사도세자는 장조(莊祖)로 추존되고 현륭원은 융릉(隆陵)으로 개칭되었다. 그리고 대한제국(大韓帝國)의

성립에 따라 1899년 사도세자에게는 다시 의황제(懿皇帝)의 칭호
가 추상(追上)되었다. 정조가 믿었던 천하명당 터의 효험은 100년
후 이렇게 나타났고 외견상으로는 정조의 비원이 이루어진 듯도 하
였다. 그러나 이는 조선국가가 실질적으로 붕괴되어 가는 과정에서
행해진 명목상의 추존일 뿐, 신료와 백성들의 마음을 얻지 못한 채
추진되었던 허례(虛禮)의 실현에 불과한 것이었다.

제 2 장

개혁정치와 그 귀추

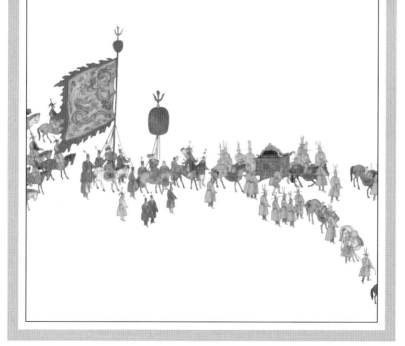

1. 청론사류의 대두:
영조의 탕평과 정조의 탕평

1762년 사도세자의 비참한 죽음 이후 왕세손으로 14년 간의 어려운 상황을 이겨내고 왕위에 오른 정조는 자신의 정치적 기반을 신진 정치세력이었던 청론사류(淸論士類)에게서 구하고자 하였다. 영조대 후반 권력을 농단하기에 이른 척족세력의 발호 등 탕평정치의 말폐를 비판하면서 정치개혁을 요구하였던 청론사류는 서울과 인근지역을 생활근거지로 하는 경화사족(京華士族) 출신의 소장파 관료들이 중심을 이루고 있었다.

정조의 혁신적 정치 원칙

정조는 이들 청론사류 학자들을 받아들여 자신의 친위세력으로

삼으면서 이들의 정치이념을 자신의 정치적 원칙으로 수용하였다. 원래 '청론'이란 사림정치의 원칙론에 입각하여 특권세력의 정치 개입을 반대하고 학문정치와 공론정치의 실천을 주장하는 정치세력을 지칭하는 말이다.

사실 정조는 척족이 특권세력으로 발호하던 영조대 후반의 탕평정치에서 아버지를 여읜 피해자였다. 정조는 청론의 정치개혁론을 받아들여 영조대 탕평정치의 폐해를 극복하고자 하였다. 이에 외척을 배제하고 사림을 등용한다는 '우현좌척(右賢左戚)'과, 학자를 우대하고 학문연구에 입각하여 정치를 한다는 '우문지치(右文之治)'의 청론적 지향을 자신의 정치적 원칙으로 표방하기에 이르렀다.

즉위 초 정조는 이 원칙에 입각하여 영조의 외척으로서 '남당(南黨)'을 이끌었던 정순왕후의 경주김씨 세력과 '북당(北黨)'으로서 여기에 맞섰던 자신의 외가 풍산홍씨 세력, 기타 정후겸 등 내외의 척족을 모두 축출하였다. 그리고는 규장각을 설치하여 여기에 명문 집안 출신의 청론 소장파 학자들을 모아들여 학문정치를 실천하고 자 하였다.

정조의 정치적 기반이 되었던 청론세력은 영조대 후반 특권세력 의 발호를 비판하였던 노론의 인사들이 중심을 이루었으며, 소론, 남인의 반척족세력도 포함하고 있었다. 노론의 경우 남유용(南有 容), 조돈(趙暾), 김종수(金鍾秀), 윤시동(尹蓍東), 유언호(俞彦 鎬), 김익(金익) 등 '동원십삼학사(東園十三學士)'를 중심으로 연 대한 '청명당(淸明黨)' 세력이 주축을 이루었다. 소론과 남인 인물 들에서도 외척에 대한 비판은 고조되었다. 소론의 경우 영조대 말 정조를 압박하던 내외척족 세력을 비판하고 정조의 대리청정을 관 철시킴으로써 정조로부터 '의리주인(義理主人; 의리를 올바로 주 장하는 중심적 인물)'으로 인정받았던 서명선(徐命善) 등이 동덕회 의 중심인물로서 두각을 나타내었다. 남인들은 일찍이 숙종대에서 부터 반척족적 성향을 지녔던 청남(淸南)세력이 채제공(蔡濟恭)을 중심으로 결집하여 정조의 후원 아래 정계 진출을 시도하였다.

정조의 의리탕평론

즉위하자 정조는 각 붕당의 정치명분, 곧 의리론을 인정하지 않 았던 영조와 달리 기성의 정치주도세력인 노론의 의리론을 인정하 는 등 탕평책의 변화를 모색하게 된다. 노론청론과의 연대를 도모 하면서 그 정신적 지주인 우암 송시열(尤菴 宋時烈)을 높이고, 그 들의 정치적 명분인 신임의리론(辛壬義理論)*과 대명의리론(大明

*신임의리론
경종 원년(1721, 辛丑年) 부터 경종 2년(1722, 壬寅 年) 사이에 연잉군(영조)을 지원하던 노론세력이 소론 의 탄핵을 받아 김창집, 이 이명 등 원로대신들이 죽음 을 당한 사건을 신임사화 (辛壬士禍)라 한다. 이후 영조가 등극함으로써 영조 에 대해 목숨을 바쳐 의리 를 지켰던 노론이 그들의 정치적 입장과 명분을 정당 화하면서 제기한 논리이다.

＊대명의리론
비록 멸망당했지만 중화의 정통인 명나라를 높이고 그에 대해 의리를 지켜야 한다는 주장. 이는 반청적 북벌대의론과 표리관계에 있고, 조선만이 중화문화를 계승하였다는 자기 확인에서 조선중화의식으로도 전개되었다.

義理論)＊을 적극 선양하는 태도를 취하였다. 우암의 묘소에 친필의 묘표를 하사하고, 북벌을 추진했던 효종의 영릉이 있는 여주에 송시열의 사당 대로사(大老祠)를 세워, 직접 짓고 쓴 비문을 내리는 등 특별한 조치를 취하였던 것이다. 그리고는 서서히 소론과 남인의 청론세력을 조정에 등용하여 이들 간에 '이열치열(以熱治熱)' 식의 견제구도를 마련하고, 이 위에서 자신의 입지를 강화하려 하였다.

정조의 이러한 입장은 의리탕평론(義理蕩平論)으로 정리되었다. 정조는 영조의 탕평론을 계승하되, 영조에 의해 죄인으로 처단된 사도세자에 대한 의리도 지키겠다고 하면서 정치운영의 원칙으로 의리탕평론을 내세웠다. 각 당이 당파적 입장에서 떠날 것을 요구했던 영조의 탕평 방식과는 달리, 정조의 의리탕평론은 노론, 소론, 남인 각각의 의리론을 인정하면서, 이제는 국왕의 의리론까지도 주장하였다. 엎치락 뒷치락하는 붕당 간의 대립과정에서 각 당의 지도자들이 죄인이 되었다가 풀리기도 했던 것처럼, 사도세자도 상황의 변화에 따라 죄인의 굴레를 벗을 수 있다는 것이 정조의 논리였다. 이를 통해 정조는 죄인(사도세자)의 아들이라는 명분상의 약점을 극복하고 왕권을 강화하려 했던 것이다.

왕권의 안정

즉위 이후 지속적인 노력을 통하여 정조는 적대 세력을 제거하거나 회유하여 점차 왕권의 안정을 이루어낼 수 있었다. 의리탕평론의 공존의 논리 위에 노론의 청론은 물론이고 남인과 소론의 청론세력도 각기 자기 당파의 의리론을 가진 채 조정에 진출하여 서로

우암 송시열 초상

송시열이 76세였던 1680년에 그 문인 김창업이 그렸다고 전해지는 초상화. 명재 윤증이 스승과의 이견으로 소론으로 분립해 나간 이후, 송시열의 학통을 계승한 김창협과 권상하가 그림 상단 좌우에 각기 찬문을 남긴 것이 이채롭다. 훗날 호·락 논쟁을 거쳐 김창협 이래 서울지역의 낙론이 노론학계의 주도권을 쥐게 되고 이들이 탕평정국을 이끌며 세도정치도 해나가게 된다. 제천 황강영당에 있는 그림.

견제하면서 정치를 이끌어나갔다. 그런 가운데 탕평정치는 한 단계의 진전을 보이고 있었다.

정조는 노론, 소론, 남인 세 정파의 의리론을 조정 내에 모두 포용함으로써 사림의 폭 넓은 지원을 끌어냈다. 척족 등 기존의 특권세력을 배제하면서 기울인 10여 년 노력의 결과, 1788년 1월 장용영을 출범시켜 강력한 친위군사력을 거느리게 되었으며, 2월에는 상호 견제하는 세 정파의 영수(노론 金致仁, 소론 李性源, 남인 蔡濟恭)를 삼정승으로 삼아 '삼상체제'를 출범시킴으로써 정조시대 전반의 정치적 안정을 이루어낼 수 있었다.

영조대의 탕평론을 계승하되, 척족을 배제하고 청론사류를 등용한다는 새로운 정치구도는 사회상의 변화와 사림 내부의 변화에 대하여도 민감하게 반응하면서 추진되었다. 사림정치, 학문정치의 전통을 재현하고자 즉위 초 정조는 학문연구기관으로 규장각을 세웠다. 그는 경화사족의 확대된 외연을 인식하고 이를 체제 내에 받아들였다. 개혁의 핵심기구였던 규장각에 경화사족 명문가의 후예들을 각신(閣臣)으로 배치하고, 영조대 이후 새로이 경화사족의 일원으로 등장한 이덕무, 박제가, 유득공, 서리수 등 서얼 출신 위항인도 검서관으로 등용함으로써 규장각의 인적 구성에서부터 혁신적 면모를 갖추도록 하였다. 그는 초계문신제도를 통하여 이곳에 경화사족의 우수한 신진학자들을 모아 놓고 새로운 시대에 부응하는 학문과 이념을 정립하고, 이들을 친위세력으로 삼아 왕권을 강화하고 정국을 안정시키고자 하였던 것이다.

정조의 측근학자

이러한 정조의 조치와 정치적 지향은 정조 탕평정치의 지지기반을 크게 확대하였다. 정조의 의리탕평론은 조정에 모든 정파의 인물들이 함께 참여할 수 있는 여건을 조성하였으며, 청론의 주장을 수렴함으로써 사림정치를 계승한다는 확고한 명분도 가질 수 있었다. 더구나 이미 신분과 당색의 차이를 넘어설 정도의 개방성을 드러내었던 경화사족의 교유방식과 교유범위를 인정하면서, 정조는 이를 자신의 정치적 기반으로 끌어들였다.

이가환(李家煥, 1742~1801), 정약용(丁若鏞, 1762~1836) 등 일군의 기호남인과 소북계열 학자들은 물론, 서호수(徐浩修, 1736~1799) 서형수(徐瀅修, 1749~1824), 서유구(徐有榘, 1764~1845), 그밖에 신작(申綽, 1760~1828), 이상황(李相璜), 서영보(徐榮輔) 등 소론의 경화사족 학자들, 그리고 김조순(金祖淳), 심상규(沈象奎), 윤행임(尹行恁) 등과 박지원(朴趾源, 1737~1805), 홍대용(洪大容, 1731~1786), 이덕무(李德懋, 1741~1793), 유득공(柳得恭, 1749~1807), 박제가(朴齊家, 1750~1805), 이서구(李書九, 1754~1825), 남공철(南公轍, 1760~1840) 등 노론의 연암일파(燕巖一派) 학자들과 기타 수많은 서울 위항의 학자, 지식인들은 그들간의 개방적 교류 위에 학문적 사상적 공감대를 형성하고, 이제는 정조의 후원을 받아 정조조정에 진출하여 정조의 측근 관료학자가 되기도 하였다. 정조조정과

풍석 서유구 초상

작은 할아버지인 서명선이 소론의 영수로서 영의정을 지내는 등 정조대 최고의 정치적 명문 출신. 대제학을 지낸 조부 서명응, 생부 서호수, 숙부 서형수와 함께 3대에 걸친 가학의 전통을 이어 집대성하였다. 노론의 연암 박지원의 문하에 드나들어 북학과 경제지학을 발전시켰으며, 연암의 손자인 박규수 등 다음 세대에 학문을 전달해 주는 역할을 맡았다. 정조 사후 집안 전체가 정치적으로 몰락하고 정계에서 축출되어 20년 간의 방폐기를 맞았으나, 이 기간에 학문 연구에 전력하여 『임원경제지』와 같은 큰 업적을 완성하고 생애 말년에는 세도정권에 의해 복권되어 실무관료로 활약하기도 하였다.

그 외곽에서 이들의 학문적 문화적 활동은 활발히 진행되었고, 여기에 가장 강력한 후원자였던 정조는 실상 이들의 교유권에 적극적으로 동참하고 있는 셈이었다.

이제 그 외연이 크게 확대되었던 경화사족 청론계열 학자들의 정계 학계에서의 영향력은 정조의 후원에 힘입어 극도로 강화되기에 이르렀다. 이들을 정치적 기반으로 하여 정조는 왕권과 정국의 안정을 달성하였다. 국왕으로부터 위항의 한사(寒士)에 이르기까지 신분과 당색을 넘어서 성립한 확대된 범위의 교류와 이들 간의 학문적 사상적 공감대는 정조 왕권의 기반이었고 정조시대 문화발전의 밑바탕이었다. 우문군주의 적극적 후원 위에서 이들은 넘치는 활력으로 학문활동을 벌이고 문화적 다양성을 추구해 나갔다. 그리하여 정조 즉위 이후 조선의 문화는 절정기를 맞기에 이른다.

2. 정파 간의 대립: 문체반정과 서학 금단

정조의 후원과 여러 정치세력 간의 균형에 의해 뒷받침되었던 정조대 문화의 발전은, 정조대 후반에 접어들면서 그 기반이 되었던 정치적 조건의 변화와 사상적 공감대의 균열에 의해 제동이 걸리게 되었다. 현실정치에서의 정치세력 간의 대립과 갈등, 임금과 신하 사이의 기본적 입장의 차이가 노출되면서 조선정계와 사상계는 갈등 속으로 빠져들어 갔고, 사상과 문화의 다양한 전개에도 적신호가 켜지게 되었다.

노론과 남인의 대립

우선 그것은 노론과 남인 두 정치세력 사이의 대립 과정에서 서

이가환 글씨 〈홍차기효자비문〉

채제공 이후 남인의 차세대 지도자 감으로 꼽혔던 이가환은 당대에 이름난 경학자이면서 수학과 천문학의 대가였다. 그러나 정조 사후 서학(천주교)을
믿었다는 죄목으로 죽음을 당하기에 이른다. 1795년(정조 19) 충주목사로 있을 때 효자 홍차기를 위해 쓴 이 비석의 글씨는 그의 학문만큼이나
개성적이고 분방한 서풍을 보여주고 있다.

로 일각의 사상적 다양성을 정치적 빌미로 삼아 공격을 가하는 데서 야기되었다. 정조대 후반에 들면서 사도세자 묘소의 수원으로의 이전(1789년)을 시작으로 정조는 사도세자 추숭작업을 본격화하였다. 여기에 편승하여 남인이 급속한 정계 진출을 시도하자 노론은 위기감을 느끼며 이를 저지하려 하였다.

남인들은 1792년 영남만인소(嶺南萬人疏)를 올려 임오년(1762년)에 돌아간 사도세자에 대한 의리를 '온세상이 영원히 인정하는 공적인 큰 의리(天下萬世公共之大義理)'로 절대화하는 임오의리론(壬午義理論)을 내세워 정조를 감동시키고 그들의 세력을 신장시켰다. 이에 노론에서는 이가환, 정약용, 이승훈 등 남인 일각 신진 기예들의 천주교 신앙을 문제삼아 남인의 기세를 꺾고자 하였다.

삼당의 견제구조가 자칫 깨질 수도 있는 위기상황에 처한 정조는 남인정승 채제공의 보좌를 받으며 신중히 대처하였다. 노론이 지적한 서학 신앙의 문제를 남인정파 전체의 문제가 아니라 남인정파 내 일부 인물의 문제로 축소하여 이들에 대한 개별적 처벌로서 문제를 해결하고자 하였다. 또 이와 관련하여 정조는 마찬가지 논리로 김조순, 심상규, 남공철, 이상황 등 노론과 소론의 일부 신진 학자들에 대하여도 견책을 가하였다. 북학에 몰두한 결과로 나타나게 된 그들의 자유분방한 문체를 서학과 마찬가지의 순정치 못한 풍조로 문제삼아 그들의 예봉을 꺾음으로써 남인을 감싸려 하였던 것이다.

정조는 양대 정치세력 일각의 사상적 불순정성을 동일시하여, 양쪽을 모두 견책하고 반성을 하도록 조치함으로써 정치적으로 이를 해결하고자 하였다. 잘못된 습속을 바로잡는다는 '교속(矯俗)'의 원칙을 확대하여 제시하고, 양 정파의 핵심인물들이 속된 습속에 빠졌음을 공개적으로 반성하도록 조치하였던 것이다. 이 과정을 통하여 정조는 신료들의 학문과 사상의 순정성을 평가하고 교정하는 학문적 지도자로서의 위상을 과시할 수 있었다.

그러나 이 사태를 통하여 분명해진 또 하나의 사실은 이제 정조의 지도력이 실질적으로 한계를 드러내기 시작했다는 점이다. 정조는 자신의 측근에서부터 야기된 북학과 서학의 새로운 풍조에 대해 변화의 조류를 가로막는 듯이 하면서 그 중심인물들에 견책을 가하였다. 하지만 집권 이후 스스로 후원하여 키워내었던 측근 관료학자들을 극단적 상황으로까지 몰아갈 수는 없었다. 극단적 조치는 측근학자들에게만 상처를 주는 것이 아니라 배후에서 저들을 후원해 온 정조의 기반을 약화시키는 일이며, 정조의 정치적 지향이 잘못되었음을 증명하는 일이었기 때문이다.

문체반정과 서학 금단

따라서 정조가 사학을 극력 배척하는 '척사학(斥邪學)'이라는 강경책 대신, 주자학(정학)을 부양한다는 '부정학(扶正學)'의 온건책을 선택한 것은 불가피한 일이었다. 하지만 문체반정 조치와 서학금단 조치로는 실질적 효과를 기대할 수 없었다. 정조는 이들 모두의 후견인으로서 남인의 서학에 대한 노론의 공격을, 노론과 소론의 북학적 문체에 대한 견책으로 무마하면서 측근 관료학자들 간의 균열을 봉합하고, 이들의 반성을 받아 용서를 베푸는 형식의 정치적인 사태 수습에 머물 수밖에 없었다.

서학에 경도되었던 이가환, 정약용, 이승훈 등 모든 학자들은

'부정학론'에 입각한 정조의 온건한 대처론에 감복하고 일시적 처벌에 순응하였다. 노론의 공격을 대신 감당하려는 정조의 고충을 누구보다도 정치적으로 열세였던 그들이 잘 알고 있었기 때문이다. 그럼에도 불구하고 훗날 신유사옥의 처리과정에서 드러난 것처럼, 이들의 자발적 서학 신앙이 근본적으로 바뀐 것은 아니었다. 이들의 새로운 사상적 신조는 시대의 산물이었고 그들 학문적 연구의 결론이었다. 그러므로 정조의 종용에도 불구하고 서학 수용의 열기는 변함없이 지속되었던 것이다.

이 점은 노론의 경우도 마찬가지였다. 김조순, 심상규, 남공철 등 정조 측근의 관료학자들은 정조의 요구에 따라 바로 반성문('自訟文')을 제출하고 정조의 신임을 회복하였다. 이들의 반성문 가운데

다산초당 전경

정약용이 초당(초가집)을 짓고 유배생활을 하던 전라도 강진의 옛터에 세워진 집. 다산초당이란 이름과 달리 기와집이다. 집이나 기념관을 짓기 전에 기념하고자 하는 인물이나 사건에 대한 연구와 올바른 기념 방법에 대한 논의가 있어야 하지만, 대개는 이런 과정을 생략하거나 형식적으로 처리함으로써 볼거리도 의미도 없이 덩그러니 빈 집만 지어놓는 경우가 많다. 지금 진행 중인 서울 궁궐과 수원 화성행궁 복원도 마찬가지이다.

김조순의 반성문은 그 솔직함으로 정조의 호평을 받았으며, 이는 훗날 김조순이 정조의 외척으로 선택되는 계기가 되기도 하였다.

그러나 일부에서는 정조의 조치를 수긍하지 않고 그에 대한 대응을 달리하였다. 박지원의 제자로서 문체반정의 대상자로 지목이 되었던 이서구는 자신의 새로운 문풍에 확신을 가지고 정조의 문체반정 주도에 강하게 반발하였다. 국왕은 세도를 올바로 하는 데 전념할 일이지 문체의 순정 여부에 관여할 바가 아니라는 것이 그의 주장이었다. 『열하일기』를 써서 이들 신체문의 배후이자 근원으로 지목된 박지원도 끝내 자송문 제출을 거부하면서 마찬가지의 입장을 표명하였다.

물론 김조순 등 반성문을 제출한 학자들도 그들의 신문체를 포기한 것은 아니었다. 어차피 정조 스스로도 북학에 이미 젖어들어 있는 상황이었으므로, 그의 견책을 일시적인 정치적 조치로 보고 그에 응하는 성의를 보인 정도였다. 겉으로는 봉합이 되었지만 이 사건 이후 정조와 그의 측근 친위관료들과의 관계는 이처럼 허례적인 것으로 전환되었다. 더욱이 반성문을 써서 정조의 신임을 회복하긴 했지만 신문풍을 그대로 유지하였던 이들은 훗날 조선의 세도가가 되어 조선의 문풍과 학풍을 좌우하는 위치에 이르렀다. 이들은 정조의 후광을 내세우며 오히려 조선의 북학풍과 신체문의 유행을 선도하였던 것이다.

정조대 후반에 벌어진 이 두 사건을 계기로 정조조정에 함께 출사하고 있었던 경화사족 청론 지식인들 사이에는 큰 균열이 생기고 말았다. 소속 정파의 입장에 따라 때로는 불가피하게 상대방을 공격함으로써, 그들 간의 사상적 공감대와 당색을 넘어선 개방적 교유의 분위기는 상당한 타격을 입게 되었다. 더구나 하나의 정신적 공감대 위에 교류하였던 정조와 관련 인물들 상호간의 사상적 지향성에 괴리가 드러나면서, 정조의 호의적 후원 속에 형성되었던 그동안의 개방적 교유도 위기에 봉착하였다. 정조대 정국의 추이는 정파 간의 대립이라는 정치적 문제를 야기하고, 그 위에서 노론, 소론, 남인이 이합집산하며 시파와 벽파가 다시 대립하는 양상을 드러냈다. 그리고 급기야 정조대 말년 군신 간의 심각한 갈등 양상이 전개되기에 이른다.

3. 군신 간의 갈등: 탕평정치와 세도정치

　　정조대 후반에 들어오면서 각 정파 간의 대립은 정조 조정에 새로운 갈등의 기류를 야기하였으며, 이는 군신 간의 갈등으로까지 확산되었다. 경화사족 내부의 사상적 차이, 더구나 국왕과 신료 간의 입장의 차이가 문체반정과 서학금단 사건을 계기로 명백히 드러나고, 때로는 서로 간에 솔직하지 못한 관계가 조성되기도 하였다.

　　정조조정의 학풍과 문풍, 사상과 신념을 둘러싼 분열은 이 사건을 계기로 더욱 심각한 양상으로 전개되었다. 게다가 정조는 신료들의 속된 습속을 바로잡는다는 '교속'의 지향을 더욱 강화하였고, 이제는 정치적 지도자일 뿐 아니라 학문적 지도자로서 임금이자 스승인 '군사(君師)'를 저처하기에 이르렀다. 문체반정과 서학금단조치 이후 일방적으로 진행된 이런 상황 속에서 오히려 군신 간의 불신도 심화되었다.

정조는 분열된 정치적 기반과 탕평정국의 견제구도를 보완하려는 의도에서 1793년 6월 전격적으로 정조와 채제공만이 알고 있던 '금등(金縢)'이라는 비밀서류의 내용을 공개하였다. 이는 '영조와 사도세자, 두 사람 모두에 허물이 없음(兩朝德美〔양조덕미〕)'을 알리며 남인세력을 부양하려는 시도였다. 영조가 사도세자 처벌을 후회한다는 내용으로 작성하여 비장해 둔 이 서류는 사도세자에 대한 임오의리론의 정당성을 입증할 만한 것이었기 때문이다.

이로써 임오의리론을 남인세력과 함께 관철시키려는 정조의 의지가 더욱 분명히 드러났다. 이를 계기로 노론 벽파세력은 위기감을 느끼게 되었고, 정조의 의도에 대해 의구심을 가지며 시파 및 남인세력과 더욱 첨예한 대립을 보이게 된다.

특권세력의 발호

남인들을 적극 지원하는 한편으로 정조는 문체반정과 서학 사건으로 규장각 측근관료들의 허물이 노출되어 버린 상황에서, 새로이 규장각신 출신의 정동준(鄭東浚)에게 특별한 신임과 실권을 주어 탕평정국의 상호견제구도를 유지해 보려 하였다. 그러나 이러한 정국운영은 정파 간의 더 심한 대립을 가져왔다.

특권세력의 발호로 사림정치의 원칙이 무너지는 조짐을 보임으로써 정국은 더욱 경색되고 정조에 대한 의구심이 심화되는 결과를 낳았다. 청론사류의 분열로 야기된 시파·벽파의 대립이 격화되고, 그 위에 정조 측근끼리, 그리고 그들에서부터 군신 간의 불신이 싹튼 것이다. 정조는 1794년부터 화성신도시 건설이라는 야심찬 계

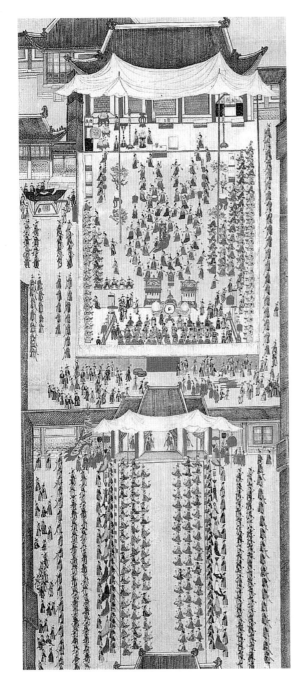

획을 강행하였고, 이 와중에서 정치적 상황은 더욱 복잡하고 심각한 분열의 상태로 치달았다.

1795년 1월 사림청론 정치론의 회복을 주장한 노론청론과 특히 정조 측 근세력의 대두를 우려하던 벽파의 주도적 역할로 소론의 정동준이 '권행(權幸)'으로 비판받아 축출되자, 정조의 정치적 지향에 순종하던 시파에 대해서까지 벽파의 공세가 가중되었다. 노론시파의 정승 김이소(金履素)와 이병모(李秉模)가 물러나고 소론이 실세하는 등의 정치적 변화 속에, 시·벽의 대립은 갈수록 격화되었다. 정조는 이 위기를 같은해 윤2월에 수원에서 벌였던 혜경궁의 성대한 회갑잔치(乙卯園幸)를 통하여 벗어나고자 했다. 그러나

수원능행도 중 〈봉수당진찬도〉

1795년(정조 19) 혜경궁의 회갑잔치를 수원에서 치루고 돌아오기까지의 중요 행사와 행렬을 그린 8폭의 그림 가운데 화성행궁 봉수당에서 회갑잔치를 벌이는 장면.
여기에 참석한 정조와 혜경궁은 그들이 앉았던 자리의 탁자로 상징하였고, 그 앞에서는 선유락(船遊樂)이란 무용이 공연되고 있다. 조선시대 최대의 문화예술 이벤트였던 이 행사의 전 과정은 『원행을묘정리의궤』라는 방대한 행사보고서로 완벽하게 정리되어 있다. 많은 돈을 들여 화성행궁 건물을 짓기 전에 이런 자료를 연구하여 전통문화와 예술을 재현할 방법부터 강구하여야 하지만 현실은 그렇지 못하다. 호암미술관에 있는 김홍도의 그림.

이후 정조의 정치적 지도력은 더욱 심각한 위기에 몰리고, 화성 건설에 대한 비판 여론으로 궁지에 몰린 정조는 국왕의 지도력 강화에 오히려 더 큰 집착을 보이기에 이른다.

군주의 왕권강화론

이 시기 정조는 신료들의 갈등에 대하여 이를 비판하고 속된 습속을 바로잡는다는 '교속(矯俗)'론을 내세워 국왕의 지도력을 강화하려 하였다. 그리고 국왕이 학문적 지도자를 겸한다는 '군사(君師)'론을 강조하면서 신료들의 추종을 요구하였다. 그러나 국왕의 적극적 위상 강화 노력이 신료들의 학문과 문학, 사상을 압박할수록, 정조와 그 휘하의 관료학자들 사이에는 더 큰 거리감만 생겨났다.

정조는 경화사족 청론 학자들의 사상적 지향성에 공감하고, 즉위 초 우현좌척론과 우문지치 등 사림정치의 이상을 받아들였던 바 있었다. 그럼에도 군신 사이에 결코 넘을 수 없는 입장의 차이가 있어 서로 포용하는데 한계가 내재하였던 것이 근본적인 문제였다. 정조의 군주로서의 입장을 반영한 의리탕평론과 정조대 후반 노골화된 교속론과 군사론 등 정조의 왕권강화론은 신료의 정치주도를 토대로 한 '사림정치'론의 오랜 이상과 합치되기 어려운 평행선을 긋고 있었기 때문이다.

정조대 후반 사도세자의 묘소를 수원으로 옮기고 이어서 화성신도시를 건설하여 장차 갑자년의 전위와 그 이후를 대비하면서, 정조는 신료들의 국왕에 대한 복속을 보다 강력히 요구하게 된다. 그러나 이런 과정에서 군신 간에 합치되기 어려운 평행선의 관계는 오히려 더 명확하게 드러났다.

화성 건설 이후 정조는 측근관료들에 대한 실망감을 때때로 피력하였다. 정조는 자신의 기대와 달리 분방한 모습을 보이던 측근관료들의 사상적 지향성과, 그의 요구에 부응하지 않는 측근신료들의 정치적 태도에 대해 불만을 표명하면서 신하들에 대해 속된 습속을 교정할 것을 요구하였다. 정조는 갑자년 이후를 의식하며 그들에게 왕권에 대해 전적으로 추종할 것을 요구했던 것이다.

임금과 사림의 두 입장

그러나 측근관료들조차 이런 요구에 냉담하게 반응하는 정계 상황에서 정조는 심한 고립감을 느끼게 되었다. 이에 그는 1798년 스스로 「만천명월주인옹자서(萬川明月主人翁自序)」를 지어서 왕권의 절대성을 다시 강조하였으며, 이를 신하들로 하여금 베껴오도록 하여 궁궐 곳곳에 내걸도록 하기에 이른다. 하지만 이는 정조 측근의 대신과 신료들의 직접적 반발에 부딪혀 효과를 거두지 못하였다. 거의 비슷한 시기에 박지원이 선배 사림들의 원론적 주장을 계승하여 「원사(原士)」를 짓고 임금에서부터 농공상에 종사하는 서민에 이르기까지 모두가 '사(士)'임을 주장하였던 데서 보듯이 임금과 사림의 두 입장은 오랜 연원을 가진 대극적 논리에 기초하고 있었던 것이다.

이 대립은 17세기 중반의 예송과정 이후 100여 년 간 지속되어 온 정치이념의 차이에서 비롯되었다. 정조의 '만천명월주인옹' 론

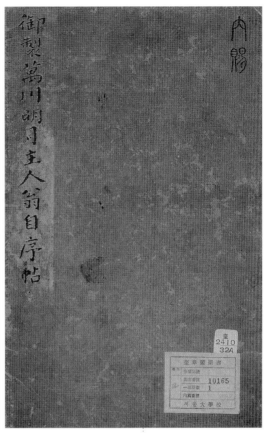

은 만갈래 개천, 곧 신민을 비추는 하늘의 밝은 달로 군주의 지위를 표현하며 그 초월성을 강조하였다. 이는 앞 시대의 예송(禮訟)에서 임금의 예법은 사(士)와 민(民)의 경우와는 다르다고 하여 '왕자례부동사서(王者禮不同士庶)'를 주장하면서 왕례의 차별성을 강조한 남인의 주장에서 한 걸음 더 나아간 것이었다. 반면 연암의 '사(士)'론은 예송에서 천하 모든 사람의 예법이 동일하다는 '천하동례(天下同禮)'를 주장하며, 왕례의 차별성을 인정치 않았던 노론의 사림정치론을 계승하고 있었다.

「만천명월주인옹자서」 탁본첩

1798년(정조 22) 정조가 자신의 호를 '만천명월주인옹' 이라 정한 후 그 뜻과 내력을 밝혀 지은 글을 전서와 해서로 써서 새긴 글씨의 탁본첩. 서울대 규장각 소장.

정조는 갑자년구상을 실천해 가면서 즉위 초 자신이 적극적으로 받아들였던 청론사류들의 정치론에 대해 실망을 표하고 왕권강화 의지를 노골적으로 표명하였다. 또한 사도세자의 묘소를 수원으로 옮긴 후 장차 사도세자의 추숭을 통해 왕권을 강화하려는 의지를 분명히 함으로써 이 두 입장 사이에는 심각한 갈등이 생겨났다. 정조로서는 전위 이후의 정치적 영향력 유지를 위하여 그간 심혈을 기울여 키웠던 측근관료들의 보다 확실한 추종의 맹서가 필요하였다. 정조는 측근의 친위관료 가운데 특정인물을 심복으로 두어 그에게 권력을 맡기려는 의도도 드러내었다.

군주와 신료의 갈등

하지만 이러한 정조의 의도는 1795년 초 정동준 사건에서 알 수 있듯이, 특권세력의 등장을 경계하는 사림청론과 벽파의 반대에 직면하였다. 정조는 더욱 곤궁한 처지에 몰리게 되었다. 정동준은 일부 무리하게 진행되고 있었던 화성신도시 건설사업을 정당화하는 여론을 조성하는 일 등을 정조의 뜻에 따라 막후에서 추진하였지만, 사림청론에 의해 축출되는 운명에 처한 것이다. 이는 실상 정조의 정국운영방식에 대한 사림청론과 벽파의 조직적 반발이기도 했다.

정조는 이 과정에서 친위관료들까지도 사림정치의 원칙론을 고수하며 그에게 비판적인 점에 당황하였다. 더구나 정조의 간절한 복종 요구에 대해서도 이들이 냉담한 태도를 보이는 것에 크게 실망하게 되었다. 급기야 정조는 「만천명월주인옹자서」를 지어 반포하고 스스로가 왕권의 존엄성을 주장하는 궁색한 처지를 자초하기에 이른다. 게다가 집권 이후 그 간의 정치적 지향이 실패하였음을 자인하고 이제는 이를 뒤집는 정치적 선택까지도 불사하게 된다.

궁지에 몰린 가운데 정조가 내세울 수 있는 명분은 신료들의 붕당적 입장이나 북학풍의 학문과 문학, 그리고 서학 수용을 비판하는 교속론과 왕권강화를 위한 군사론이었다. 그러나 이는 사림정치를 신봉하는 신료들에게 그다지 호응을 얻지 못하는 주장이 되어 있었다. 정조는 갑자년을 4년 앞둔 다급한 마음에 1800년 5월 탕평정치의 인사원칙인 '호대'까지도 부정하는 인사조치를 취하고 그에 대한 추종을 요구하였다. 그리고 이른바 '오회연교'를 통해 다시 신료들의 추종을 촉구하기에 이르렀다.

그러나 표면상 강경하였지만 실상 간절하기까지 하였던 정조의 요구는 오회연교 이후의 처리과정에서 나타났듯이 신료들의 호응을 이끌어내지 못하였다. 신료들은 정조의 정치적 의지에 대해 소극적이고 때로는 방관적 태도로 일관하였으며, 정조의 재촉에도 불구하고 의사표명과 대응 자체를 거부하였다.

외척세도론의 등장

예상치 못한 극한적 상황 속에서 정조는 당황하고 극도의 정신적 피로를 느끼게 되었다. 음력 6월의 무더위 속에 병환까지 들어 몸과 마음이 피폐해가던 정조는 마침내 집권 이래 견지해오던 우현좌척의 정치론을 포기하기에 이른다. 1800년 6월 14일, 병환 중의 정조는 김조순을 불러들여 그에게 갑자년 이후의 적극적 정치 개입을 비밀리에 요청하고 외척세도론을 피력하였던 것이다.

　정조 즉위 직후 정치의 대원칙으로 표방하였던 우현좌척의 사림정치론은 정조의 왕권이 어느 정도 안정된 정조대 후반 이후 점차 정조에게 신뢰를 잃게 되었으며, 정조 최후의 순간에 정조로부터 부정당하는 상황이 야기되었다. 정조는 외척세도를 유도하였고, 정조 사후의 세도정치는 정조대부터 이미 발아했다고 볼 수 있다. 정조대 전반의 홍국영과 후반의 정동준은 관료체계 밖에서 특권을 행사하여 '권행'이라 불리었다. 특히 누이를 후궁으로 들여놓고 외척을 꿈꾸던 홍국영의 권력행사는 훗날 세도정치의 출발점으로 인식되기도 하였다.

　이는 왕권강화를 위해 특권세력, 또는 '귀근(貴近)'을 양성하곤 했던 영조대 이래 탕평정치의 한계가 다시 재연된 것이었다. 정조대의 정치적 안정은 영조대의 탕평정치를 냉철히 반성하였던 우현좌척론과 의리탕평론에 따라 군신 간의 대타협과 상호 인정, 정치세력 간의 상호견제를 통해 이루어졌다. 하지만 특권세력의 발호와 대립의 격화로 종종 위기에 봉착하기도 하였던 정조의 탕평정치는 급기야 정조대 후반 이후 정파 간의 대립과 군신 간의 정치론의 갈등으로 붕괴될 위기에 처하게 되었다. 이제 영·정조대 탕평정치의 비극적 결말이 군주와 신료의 정치력의 한계 속에 나타나게 된 것이다.

　정조에 의해 요청되었던 외척 세도정치는 정조 사후 현실로 나타났으며, 왕권의 정치적 역할이 실종된 가운데 사림정치와 탕평정치의 원칙도 무너져 버렸다. 정조 사후 5년 간의 벽파 집권 이후, 일찍이 정조에게 세도를 위탁받았던 김조순과 시파 정치세력은 정권을 장악하고 60년 간 정국을 좌우하게 되었지만, 정조의 꿈과 비원을 외면해 버렸다.

간헐적으로는 정조의 정치를 모범으로 삼아 왕권강화가 추구되기도 하였다. 순조대 후반 순조의 아들 효명세자(훗날 익종으로 추존됨)가 대리청정하면서 추진했던 시책과 헌종과 고종의 노력이 그것이다. 그러나 이들의 노력도 대체로는 세도정치의 정치운영 원리를 온존시킨 상태에서 이루어진 것이었으므로 실효를 거둘 수 없었다. 이 시대 이후 흥선대원군과 여흥민씨의 세도에 이르기까지 100년 간의 세도정치 속에서 정조의 꿈과 비원은 완전히 잊혀져 버렸다.

신료들의 동의를 얻지 못한 왕권강화 의지와 군주의 신뢰를 얻지 못한 사림정치의 이상론은 정조의 정치적 실패뿐 아니라 탕평정치와 사림정치 모두의 실패를 가져왔다고 하겠다. 외척세도로 왕권이 추락하고 정파 간의 견제구조가 무너졌으며, 탕평정치의 원리는 물론 특권세력의 개입을 배제하였던 사림정치의 원리까지도 일거에 무너졌던 조선후기 정치사의 대격변은 정조시대 군신의 정치적 갈등 속에서 배태되어 나왔던 것이다.

제 3 장

격동의 시대, 사상과 문화의 갈등

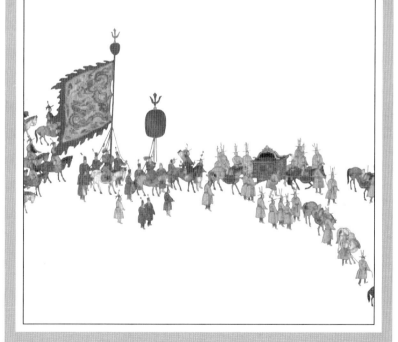

1. 경화사족의 대두와 학문적 변화: 성리학과 '실학'

임진왜란과 병자호란 이후 산림학자를 중심으로 결집한 사림들이 정권을 잡으면서 조선사회는 사림정치와 주자학적 사회질서의 새로운 역사단계로 진입하게 되었다. 학문연구를 기반으로 사림학자들이 정권을 담당하여 정치를 해나가는 수준 높은 정치를 추구하면서, 주자학과 그 명분론을 바탕으로 하는 새로운 사회질서와 문화를 구현해 가게 된 것이다.

주자학적 문화와 사회질서의 정착

오늘날 우리가 고유의 전통문화라고 생각하는 원형은 바로 이 시기에 형성되었다. 종법(宗法)에 입각한 가부장적인 가족질서가 정착하면서 대가족관계와 동족마을이 형성되고 주자학적인 예법에 따라 대체로 오늘날과 같은 결혼, 상속, 제사의 관습이 자리잡게 된다. 조선전기까지는 남자가 처가집(丈家〔장가〕)에 장가들어 처가살이 하는 '남귀여가혼(男歸女家婚)'과 부모의 재산을 아들 딸이 동등하게 분배하여 상속하는 '남녀균분상속(男女均分相續)'이 일반적이었다. 그러다가 주자학적 기준에 따라 질서가 재편되는 조선후기로 들어서면서 오늘날과 같이 여자가 남자집(媤家, 시집)에 시집가서 시집살이하며, 남녀와 적서(嫡庶) 간에 명분론적 차별이 강화되어 제사를 담당하는 적장자가 가족질서에서나 재산상속에서 우대되는 사회질서가 나타나게 되었다.

이 시기 사림학자들은 예송(禮訟)과 같은 붕당 간의 이념적 대립을 거치면서 국가적 차원에서도 주자학적 질서를 확산시켜 나갔다. 예송은 왕실의 상복문제를 둘러싼 논쟁으로써 민생과 무관한 헛된 논쟁, 이른바 공리공담(空理空談)의 전형인 양 설명되어 왔다. 그러나 인조반정 이후 정권을 장악한 사림학자들 사이에서 벌어진 예송은 유교의 이상적 사회질서라 할 예치(禮治)를 위에서부터 실천하고자 하여 왕통과 군신관계의 설정문제를 놓고 벌어진 국가의 기본질서에 대한 정치사상 논쟁이자 학문논쟁이었다. 퇴계(1501~1570) 율곡(1536~1584) 이래 100년 가까이 연구되어 온 예학연구의 학문적 성과를 토대로 서인은 신권강화론, 남인은 왕권강화론에 입각한 예치를 주장하였다. 학문정치의 진수를 보여준 이 논쟁을 통하여 조선후기 주자학적 정치질서의 기본틀이 잡혀나가게 되었다.

한편 조선의 사림학자들은 병자호란 시 청의 침략과 중국에서의 명청교체에 따른 국제정세의 변동 속에서 반청적 북벌대의론과 대명의리론을 환기하고 조선의 문화자존의식을 강화하면서 대내외적 위기에 대처하였다. 이런 가운데 조선은 임진·병자 양란의 상처를 딛고 일어나 주자학적 질서의 정착 위에 점차 사회적 안정을 달성할 수 있었다. 숙종대 이후 영조·정조대까지 이른바 진경시대(眞景時代)의 경제적 번영과 문화적 중흥은 이러한 기반 위에서 이루어졌다.

서울의 도시적 발전

이 시기 조선사회 발전의 두드러진 모습은 서울의 도시적 번영에서 확인할 수 있다. '경화(京華)' 라고도 불리던 서울은 정치, 경제

〈기전도〉

『동국여도(東國輿圖)』에 실린 경기 지역의 지도. 한강을 중심으로 개성(송도), 강화, 수원, 광주의 4유수부 등 서울 주변의 중요지역 및 연결 도로가 세밀히 나타나 있다. 서울을 중심으로 하는 1일생활권으로 수도권이 형성되고 이곳을 생활권으로 하는 경화사족이 대두한 것은 18세기 이후의 일이다.

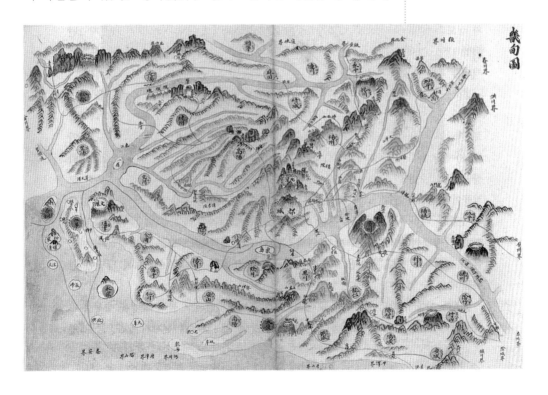

와 문화활동의 중심으로 부상하였고, 중국 일본을 잇는 삼각 중개무역의 거점이자 국내 상업활동의 중심으로서 조선사회의 전반적 변화와 발전을 선도하였다. 인구 20여 만이 집결한 대도시 서울에는 서울만의 독특한 도시적 생활상이 나타나기 시작했고, 서울 생활권(수도권)이 점차 경기지역 일원으로 확대되는 가운데 서울과 지방 사이의 사회적 분기 현상이 심화되었다.

이런 가운데 사림도 분화하여 서울과 지방에 거주하는 사림 사이에 현격한 분기현상이 나타났다. 인조반정 이후 사림정치가 본격화하면서 서울과 인근지역을 생활근거지로 하여 여기에 대대로 거주하는 사림들이 늘어났고, 이들 경화사족(京華士族)층이 조선사회의 새로운 주도세력으로 부상하였다.

이들은 서울과 교외의 근기(近畿)지역을 생활기반으로 나름대로의 생활양식을 형성하고 독자적 학문 풍토와 정치 참여방식을 가지게 된 세력이었다. 영조대 이후 탕평정국의 본격적 전개는 서울로의 권력의 집중을 강화시켰으며, 급기야 오늘에까지 지속되고 있는 이른바 '귀경천향지풍(貴京賤鄕之風; 서울을 높이고 지방을 낮추어 보는 풍조)'을 불러왔다. '호대(互對)'의 관행처럼 정파 간의 안배를 특징으로 하는 탕평정치는 서울의 특정문벌에서 인물을 뽑아 서로 견제하도록 하는 경우가 많았다. 이로 인해 경화문벌의 정치 참여는 강화된 반면, 향촌을 근거지로 한 재야사림과 산림학자의 사회적 영향력은 점차 약화되었다. 산림은 국왕과 탕평정권에 의해 정치에서 배제되어 점차 세도를 주도하기 어려워지고, 지방사족의 중앙정계 진출이 감소하면서 지방의 여론이 중앙에 반영될 여지도 극히 축소되었다.

경화사족의 대두

영조대를 통하여 이재(李縡), 김원행(金元行), 송명흠(宋明欽), 박윤원(朴胤源) 등 서울 주변 핵심 산림의 문인과 제자들은 점차 산림처사적 입장을 청산하고 탕평정국에 참여하여 경화사족 관료로 전환하였다. 이 같은 추세는 정조가 사림의 청론세력을 정치적 기반으로 삼으면서 더욱 가속되었다.

김원행과 박윤원의 안동김씨와 반남박씨 낙론산림 집안은 정조에 의해 외척으로 선택되어 이후 경화거족으로, 나아가 세도가로 발돋움하였다. 이들은 영조의 계비 정순왕후의 경주김씨 집안(호론의 영수 한원진의 제자였던 김한록의 집안)과 대결을 벌이고 순조대 이후 외척세도를 주도하기에 이른다. 세도를 주도하던 산림이 외척이 되어 다시 세도를 잡는 과정은, 경화사족의 대두 이후 조선의 사림정치가 탕평정치를 거쳐 척족세도정치로 전환해 갔던 상황을 보여주는 단적인 예이다.

영조대 이후 경화사족층은 지방의 산림이나 사족층(鄕儒〔향유〕)과 구별되는 생활방식을 가지

〈표2〉 노론 산림학자의 학통 계승

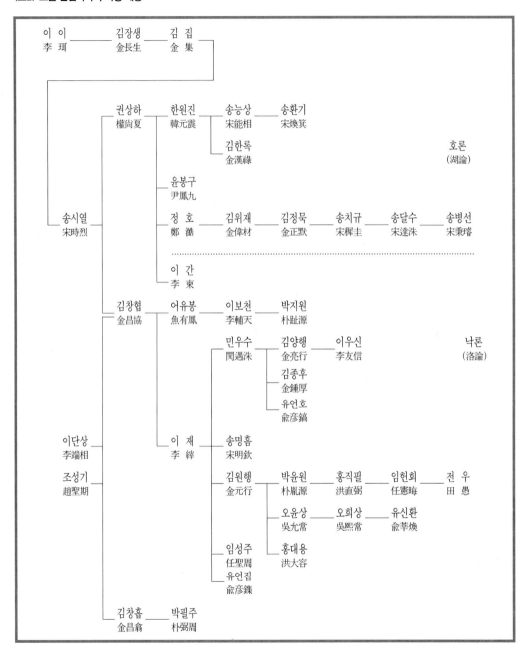

고 학문을 하며 독자적 정신세계를 드러내기에 이르렀다. 서울과 지방 사이의 사회적 분기와 함께 나타난 학문적 분기 현상은 노론, 소론, 남인 모두에게 공통된 현상이었다.

노론은 충청도 지역(湖西)을 근거지로 하는 '호론(湖論)'과 서울 주변 한강(일명 낙수[洛水]) 유역을 근거지로 하는 '낙론(洛論)'으로 나뉘고, 성격을 달리하는 그들의 학문은 한원진, 윤봉구 등이 이끌던 '호학'과 이재, 김원행, 송명흠 등이 중심이 된 '낙학'(또는 '경학[京學]')으로 분기하였다. 남인도 경상도(嶺南) 지역의 '영남(嶺南; 영남지역의 남인이라는 뜻)'과 서울 주변 근기지역의 '경남(京南)'으로 나뉘었으며, 경남에서도 성호 이익(星湖 李瀷)을 중심으로 안정복, 권철신, 정약용으로 이어지는 일군의 학자들이 두각

을 나타내었다. 그런가 하면 소론에서도 서울과 지방학계의 분기 현상이 나타났다.

경화사족의 학풍

학계의 경·향 분기는 '호학', '영남' 등 지방 재야사림의 학계와의 대립에서 '경학', '경남' 등 서울 경화학계의 우위로 귀결되었다. 경화학계는 재야산림의 학통에서 벗어나 그들만의 독자적 학문적 연결관계를 가지고, 때로는 당색과 신분을 넘어서서 교유하는 분위기를 형성하였다. 재야산림과 향유들은 전통적인 심성론(心性論)과 예론(禮論) 중심의 의리지학풍(義理之學風)을 고수하고 명분론에 집착하였다. 반면 낙론과 서울 주변 경화사족들의 학풍은 산림의 그늘에서 점차 벗어나 그들 나름의 학풍을 형성하고, 변화된 현실을 반영하여 대내외 명분론의 조정을 시도하기에 이른다.

학계의 관심을 집중시키며 노론학계를 중심으로 100여 년에 걸쳐 전개된 호론과 낙론 사이의 호락논쟁(湖洛論爭)은 경·향으로의 학계 분기 과정이었고, 동시에 조선전기 이래 진행되어온 주자학 연구가 심화 발전한 결과였다. 조선의 주자학계는 주자학의 이해를 심화시켜 가면서 태극(太極)논쟁과 이기사칠(理氣四七)논쟁, 인심도심(人心道心)논쟁을 차례로 벌렸다. 또한 그 연장선상에서 성인(聖人)과 범인(凡人: 보통사람)의 본심이 같으냐 다르냐(聖凡心同異), 인간과 사물의 본성이 같으냐 다르냐(人物性同異)를 따지는 철학논쟁을 벌임으로써 영조대 이후 새로운 연구주제를 부각시켰다.

이로써 조선학계의 철학적 과제는 인간 내면세계의 규명에서 인간 외부세계와 사물의 본질 규명으로까지 확대되었다. 이 논쟁과정에서 경화사족들의 낙론은 성인과 범인의 차별을 부인하면서 누구나 성인이 될 수 있다는 가능성을 확인하여, 인간이 근원적으로 평등한 존재임을 확인하였다.

金三淵昌翁

또 인간과 사물의 본성이 동등한 것임을 밝혀서, 사물의 본성(物性)을 이해하는 일이 인간 심성의 연구와 대등한 가치를 지니는 것임을 인식하였다.

이들은 성인과 범인, 사람과 사물의 차별적 이해를 지양하고, 기존의 명분론에 수정을 가하였다. 또한 인간의 문제를 해결하기 위하여 인간 외부, 자연의 세계에까지 학문연구 범위를 확대시킬 것을 주장하였다. 낙론 일각의 학자들은 이제 물성(物性)의 연구와 이용을 위해 수학, 물리학, 천문학, 생물학 등 '명물도수지학(名物度數之學)'을 연구하고, 나아가 재정학, 법률학, 군사학, 농학 등 '경제지학(經濟之學)'의 연구를 제창하기에 이르렀다.

낙론의 산림학자 김원행의 격려를 받으며 그의 제자 황윤석(黃胤錫)과 홍대용(洪大容)은 수학과 천문학, 그리고 사회제도의 연구에 몰두하였다. 낙론의 산림학자 이보천(李輔天)의 사위이자 제자였던 박지원(朴趾源) 또한 이 분야에 관심을 가지고 새로운 자연관과 인간론을 제시하면서 북학론과 사회개혁론을 제시하였다.

이들은 기존의 주자주의적 의리지학풍에 대하여 보다 탄력적 태도를 취하였고, 일각에서는 '문학을 통해 도에 나아간다(以文入道)'는 입장을 표방하면서 문학, 곧 '사장지학(詞章之學)'을 강조하기도 하였다. 농암 김창협(農巖 金昌協)과 삼연 김창흡(三淵 金昌翁), 이른바 '농연(農淵)' 이후 이재, 김원행의 뒤를 이은 경화사족 학자들의 학문세계는 산림의 주자주의적 의리지학풍 위주에서 점차 벗어나 경제지학과 사장지학, 더 나아가 명물도수지학적 박학풍(博學風)으로까지 관심범위를 넓혀 나가고 있었다.

이른바 '실학(實學)'이라고 불리우는 조선후기의 새로운 학풍은 이처럼 정통주자학의 핵심과 배치되거나 단절된 상태가 아니라, 그 발전선상에서 배태되어 나왔다. 그 간 예송과 함께 공리공담(空理空談)으로 치부하였던 호락논쟁도 결코 무의미한 것이 아니었다. 논쟁과정을 통하여 정리된 낙론의 철학적 견해는 서울지역의 사회적 문제를 직시하면서 시대적 변화에 민감하게 반응하였던 일부 경화사족 학자들이 새로운 인간론, 자연관(物論)과 학문론의 기초를 마련하는데 기여했던 것이다.

사(士)의 위상변화

조선시대의 사림은 학계와 정계를 이끌고 있었으므로 호론과 낙론의 철학적 논쟁의 추이는 그대로 조선학계와 사상계 나아가 정계에까지 영향을 미치게 되었다. 탕평정국 하에서 현저한 정치적 진출을 달성하였던 경화사족의 '경학'이 조선정계와 학계를 이끄는 위치에 서면서, 이들의 입장이 새로운 정치현실과 국제정세, 사회 경제정책에 반영되게 된 것이다. 경화사족들은 조선사회의 역동적 변화를 직시하면서, 그들의 학문을 통하여 대응책을 강구하고 정치적 영향력을 통하여 조선사회의 변화를 선도하였다.

우선 이들은 사회신분의 전반적 혼효현상과 계층분화 양상이 진행되던 현실 속에서 사(士)로서의 자의식(自意識)을 확립하는 문제를 제기하였다. 이들은 탕평정국 속에서 주도적 위치를 차지하였으나 일부는 누대에 걸친 벼슬살이로 '경화거족(京華巨族)'으로 발돋움하고, 일부는 몰락하여 '잔반한사(殘班寒士)'나 '파락호(破落戶)', 빈민계층으로 전락하는 등의 변화를 겪고 있었다. 이에 경화사족 가운데는 누대의 소비적인 서울생활로 생활능력과 경제기반을 상실한 층들이 나타나서, '유식자(游食者; 놀고먹는 사람들)'와 생업이 없는 부류의 확산 등이 사회문제로 대두되었다.

반면에 서울의 사회적 변화에 편승하여 부를 축적하며 성장하였던 부류로서 흔히 '위항지사(委巷之士; 위항은 도시의 좁은 골목길이란 뜻)'라고 불리었던 신흥계층이 경화사족의 일원으로 등장하기도 하였다. 이는 사(士)와 민(民)의 신분적 혼효현상으로써, 변화를 거듭하던 서울의 도시적 분위기 속에서 신분의식과 명분론이 이완되어 가던 상황과 연관되어 있었다.

그러므로 이제 경화사족들에게는 명분론이나 혈연과 학연으로 연결된 사회관계보다는 경제적 조건이 사회적 행세의 실질적 기준이 되는 추세가 나타났다. 신분과 당색을 넘어 개방적 교류의 분위기가 조성되는 가운데, 경화사족층의 외연은 위항지사들에 이를 정

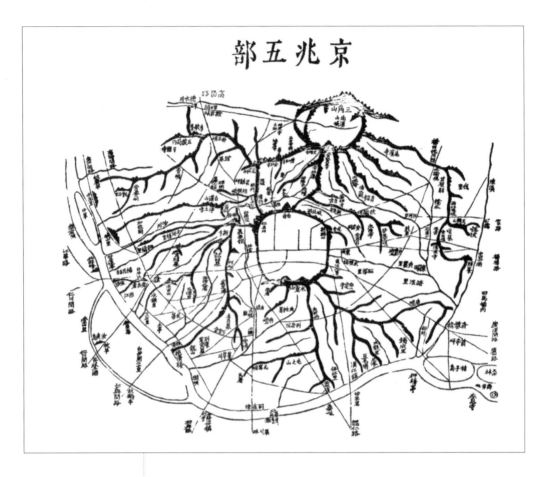

김정호 〈경조오부도〉

겸인 출신의 신흥
경화사족이었던 김정호가
〈대동여지도〉에 그려 놓은
서울과 주변의 지도. 19세기에
서울이라고 하면 한양성 4대문의
범위를 벗어나서 한강으로
둘러싸인 이만한 지역을
가르키는 것이었다.

도로 크게 확대되었다. 그리하여 정조대에는 서울 위항의 일반민도
경제력만 있으면 사족이 입는 도포와 갓을 쓰고 양반 행세를 하는
사회상이 전개되고 있었다.

경화사족의 현실인식

서울의 도시적 발전과 문화적 융성은 이들 경화사족들이 향촌사

회와 지방 사족에 비해 정치 참여와 경제생활, 문화활동 등 모든 면에서 월등히 나은 생활을 해나갈 수 있는 조건을 제공하였다. 숙종대 이전까지만 하더라도 학문의 중심지는 지방이었다. 저명한 산림학자들이 향촌사회에서 서원을 중심으로 강학하고 있었기 때문이다. 그러나 숙종대 이후 서울이 정치·경제·사회·문화, 모든 부문의 중심지로 급속히 발전하는 가운데 상황이 완전히 바뀌게 되었다. 경·향으로의 사회적 분기현상에 의해 야기된 이 시기의 '귀경천향지풍'은 이러한 양상을 반영한 것으로, 이는 이 시기 이후 오늘날까지 200년이 넘도록 지속되고 있는 사회풍조이자 사회문제이다.

당시부터 이미 서울생활은 동경의 대상이었고 경화사족들은 서울생활이 주는 기회와 편의를 구가하였다. 경화사족들에게는 이제 서울생활을 하는 가운데 서울을 떠나서 살 수 없는 도시적 체질이 형성되고 있었으며, 도시적 생활상은 소비적인 생활로 일관되는 경우가 많았다. 이들은 향촌사회는 물론 향촌에서의 농업생산활동과 점점 유리되어 갔다. 이에 경화사족 일각에서는 경·향의 사회적 분기로 야기된 불균형과 격차의 해결을 학문적 과제로 의식하게 되었다.

서울을 중심으로 가속화되기 시작한 조선사회의 역동적 변모와 그 속에서 일어난 사(士, 선비)의 위상 변화를 의식하면서, 경화사족 일각에서는 사회의 지도적 지식인으로서 사(士)의 책임과 역할을 각성하여 올바른 학문태도와 실천을 모색하였다. 심성론과 예론 같은 의리지학의 기본적인 연구에서 한 걸음 더 나아가서 '명물도수지학(名物度數之學)'이라 불렸던 자연과학적 지식에 대한 연구와 농업, 상공업 등과 관련되는 '경제지학'의 연구를 새로운 학문

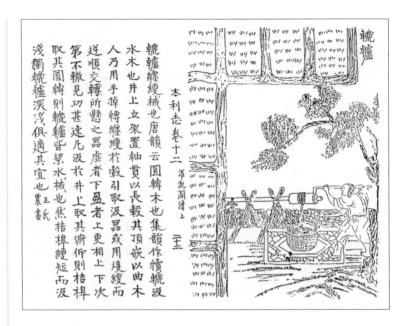

백과사전적 저술인
『임원경제지』에서 「본리지」는
농업 문제를 다룬 부분이다.
여기는 「관개도보」라 하여
수리기계를 그림으로 그려
설명한 부분이 있는데, 이 그림은
중국의 『왕씨농서』를 인용하여
녹로를 이용하여 물을
끌어올리는 시설을 설명하였다.

*말업관
　농업을 근본으로 보아 중시
하고 상공업을 말단으로 보
아 천시하는 견해.

적 관심분야로 삼고, 학문 연구의 영역을 실용적 분야에까지 확대하고자 하였던 것이다.

이들은 농업생산력의 향상을 위한 농업론을 강구하고, 도시발전의 활기가 되고있는 상공업의 발달을 의식하여 그 원리를 연구하였다. 그리고 이 양자를 유기적으로 연결지워 발전시키고자 하였다. 주자학적 명분론의 말업관(末業觀)*에서 벗어나 도시와 유통경제의 발달을 농업경제의 발달과 연결시켜 더욱 가속화하면서, 전체사회의 발전을 도모하는 방안이 이들에 의해 연구되었다.

연암 박지원의 소설 『허생전』은 이러한 시대상을 반영하면서 주인공 허생을 통하여 경화사족의 새로운 생활방식을 모색해 본 것이었다. 또한 연암의 『열하일기』와 『과농소초』, 박제가의 『북학의』, 서유구의 『임원경제지』 같은 저술은 여행기, 농서, 백과사전식의 참고서 등으로 형태는 여러 가지였지만 바로 이 시기 이러한 학문적 관심의 결정체였다. 이들의 학문적 성과는 당시의 표현으로는 '경세제민지학(經世濟民之學)', 줄여서 '경제지학'이라는 학문분과에 속하는 것이었다. 오늘날 흔히 이들을 '중상학파'라 하는 것은 그들 학문의 일면만을 지적한 것이어서 적절치 못하다. 이들 학문의 성격과 범위는 당시의 시대적 산물로서 훨씬 넓고 복합적이었다.

이들은 조선사회의 전면적 변화와 함께 진행되던 국제관계의 변동을 직시하여 주자학적 명분론의 보다 융통성있는 적용을 모색하기도 하였다. 사회신분의 분화와 혼효과정, 그리고 경제력이 신분보다 더 중요한 사회적 행세의 기준이 될 정도의 사회적 변화 추세 속에서 주자학의 차등적 명분론과 윤리론은 수정이 불가피하였다. 그리고 이와 함께 국제정세의 변화에 부응하도록 대외명분론도 수정하고자 하였다.

일부 경화사족들은 조선의 실정을 객관적으로 파악하여, 조선의 문화자존의식에도 수정을 가하고자 하였다. 그들에게 주어진 청나라 견문의 기회를 활용하면서 기존의 명분론적 대외인식, 즉 반청적 북벌대의론과 대명의리론에 대한 수정을 시도하였으며, 이로써 선배들의 북벌론 대신 청나라의 학술과 문물을 배우자는 북학론을 주장하기에 이르는 사상적 전환을 달성하였던 것이다.

2. 북학론의 등장과 사상적 갈등: 정학과 사학

　　병자호란 때 오랑캐 청나라의 무력에 무릎을 꿇었던 조선은 그 정신적 상처를 북벌대의론의 끊임없는 환기와 정통 중화문화의 유일한 계승자로서의 자기확인을 통하여 극복하고자 하였다. 주자학적 명분론에 입각한 반청적 북벌대의론(反淸的 北伐大義論)과 대명의리론(大明義理論), 그리고 조선의 문화자존의식(文化自尊意識)으로서의 조선중화의식(朝鮮中華意識)은 삼위일체적 일관성을 갖는 것으로 정식화되었다. 이는 '천리를 밝히고 인심을 바로잡는 것(明天理 正人心[명천리 정인심])'을 학문적 목표로 하면서 심성론과 예론 연구에 치중하던 의리지학(義理之學) 연구에 의해 뒷받침되었으며 국가적 차원의 확고한 이념으로 정립되게 된다.

조선의 문화자존의식

　숙종대 후반 이후 이러한 이념적 지향성 위에 조선정계와 학계를 주도적으로 이끌던 서인, 특히 노론계의 학자와 정치인들은 대명의리론의 상징적 시설물을 건립하게 되었다. 우암 송시열의 유지를 받들어 화양동에 만동묘(萬東廟)를 세웠던가 하면, 뒤이어 명나라가 망한지 60년 되던 숙종 30년(1704)에는 창덕궁 후원에 대보단(大報壇)을 설치하여 조선국왕이 국가적 차원에서, 망해버린 명나라 황제의 제사를 지내도록 하기에 이르렀다.

　흔히 비주체적 사대주의의 극치로도 비판받는 이 행위는, 사실은 조선으로서 극도의 주체성을 내세우는 상징적 정치행위였다. 조선을 무력으로 굴복시킨 현실의 초강대국 청나라에 대하여 어쩔 수 없이 사대외교 관계를 취하지만, 그에 대해 정신적으로나 문화적으

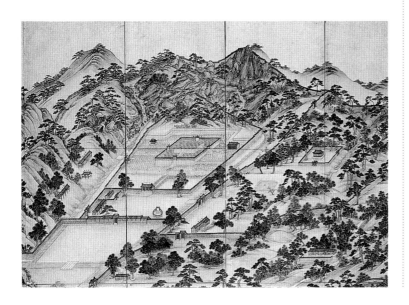

〈동궐도〉 대보단 부분

창덕궁 후원 깊숙한 곳에
자리잡았던 대보단의 시설도.
조선중화의식과 표리관계에 있던
대명의리론의 상징적 시설물로서
명이 망한 후 조선이 중화로서의
정통성을 이어받았다는 의미에서
조선국왕에 의해 상징적 의식이
치루어졌다.

로 굴복하지 않겠다는 조선의 자기 정체성 확인을 위해 이런 의례적 행사가 진행되었던 것이다.

사실 이는 오늘날 우리가 겉으로는 자주독립국의 모양을 갖추고 있지만, 실제로는 초강대국 중심의 세계질서에 종속되어 초강대국에 대해 실질적인 사대를 행하고 있는 것과는 정반대의 양상이라 할 수 있다. 유교적 명분론에 의해 정당화되었던 중국 중심의 전근대적 동아시아 질서에서 형식적으로는 청나라에 대해 사대를 행하지만, 문화적 후진국인 오랑캐 청나라의 무력과 강요에 의한 것이므로 실질적으로는 이를 인정할 수 없다는 것이 조선의 입장이었고, 대내적으로는 명나라만을 정통중화왕조로 인정하겠다는 것이었다. 이러한 입장은 명나라가 망한 상황에서 그를 대신하여 조선이 중화문화의 정통을 이어나가며 언젠가는 청을 타도하겠다는 반청적 북벌대의론과 표리를 이루고 있었다. 또한 명나라와 중화문화의 정통 계승자로서 조선이 바로 중화요, 조선문화가 바로 중화문화라는 조선중화의식의 표방을 가져오기에 이르렀다. 조선중화의식은 조선의 자기문화에 대한 자존의식(自尊意識)이었던 것이다.

이러한 명분론적 토대 위에 조선지식인들은 청과 청문화를 배격하고 명과 명문화, 나아가 역대 중화문화에 대한 본격적 연구를 진행하였다. 이를 통해 유일한 중화로서 조선의 문화적 개성을 확인하고자 하게 된다. 숙종대 이후 조선의 지식인들은 우리의 역사적 경험과 자연산천, 의관풍물(衣冠風物)을 재인식하고, 이를 사실적으로 표현하는 문학과 예술활동을 전개하여 진경산수화와 진경시를 필두로 '진경문화(眞景文化)'라고 하는 조선 고유문화의 창달을 이끌었다.

御製

此新羅金傅始祖敬順
王金槽中得之金氏仍
金傅始祖敬順金槽掛于樹者
上其下白而有鵲
鳴故金檟中有取
為男子其繼者也
其高孫敬順君也
厳乙來入順謁敬順
令面見三國史
令吏曹判書金益熙
奉教書
掌令臣趙涑奉
敎善繪

조속 〈계림유사도〉

명나라가 망한 직후 조선지식인들이 자기 역사와 문화에 대해 새로이 자각하게 되었음을 보여주는 그림. 인조반정 공신인 창강 조속(滄江 趙涑, 1595~1668)이 1655,6년 경 신라의 김알지 탄생설화를 소재로 하여 그린 것이다. 등장 인물이 아직 중국의관을 하고 있으나 산세의 표현 등에서 조선적 특징이 나타나고, 특히 조선의 역사와 문화가 가진 개성을 의식하면서 그림을 그렸다는 면에서 진경회화로 진전하는 조짐을 드러내고 있다. 국립중앙박물관 소장.

북벌론에서 북학론으로

　그러나 영조·정조대를 통하여 조선사회의 전면적 변화가 진행되고 청의 현실적 위협이 소멸된 가운데, 청과의 교류가 급속히 확대되는 등 상황의 변화가 나타나기 시작했다. 조선은 임진왜란 이후 교역이 단절되었던 중국과 일본 사이에서 중개무역을 통하여 막대한 이윤을 획득하였고 이는 양난 이후 피폐했던 사회경제를 재건하는 밑바탕이 되었다. 박지원의 『허생전』에서 허생에게 돈을 꾸어주는 서울 장안 제일의 부자 변승업은 바로 이 시기에 이같은 중개무역을 통하여 막대한 부를 축적했던 실존인물이다.

　조선에서 대내, 대외 상업의 발달은 중국과의 물적, 경제적 교류를 확대시켰을 뿐 아니라 인적교류도 확대시켰다. 중국 역대의 고전문화에 대해 연구를 꾸준히 진행해 온 조선지식인들은 그들에게 주어진 청나라 견문의 기회를 통하여, 국가적 차원에서 중국 고전문화 연구를 진행시키던 청나라 학술과 문화의 동향에도 관심을 가지게 되었다. 청나라를 견문한 조선의 일부 지식인들은 청나라 문물과 학술의 우수성을 사실적으로 평가하고, 조선 학술과 문물의 상대적 낙후성을 인정하기에 이른다. 이는 조선의 반청적 북벌대의론과 문화자존의식, 나아가 대외명분론의 일관된 논리를 점차 동요시켰다.

　북학론은 경·향으로의 사회적 분기 현상 속에서 보다 큰 사회적 변화를 경험하며 청조 문물의 접촉 기회를 더 많이 가질 수 있었던 서울의 경화사족 학자들로부터 제기되었다. 이들은 생산력 증대와 유통경제 발달을 배경으로 역동적 변화를 보이던 대내적 사회 현실을 직시하고, 정치와 경제, 문화의 중심으로서 국제무역로를 따라 중국 일본과 연결되었던 대도시 서울에서의 생활경험에 따라 사고의 변화를 겪고 있었다.

이들은 변화하는 시대의 현실적 요구에 부응하여 명분론의 수정을 도모하는 등, 조선사회 지도이념의 재정립을 꾀하였다. 국제문화조류로부터 유리된 채 낙후되어가던 조선문화의 실상을 파악하고, 기존의 문화자존의식과 북벌대의론을 반성하면서 청나라의 문물을 배우자는 북학(北學)을 제기하고, 경우에 따라 서양의 학문인 서학(西學)과 서양종교인 서교(西敎), 즉 천주교까지 수용하면서, 전통문화와 외래문화의 적극적 융합을 통하여 조선 사회와 문화의 혁신을 도모하고자 했다.

1769년(영조 45년) 낙론의 산림학자 김원행의 제자였던 홍대용은 청나라 여행을 하고 돌아와 북학론을 제기함으로써 학계에 파란을 일으켰다. 그는 경화학계 일각의 저명한 학자였던 김종후(金鍾厚)*와 대청태도 및 학문관을 놓고 논쟁을 벌이게 된다. 이 논쟁은 경화사족의 핵심 내부에서 진행되던 학문관의 변화는 물론 대외명분론의 수정, 즉 북벌론에서 북학론으로의 극적 전환을 예고하는 것이었다.

*김종후
몽촌대신 김종수의 형이다.

실제로 정조년간에 들어서면 중화문화의 정통계승자로서의 사명감에서 송·명의 역사를 정리하여 『송사전(宋史筌)』150권과 『명기제설(明紀提契)』20권이라는 방대한 업적을 이루어 내었고, 전통적 대명의리론을 정리하려는 노력의 일환으로 『존주휘편(尊周彙編)』의 편찬이라는 국가적 사업이 국왕의 주도로 진행되었다. 이같은 중국사와 대외명분론의 정리작업 위에, 조선의 학계와 사상계에서는 북학론이 고창되고 청조학술과 문물의 수용이 본격화되었던 것이다.

낙론 주자학계 내부에서의 홍대용과 김종후의 사상논쟁에 뒤이어, 정조대 이후 여러 경화사족 지식인들에 의해 북학론이 본격화하면서 북학을 둘러싼 논쟁도 가열되었다. 조선의 문화자존의식을 통렬히 비판하였던 박지원의 『열하일기(熱河日記)』는 '로호지고(虜號之稿)'*라는 지탄을 받으며 북벌대의론을 거스른 문제의 작품으로 지목되었으며, 겉만 번드레한 외래문풍의 근원이라는 논란을 불러일으켰다. 그러나 연암의 문생이었던 박제가는 여기서 한걸음 더 나아가 『북학의(北學議)』라는 도전적 제목의 글을 발표하여 조선의 문화자존의식을 통렬히 비판하고 나섰다. 청조문물의 우월성을 강조하면서 오랑캐의 문물일지라도 우리에게 유용한 것이라면 받아들일 것을 강력하게 주장한 것이다. 이로써 그는 '당괴(唐魁)'*라는 극단적 지탄을 받기도 하였다.

그러나 이런 가운데서도 북학론은 그 공감대를 크게 넓혀 나가고 있었다. 북학을 통해 전통적 사상과 문화를 혁신하려는 경화사족 지식인들의 주체적 노력은 그들의 정치적 위상이 높아진 만큼 사회적으로도 큰 영향력을 갖게 되었다. 산림학자와 전통주자학의 사회적 영향력이 쇠퇴하는 가운데 사회상의 변화에 따른 명분론의 변화는 불가피하였다.

새로운 학풍과 문풍

서울로 청조문물과 학술이 대거 들어오고, 정조의 측근학자들을 필두로 서울의 학자들 사이에 '신학(新學)', '신문(新文)'이라 불

*로호지고
오랑캐의 연호를 써서 그들에 빌붙은 글.

*당괴
중국문물 수용의 우두머리.

리웠던 새로운 학풍과 문풍이 유행하여, 정조시대 문화는 극도로 다양한 양상을 보이게 되었다. 정조는 당시 중국을 배운다는 풍조를 세 가지로 나누어 보았다. 첫째는 명·청의 소설과 잡서(雜書), 둘째는 서양의 수학과 천문학, 셋째는 북경 시장의 장식품과 도자기 등 사치품이 들어와 그를 배우려 한다는 것이었다. 물론 이밖에도 천주교와 청조고증학도 지식인들의 관심사로서 조선문화계에 수용되고 있었다.

이러한 시대 풍조 속에 김조순·남공철·심상규 등 노론계열의 학자, 서유구·이상황·서영보 등 소론의 학자, 그리고 이서구·이덕무·박제가 등 연암일파의 학자들은 정조의 최측근에서 외래의 학풍과 신문풍의 수용을 선도하였다. 남인의 신진기예로서 역시 정조의 측근학자였던 이가환, 정약용 등은 북학을 매개로 서교(西敎)와 같은 이단사상에까지 관심의 폭을 넓혀 새로운 정신세계를 모색하고 있었다.

북학론자들은 연암일파를 필두로 청조학술과 문물을 수용하여 조선사회 생산력의 증대와 유통경제의 발전 등 사회에 충만한 변화와 발전의 추세를 가속화하고자 하였다. 박지원은 변화된 사회적 요구에 부응하는 방안으로서 북학론을 고창하면서, 여기에 낙론의 철학적 입장에서 유래한 새로운 물론(物論)과 인간론, 그리고 경제 지학을 중시하는 학문론과 새로운 시문풍을 결합시켰다. 그가 북학론과 함께 제기한 '법고창신(法古創新)'*이론은 새로운 학문론이자 문학론이면서 조선의 문화건설방안을 둘러싼 당시의 시대적 고민에 대한 포괄적 대안이었다.

이들의 지향은 전통적인 것을 토대로 외래적인 것까지 받아들여 새로운 것을 창조해 낸다는 것이었고, 이는 진경문화의 개성주의적

*법고창신
옛것을 모범으로 하여 새로운 것을 창안함.

전통을 계승하는 것이었다. 예컨대 이들의 시문풍만을 보더라도, 그것은 외래시문풍의 단순한 모방은 결코 아니었다. 명·청의 공안파(公安派)와 왕어양(王漁洋), 전겸익(錢謙益) 등의 외래 시문풍을 수용하되, 이를 전통적 시문풍과 절충하여 결국은 조선적인 시문풍을 구현하고자 한 것이다. 연암일파에서 주장한 '조선풍(朝鮮風)'의 시문론, 이용휴(李用休)의 '금시(今詩)'론, 정약용의 '조선시(朝鮮詩)' 창작론 등은, 그들이 선택한 '창신'의 방향이 조선적 개성을 드러내는 개성주의적 방향임을 분명히 보여주고 있다.

이들은 외래 학문과 문물의 수용에 과감하였다. 퇴계 이황(退溪 李滉) 이후, 미수 허목(眉叟 許穆), 백호 윤휴(白湖 尹鑴) 등 산림학자에 학문적 연원을 두면서, 성호 이익(星湖 李瀷)에 이어 권철신(權哲身)을 추종하던 정약용, 이승훈 등 '경남(京南)'의 핵심적 학자들은, 경기도 광주의 천진암과 주어사에서의 강학과 토론회를 가진 후, 북학은 물론 그에서 한 걸음 더 나아가 서학 연구와 서교(천주교) 신앙으로까지 나아갔다. 이는 조선주자학이 드러낸 사회

천진암
한국천주교의 발상지인 경기도 광주의 천진암 성지 입구. 현재 천주교에서는 100년 계획으로 기념 성당을 건축 중이다.

지도이념으로서의 한계를 인식하면서 외래사상을 수용하여 그를 극복하고자 적극적으로 노력하였던 것으로 볼 수 있다.

이들은 이승훈을 그들의 대표로 뽑아 북경의 천주교회에 보내어 선교사의 파견을 요청하였다. 이는 정통주자학에서 북학으로, 그리고 다시 서학, 서교로의 급격한 사상적 전환의 시도였다. 서양 선교사의 선교에 의하지 않고 지식인 집단의 연구에 의해 자발적으로 천주교를 받아들인 사례는 세계 천주교회 역사상 거의 유례를 찾아보기 어렵다. 조선 정통주자학 일각의 학자들은 오랜 연구 끝에, 스스로 사상적 한계를 인식하기에 이르렀고, 그것을 극복하기 위해 목숨을 건 험난한 탐험을 불사하기에 이른 것이다.

사상계의 갈등

이제 경화학계 일각에서 제기된 북학론이 정조 측근 학자들의 사상적 공감대로 자리잡아 가고, 나아가 이들을 중심으로 서울의 정계와 학계에서 북학과 서학의 추구가 노골화되자, 기존 사상과의 마찰이 불가피해 졌다. 이는 급기야 정치적 문제로 비화되었다. 정파 간 대립의 와중에 이들의 사상적 경향성이 시비거리로 떠올랐으며, 이는 북학을 통해 들어온 외래의 사상, 학풍과 문풍을 어떻게 위치지울 것인가를 둘러싼 논쟁을 야기하였다.

정파 간의 대립의 와중에 촉발된 이 문제는 정조에 의해 정치적으로 처리되었다. 정조는 북학적 문풍과 서학 신앙에 대해 문체반정(文體反正)*과 부정학론(扶正學論)*의 서학금단책으로 대처하였다. 하지만 정조 스스로도 외래문물 수용의 필요성을 절감하며 그

*문체반정
문체를 올바른 방향으로 되돌림.

*부정학론
주자학을 우선 부양함으로써 서학 등의 기세가 꺾이도록 한다는 주장으로, 이는 서학부터 먼저 배척하고 처벌해야 한다는 척사학론(斥邪學論)에 비해 서학에 대해 온건한 대처방안이다.

수용에 적극성을 보이는 상황에서, 이 조치들은 다분히 임시방편적인 것이 될 수밖에 없었다.

신료는 물론 군주까지도 새로운 문화를 향해 제각기 이단과 사학의 추구를 불사할 만큼 정조시대 사상의 변화양상은 확연하였다. 지도이념으로서 주자학의 현실적 한계가 분명해진 상황에서, 주자학의 정학(正學)으로서의 절대적 위상은 더 이상 보장되기 어려웠다. 청조고증학을 수용하여 고증학(＝한학〔漢學〕*)과 주자학(＝송학〔宋學〕*)의 절충론, 즉 '한송절충론(漢宋折衷論)'을 주장하며 정조는 '부정학'론을 펴기에 이른다. 그러나 이미 부양해야 할 정학은 앞 시대의 절대화된 주자학은 아니었다. 정조의 '문체반정'론에서 돌이키고자 했던 올바른 문풍도 역시 앞 시대의 것 그대로는 아니었다. 이미 지켜야 할 올바른 것으로서 '정(正)'의 기준 그 자체가 흔들리고 말았던 것이다.

*한학
청조고증학이 한나라의 훈고학을 부활시킨 면이 있어 붙은 별명.

*송학
송나라의 정자와 주자에 의해 집대성되었으므로 붙은 별명.

정조의 주자학 정리

사학을 물리친다고 해서 조선의 학문이 바로 정학으로 돌아가는 것이 아니었으며 돌아가야 할 정학 자체가 한계를 드러내었던 상황, 이것이 바로 정조대의 학문적 상황이었다. 정조는 정학을 부양하기 위하여 주자학 관련 서적 편찬과 보급에 심혈을 기울였으며, 이를 통하여 정학을 선양하려 노력했다.

주자학의 기본경전인 4서5경을 정리하여 1798년『오경백편(五經百篇)』, 『중용강의(中庸講義)』, 『사서집석(四書輯釋)』을 내어놓고, 급기야 1799년『대학류의(大學類義)』로서 정치이념의 대요를

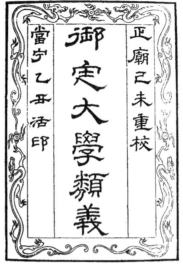

『대학류의』

대학의 정치이념을 정조
나름으로 해석하여 제왕학
교과서로 편찬한 책. 정조는 이
책의 편찬에 심혈을 기울여 정조
23년(1799, 기미년) 교정까지
완료하여 20권의 필사본이
완성되었다. 그러나 이듬해
정조가 서거하여 간행이
미루어지다가, 순조 5년(1805,
을축년)에 활자본으로 간행하게
된다. 서문은 정조가 지은 것으로
당시 규장각 제학이던 김조순의
유려한 글씨이다.

정리해 내기에 이른다. 이러한 노력은 그의 최말년에 서형수(徐瀅修)*를 중국에 보내어 주자학 관련 서적을 수집해 오게 한 후, 그를 토대로 조선 나름의 독자적인 주자학전서, 또는 주자학의 결정판을 편찬하려는 시도로 전개되었다. 1800년(정조 24) 주자(朱子, 1130~1200) 서거 600주기를 맞아 정조는 자신의 주도 하에 주자학을 재정리함으로써 주자학의 종주국인 조선의 위상과 군사(君師)로서 자신의 위상을 확정짓고자 하였다. 단원 김홍도로 하여금 〈주부자시의도(朱夫子詩意圖)〉를 그리게 하여, 대학 8조목의 주자학적 정치이념을 그림으로 형상화했던 것도 이러한 맥락에서 나왔다.

이러한 노력과 더불어, 전통적인 주자학적 대외명분론 가운데 대명의리론은 이서구와 성해응 등으로 하여금 『존주휘편(尊周彙編)』을 편찬하도록 하면서 정리를 추진하였다. 이 시기의 시대사조로 부상한 북학론은 조선의 문화자존의식에 대한 반성을 전제로 한 것이었으며, 북벌론 대신 북학론이 힘을 얻은 상황에서 반청의식은

*서형수

소론의 영수 서명선의 조카이자 대제학을 지낸 서명응의 아들로써 조카인 서유구의 학문에 큰 영향을 주었다. 정조의 주자학 정리작업의 실무를 담당하였으나 정조 사후 정계에서 축출되는 비운을 맞았다.

더 이상 유지되기 어려웠다. 새로운 상황 속에 대명의리론과 조선 중화의식, 반청적 북벌대의론의 세 가지 지향은 각기 해체되고 그 삼위일체적 일관성은 무너져 버렸다. 측근 신료들이 북학에 열중하여 반청의식을 청산하였던 것과 함께 정조 스스로도 조선에 대한 청나라 황제의 특별한 대우를 칭송하며 청나라에 대해 '지성사대(至誠事大)'의 중요성을 강조하는 상황이 전개되었기 때문이다.

결국 정조 말년에 두드러진 주자학과 대명의리론 정리의 노력은 실제로는 정통적 입장을 그대로 유지한 것이 아니었으며, 그런 까닭에 수구적인 것은 더욱 아니었다. 이들 각각의 정리를 주도한 것은 정조 측근에서 북학을 선도하는 이들이었다. 그러하기에 이 작업은 오히려 정조시대에 진행된 사상적 변화를 인정하며 그 위에서 전통적 학문과 명분론을 정리하고, 이를 통해 변화를 가속화하려는 전향적 성격의 것이었다.

정조로서는 도도한 변화의 물결 속에서 정치적 지도자이자 학문적 지도자로 군림하기 위해 제시했던 '군사'론이나 '교속'론의 이론적 근거를 마련하기 위해 이 작업을 후원하였다. 그러나 '부정학'론과 '척사학'론이 일치되지 못하고 괴리가 생길 만큼 사상적 혼란은 깊이 진행되었다. 이러한 혼란 속에서 정학을 고수하려는 노력이 학문적 지도자로서의 권위를 어느 정도 보장해 줄 지, 더구나 이미 새로운 학문과 사상을 받아들인 상태에서 이 정리를 주도했던 학자들이 정조의 의도를 얼마나 충족시킬 수 있을지도 의문이었다. 예컨대 그 실력과 능력을 인정받아 『존주휘편』 편찬을 주도하였던 이서구는 정조의 문체반정과 오회연교를 정면으로 비판하며 자신의 의견을 내세웠던 사림청론의 관료학자로서 그는 정조에게 제일의 경원의 대상이었던 것이다.

그럼에도 불구하고 정조의 전향적인 사상적 지향성과 지도자로서의 훌륭한 자질은 이러한 상황에서 더욱 돋보이고 있다. 화성 건설을 진시황의 토목사업 강행에 대비시키기까지 했던 일각의 극단적 비판까지도 받아들이며 오히려 강직한 언론에 대해 포상하였고, 이서구의 고언도 포용하여 그를 중용하였기 때문이다. 이러한 정조의 태도야말로 정조시대가 그 어느 때보다 안정될 수 있었던 기반이었다. 더욱이 변화보다는 안정을 선호하기 마련인 국왕으로서 정조는, 집권 전반기에 새로운 학풍과 문풍을 추구하던 학자들을 휘하에 거느리고, 그들을 후원함으로써 개혁을 추진하고 변화를 선택하는 용기를 보여주었다. 이러한 점은 정조시대를 역동적 변화와 발전의 시대로 만들었던 것이다.

그러나 이 선택은 정조대 후반에 벌어진 그들 간의 정치적 대립과 공방 속에 미처 예상치 못한 상황을 야기하고 정조를 곤경에 빠뜨리기도 하였다. 정조는 문체반정과 서학금단책에서 그가 후원해서 키운 측근 학자들을 견책하는 자기모순에 빠져들게 되었으며, 때때로 그들의 반성을 촉구하고 정학을 강요하는 가운데 반발을 불러 일으키고 갈등을 겪기도 하였다.

북학의 확산

문체반정과 서학 금단조치에도 불구하고 정조시대 서울의 학계와 문원에서는 북학과 서학의 새로운 흐름이 거부할 수 없는 대세로 자리잡았다. 조선학계에서는 북학과 함께 청조고증학(명물지학, 또는 한학)을 수용하여 전통적인 경제지학과 명물도수지학을 보완

『고금도서집성』부분

중국 역대의 중요 문헌을 뽑아서 모아 놓은 책으로 청조고증학의 빛나는 성과물 중 하나. 규장각에 비치되어 청조문물 연구의 주요 참고서로 활용되었다. 사진에서 처럼 이 책은 정조도 직접 열람하여 곳곳에 도장을 찍었으며, 다산 정약용에게 이 책의 일부인 『기기도설』을 내려주어 거중기 설계에 참고하도록 조치하기도 하였다.

하였다. 게다가 그 경전 연구의 성과는 점차 전통적 의리지학과 경쟁하는 위치에까지 이르렀다. 그 결과 조선학계에서는 학문의 전체범위를 의리지학과 경제지학, 사장지학의 셋으로 나누어 보던 것에서 나아가, 명물도수지학까지 포함하여 네 분과로 나누어 보는 경향이 일반화되었다. 이때 명물도수지학은 전통적인 개념의 것이 아니라 청조고증학적인 것으로 인식되는 등 북학의 영향이 커지는 추세였다.

이제 북학의 유행에 따라 청조고증학의 연구성과가 활발히 수용되면서, 『사고전서(四庫全書)』편찬사업으로 상징되는 청나라의 방대한 고증학적 경전 연구성과와 전통문화 정리방식이 조선지식인들의 관심을 끌게 되었다. 『사고전서』를 구입해 들이려던 조선의 시도는 좌절되었지만, 아쉬운대로 5022권의 『고금도서집성(古今圖書集成)』을 구입하여 규장각에 비치하고 중국문화 연구를 지속하였다.

청조에서의 고전 연구사업을 바라보는 조선지식인들의 반응은 두 가지로 나타났다.

우선은 청조고증학의 다양한 경전해석을 받아들여 조선 전통주자학의 주자주의적 편향을 반성하는 경향이었다. 이는 의리지학에 있어 경전의 해석을 둘러싼 논쟁을 유발하고, 주자주의적 경전해석의 약점을 부각시켜 교조적 경학연구를 불식하는 효과를 거두었다.

이와 함께 전통적인 의리지학(=송학)과 청조고증학(=한학) 사이의 학문적 우위논쟁인 이른바 '한·송논쟁'이 전개되었다. 사실 한·송논쟁은 그 자체로 전통주자학이 이미 절대적 위상을 잃고 상대화되었음을 보여주는 증거였다. 이 논쟁은 변화된 사회상 속에서 정학으로서 주자학의 사회적 영향력이 현저히 약화되던 경향을 더욱 심화시키게 된다.

주체적 학풍

그런가 하면 외래 학문의 수용과 함께 그에 대한 대응으로서 조선 학문의 개성을 살리려는 노력도 동시에 기울여졌다. 정조조정에서는 관료학자들의 학문적 토론을 통하여 청조고증학의 번잡한 경전주석이 가지는 의미를 꿰뚫으면서 여기서 야기된 관념성과 비실용성을 비판하였다. 오히려 경전의 큰 흐름에 따라 대의와 본뜻을 잡아내려는 경전 해독방식을 제기하면서 조선 경학의 개성을 찾으려는 노력이 나타난 것이다.

연암 박지원은 『열하일기』에서 『사고전서』 편찬 등 청조고증학의 방대한 작업이 청조 오랑캐 정부의 한족학자들에 대한 사상통제책이라고 갈파하였다. 이것은 북학을 주장한 학자에게서도 청조고증학이 아직 비판적으로 인식되던 정조대의 분위기를 보여주고 있다. 박지원은 청조정부가 학자들로 하여금 번쇄한 고증작업에만 평생 매달리도록 하여, 그들의 비판적 사회의식을 마비시키고자 하는 것이라고 청조고증학을 파악하였다.

고증의 정밀함, 서적 편찬사업의 방대함에 대해 그 성과를 인정하면서도 조선의 지식인들은, 오히려 학자로서의 사회적 책임을 환기함으로써 청조고증학의 본질을 직시하여 그를 비판적으로 바라보았다. 이들은 학문이 지향해야 할 실용성과 비판의식의 재인식을 통하여 청조학문의 방대한 양에 대항할 수 있는 조선 학문의 질과 수준을 확보하고 독자적 개성을 살리고자 하였던 것이다. 이는 방대한 서양학문체계를 무비판적으로 받아들이며 소화불량에 걸린 채 후진성의 늪에서 허덕이고 있는 오늘 우리 학계의 현실에 큰 시사를 주는 대목이다.

청조고증학의 영향을 받으면서도 그를 주체적으로 인식하여 개성적 성격을 드러내고자 하였던 정조시대의 학풍은, 이 시대의 문풍이나 문화 일반과 마찬가지로 법고창신(法古創新)의 경향성을 띠고 있었다. 그리고 이는 조선의 주체적 입장을 강조하는 것이었다.

정조는 화성 건설 과정에서 외래 문물을 수용하면서도 '수지이이의(隨地而異宜: 처지에 따라 올바른 기준도 달라진다)'를 말하며 조선 나름의 적절한 기준에 따를 것을 원칙으로 제시하였다. 서유구는 『임원경제지』의 서두에서 중국의 지식을 망라하여 책을 짓는 목적에 대해, '오로지 우리나라를 위하여 이 책을 짓는다(此書 專爲我國而發)'고 선언함으로써, 전통적인 것을 발전시키기 위해 불가피했던 외래학술과 문물 선택에 있어 주체적 기준을 가질 것을 특별히 강조하였다. 그러므로 이 단계에서 청조고증학의 수용이란 학문의 범위를 확대함과 동시에 전통적 주자학을 청조고증학으로 단련시켜 세련성을 가지게 하며, 이 새로운 조선적 학문을 기준으로 하여 조선의 변화된 현실에 대처하겠다는 인식이 전제되어 있었다.

전통주자학의 쇠퇴

그러나 청조 문물과 학술이 점점 더 많이 들어오면서 전통성리학은 점차 송학으로 상대화되면서 힘을 잃었으며, 국왕에 의해 주도된 주자학 연구는 변화된 현실의 지도이념으로서 점차 더 많은 한계를 드러내게 된다. 왕권강화론과 사림정치론 사이의 정치이념의 갈등과 전통적 주자학사상과 북학, 서학 등의 이념적 갈등은 정조와 그의 측근학자들 사이에서 논란을 불러 일으켰다. 어찌보면 사회지도이념의 혼란 양상처럼 보이는 이 과정에서, 전통적인 것은 몰락하고 새로운 지향이 싹터 나오게 되었다.

사상적 갈등이 증폭되는 가운데 찾아온 정조의 죽음 이후, 정조로부터 이른바 북학을 받아들였다고 견책 받았던 핵심적 인물들이 다음 시기 조선 정계와 사상계를 이끌게 된다. '사학(邪學)'으로 배척되었던 '신학(新學)'과 '신문(新文)'은 조선에서 확고한 위치를 갖게 되었고, 이는 전통적 학풍과 문풍을 압도하기에 이른다. 점차 사회적 지도력을 상실하였던 전통주자학은 정조의 '정학' 부양 노력에도 불구하고 북학의 풍미로 급기야 청조고증학에 압도당하게 된 것이다.

조선사회의 지도이념이었던 주자주의적 의리지학은 호락논쟁을 거치면서, 낙론 일각에서 새로운 학문관의 성립과 북학의 수용을 선도하게 되었다. 그러나 북학의 풍미와 함께 정학의 절대성도 무너지고 전통주자학은 현실과 유리된 채 쇠퇴의 길로 접어 들었다. 사회지도이념의 이러한 변화와 함께 서울 경화사족의 진경문화도 북학문화로 전환하는 변화를 보이기에 이른다.

3. 문화예술의 전개 양상과 성격: 진경문화와 북학문화

(1) 서울의 발달과 도시적 생활상

탕평정국 아래에서 정치적 진출을 확대하며 서울과 그 인근에 세거하였던 경화사족들은 그들 사이의 독자적 교유권을 형성하여 사상적 공감대를 형성하고, 그들 류의 학풍과 문풍으로 독특한 문화를 창출하기에 이르렀다. 주자주의적 의리지학과 명분론을 토대로 이들은 조선만이 유일하게 중화문화를 가지고 있다는 문화자존의식을 표방하면서 조선문화의 독자적이며 개성적 전개를 주도하게 되었다.

진경문화의 등장

'진경문화(眞景文化)'라고 부르는 이 흐름은 조선성리학의 사상적 기초 위에 조선적 개성이 물씬 풍기는 독창적 예술 세계를 열어나가게 된다. 김창흡(金昌翕), 이병연(李秉淵)의 진경시(眞景詩)와, 옥동 이서(玉洞 李서) 이래 백하 윤순(白下 尹淳), 원교 이광사(員嶠 李匡師)의 동국진체(東國眞體) 서예, 그리고 조선의 자연산천과 인물, 의관풍물(衣冠風物)과 풍속을 사실적으로 묘사하였던 겸재 정선(謙齋 鄭敾; 1676~1759)과 관아재 조영석(觀我齋 趙榮祏;

달항아리
조선 나름의 독자적 기형과
색감을 지닌 진경시대 특유의
백자 항아리.

1686~1761)으로 대표되는 진경산수화(眞景山水畵)와 풍속화(風俗畵)가 등장하였으며, 달항아리로 대표되는 조선 고유의 도자기가 나오고, 유교적 장례문화의 산물인 분묘의 석물 조각 등도 이 시대의 개성을 드러내었다. 서로 어우러지며 발전하던 이들 예술은 숙종, 영조대 이래 사상의 흐름을 반영하고, 국왕으로부터 경화거족과 위항인을 포함하는 경화사족 일반의 생활과 정서를 표현함으로써 조선 전통예술의 전형이 되기에 이른다.

사인풍속도와 근로풍속도

이 시기 조선사회를 이끌던 주도계층으로서 경화사족의 생활상

겸재 정선 〈인곡유거도〉

그림 제목 그대로 인왕산 아래 자연에 안긴 그윽한 경치의 거처이다. 겸재 노경에 살던 집으로써 기와지붕 아래 모서리방 서재에서 사방관 쓰고 도포 입은 채 책읽는 선비가 겸재 정선이다. 간송미술관의 『경교명승첩』에 실린 그림.

과 면모는 그들의 자화상과도 같은 그림인 사인풍속도(士人風俗圖)에 전형적으로 묘사되고 있다. 겸재 정선의 득의작인 『경교명승첩(京郊名勝帖)』(1740년~1741년 제작)의 여러 그림은 영조대 전반 서울과 그 주변에 살았던 경화사족의 생활과 정서, 이념을 전형적으로 표출한 기념비적인 작품이었다. 여기에는 조선의 자연, 그 중에서도 그들의 생활기반이었던 서울과 근교의 진경이 표현되는 가운데 경화사족의 생활상과 풍물이 사실적으로 그려져 있다. 『경교명승첩』의 서두를 장식한 겸재의 자화상 〈독서여가도(讀書餘暇圖)〉와 뒷부분의 〈인곡유거도(仁谷幽居圖)〉는 서울에 살며 서울 주변을 생활권으로 하는 경화사족의 건실한 생활상을 전형적으로 보여주는 사인풍속도였다.

그런가 하면 이들은 사회의 지도적 지식인으로서 사족의 책임을 통감하면서, 그들이 관심을 기울이던 서민의 근로와 생활, 그리고 생산활동을 그려내기도 하였다. 흔히 서민의식의 발로로 잘못 설명되곤 하는 공재 윤두서(恭齋 尹斗緒)의 〈채애도(採艾圖)〉와 조영석의 〈수공선차도(手工旋車圖)〉, 강희언의 〈석공도(石工圖)〉 등은 이 시기 사회지도층의 시각에서 서민의 생활상을 형상화한 근로풍속도(勤勞風俗圖)였다.

〈빈풍칠월도(豳風七月圖)〉와 〈무일도(無逸圖)〉 등 경직도(耕織圖)류 그림은 『시경(詩經)』에서 소재를 채택한 전통적인 농촌풍속도로서, 앞 시기부터 꾸준히 그려져 왔다. 그러나 그간 관념적으로만 그려졌던 경직도류 그림은 이 시기 농촌의 실제적 현실 속에서 다채로운 소재를 잡아냄으로써 보다 사실적인 표현을 획득하기에 이른다. 근로풍속도의 일부로서 새로운 성격을 가지게 된 이 시기의 농촌풍

속도는 경화사족 일반의 광범위한 공감을 얻으며 사실적 그림과 시문이 어우러지는 형태로 나타났다. 1750년 국왕 영조가 '사농공상(農士工商)의 기예'를 담은 〈경직도(耕織圖)〉를 친히 그려내고, 여기에 왕세자가 시를 지어 붙이기에 이르렀던 것은 풍속화를 둘러싼 이 시기 경화사족의 예술적 공감대에 국왕까지도 가세하고 있음을 보여준다.

선비상의 변화

그러나 경화사족의 생활이 도시적 발전에 보다 깊이 유착되어 가고, 경·향의 분기현상에 따라 이들의 도시적 생활체질이 확연히 드러나던 영조대 후반 이후 정조대에 이르면, 경화사족의 예술과 진경문화는 다시 일변된 모습을 보여준다.

조선사회와 서울의 급격한 변화 속에 경화사족들도 달라진 생활상을 가지게 됨으로써 그들의 현실과 이상을 표현하는 방식도 달라지게 된다. 경화사족과 함께 이 시대의 문화를 주도하던 정조는 스스로가 변화된 군주상을 내보이면서 자기시대의 변화된 선비상을 직시하고 있었다. '평소에 거문고와 비파를 뜯으면서 음악을 즐기고, 청동기와 옥기를 늘어놓고 완상하며 서화를 품평하는가 하면, 차를 달이고 향을 피우는 것을 맑고 아치있는 생활인양 생각한다'고 하였던 정조의 언급은 경화사족의 변화된 생활상을 지적한 것이었다.

이러한 정조시대 선비의 면모는 정조시대 제일의 화가였던 단원 김홍도(檀園 金弘道; 1745~1806?)에 의해 그림으로 형상화되었다. 그의 자화상적 그림인 〈포의풍류도(布衣風流圖)〉에는 정조가 지적하였듯이 서책과 서화 두루말이, 청동기와 중국도자기를 곁에 두고 중국악기인 당비파를 뜯으면서 시가를 읊조리는 이 시대 첨단의 선비상이 묘사되어 있다. 이제 선비의 생활은 백면서생이라 할지라도 외래문물을 향유할 수 있고, 그 풍류는 시서화금(詩書畵琴)을 아우를 정도이며, 무엇보다도 벼슬이 없는 포의이면서도 이만한 생활과 취미를 즐길 정도의 경제력이 있어야 했다. 이는 서울의 도시적 생활 속에서라야 가능한 것이기도 했다.

이 그림에서는 이미 앞 시대 겸재 정선의 〈독서여가도〉나 〈인곡유거도〉에 보이던 경화사족의 주자학자다운 건실한 정신적 기품보

단원 김홍도 〈포의풍류도〉

정조시대 경화사족의 분방한 생활상을 표현한 단원의 자화상적 그림. 덧붙여 쓴 시에 '종이 창 흙벽 방에서 이 몸 다할 때까지 벼슬없는 선비로 시나 읊조리며 살리라' 한 것도 김홍도의 심사이다. 개인 소장품.

다는 북학의 새 흐름을 호흡하며 중국 문물이 넘쳐나는 서울의 도
시적 환경 속에서 낭만적 생활을 즐기는 새로운 선비상이 완연하게
드러났다. 국제무역이 융성하고 유통경제가 발달하는 가운데 상업
도시로서 번영을 구가하던 서울의 변화는 이처럼 경화사족의 생활
을 그린 사인풍속도에서도 변화를 가져오고 있었다.

조선적 도시풍속도

경화사족들의 생활변화를 가져왔던 서울의 도시적 발전은 조선
적인 도시풍속도를 출현시키게 되었다. 송나라 서울의 도시적 번영
을 그림으로써 중국 최고의 풍속도로 알려진 〈청명상하도(淸明上
河圖)〉를 박지원이 8종 이상이나 입수해 연구하고 그에 대한 기록
을 남길 정도로 도시적 풍정과 도시생활의 원리에 대한 경화사족들
의 관심은 지대하였다.

급기야 이러한 관심에서 정조 조정에서는 국왕의 요구에 의해 서

울의 도시적 번영을 〈성시전도(城市全圖)〉라는 도시풍속도로 그려
내고, 이를 〈청명상하도〉와 대비시키며 시문으로 표현하는 단계에
이르게 된다. 이 그림에 부친 박제가의 시는 유통경제의 발달을 배
경으로 하는 서울의 도시적 번영과 활기를 유감없이 표현하고 있
다. 서울 장안에는 4만 호의 기와지붕이 즐비하고, 배우개 종로 칠
패의 3대 시장에서는 여러 장인들이 일을 하면서 각종 상품 나르는
수레가 연이었으며 어깨가 맞부딪칠 정도로 사람들이 모여들었다
는 것이다.

정조의 측근 중 한 사람이었던 이덕무도 여기에 참여하여 감상을
시로 남겼다. 그는 〈성시전도〉를 도시풍속도로 명확히 인식하면서,
농촌풍속도인 〈무일도〉와 대비시키기에 이르렀다. 이제 이 단계에
서는 농촌생활과 농업 만큼이나 도시적 삶과 상공업의 발전이 시대
적 관심사가 되면서 〈청명상하도〉에 비견할 만한 조선적인 도시풍
속도가 나타나게 되었던 것이다.

서울생활권의 확대로 서울을 둘러싼 사방 100리 이내가 수도권
으로써 경화사족의 생활권이 되었으며, 서울 외곽으로 도로망이 건

구영 〈청명상하도〉 부분

송나라 서울의 도시적 활기와
문물의 융성함은 뒷시기에도
계속 그려져 감상되었다.
명나라의 대표적 화원화가였던
구영이 그린 〈청명상하도〉는
조선에도 들어와서 연암 박지원
등이 그림에 대한 감상문을
남기기도 하였다.

설되고 위성도시들이 발달하였다. 이런 가운데, 1796년 화성신도시의 준공은 개성 강화 광주와 함께 서울을 동서남북으로 둘러싼 사유수부 체제의 완성이자 수도권역의 확정을 의미하였다. 화성낙성연에서 화성신도시의 성세를 과시하려 그렸던 여러 종류의 〈화성전도〉는 이 시기 서울의 도시적 발달이 주변으로 확대되어 가던 양상을 반영하면서 그려진 것으로 도시풍속도의 새로운 면모를 보여주었다.

경화사족의 현실인식

그렇지만 서울의 도시적 발달과 이로 말미암은 경·향의 사회적 분기 현상, 그리고 사의 유식자(놀고 먹는 사람)로의 전락과 사회적 지도력의 상실이 새로운 사회문제로 떠올랐다. 그러므로 이를 직시하며 그 지양을 모색하였던 정조대 일군의 진보적 지식인들에게는 서울의 도시적 풍정과 유통경제의 활기를 그린 〈성시전도〉와 농촌생활과 농업생산활동을 다룬 〈무일도〉와 〈빈풍칠월도〉류 그림에 대한 관심이 공존하였다. 경-향의 분기현상에 의해 경화사족이 도시적 체질을 가지게 되면서 그들의 관심에서 점차 멀어져 가던, 그러나 여전히 경제생활의 주축이던 향촌에서의 생활을 아우르려는 의식적 노력이 이들에 의해 기울여졌던 것이다.

『단원풍속화첩』의 〈논갈이〉〈타작〉〈자리짜기〉〈나룻배〉〈주막〉〈행상〉〈씨름〉 등에는 도시와 농촌, 상공업과 농업, 생산활동과 소비 유락(遊樂) 등, 사와 민의 다양한 삶의 모습이 자연스러운 융화를 이루며 나타난다. 실상 이 개성적이며 사실적인 진경 풍속의 표현은 당대 사회상의 축도이자 도시와 농촌의 다양한 삶의 모습을 함께 인식하고자 하던 사의 건실한 관심의 표현이었다. 연암 박지원 등 지식인들이 사의 학문은 농공상의 일을 겸하여 연구하여야 한다고 하면서 경제지학과 명물도수지학으로까지 학문적 관심을 넓혀가고, 경-향으로의 사회적 분기를 극복하려 하였던 사상적 노력을 배경으로 이러한 그림이 등장할 수 있었다.

이러한 경화사족들의 노력은 사회의 지도적 지식인으로서의 위상을 확립하려는 것이기도 하였다. 변화하는 사회상 속에서 그들의 새로운 삶의 모습을 직시하고 그를 표현함으로써 여기에 그들의 문

김홍도 〈나룻배〉

국립중앙박물관 소장 『단원풍속화첩』 속의 그림. 이 시기 상업의 발달에 따라 이러한 교통수단을 통하여 사람과 재화의 이동이 빈번히 이루어졌다. 화가는 이러한 세태에 관심을 기울이면서 정확한 묘사력을 발휘하였다.

제의식을 담았던 것이다. 박지원의 소설『양반전』과『허생전』은 당시 경화사족이 안고 있던 문제들을 문학적으로 형상화하여 그 대안까지도 모색하였던 기념비적 작품이었다.

『양반전』이 양반의 생활에 대한 해학적 묘사로 양반계층의 새로운 윤리와 행동양식을 제시하려 하였다면,『허생전』은 변화된 사회상과 그 속에서 놀고 먹는 사람(遊食者)화하였던 경화사족의 새로운 생활방식을 그려냄으로써, 사의 사회적 지도력의 회복을 모색해본 시도였다. 특히『허생전』은 서울을 중심으로 한 도시상업의 발달과 이로 말미암아 변화된 사회상, 그리고 그 속에서 극단적으로 유리되었던 생산과 소비의 문제와 그 대안으로서 유통경제의 활기를 이용하는 문제를 다루고 있다. 이는 궁극적으로는 유식자로 전락한 사족이 생산활동에 종사함으로써 유식자에서 벗어나 사회에 대한 지도력을 회복하는 방안에 대하여 포괄적 대안을 제시한 것으로, 경화사족의 바람직한 생활상을 그려본 문학적 성과물이었다.

이들은 서울의 도시적 생활과 변화된 사회상황을 올바로 인식하고, 여기서 파생된 문제에 적절히 대응하려는 경향을 보였다. 경·향으로의 사회적 분기 속에서 대도시에서의 소비적 생활로 일관하였던 경화사족 일각의 '놀고 먹는 사람'의 문제를 직시하면서, 경-향, 도-농, 소비와 생산의 문제를 그들의 학문범위 내에 포괄하여 그 대안을 마련하고자 하였다. 박지원의 소설작품과 농서『과농소초(課農小抄)』, 서유구의『임원경제지』등의 저술은 경화사족의 소비적 생활행태를 반성하고, 생산활동에 대한 연구를 의무로 자각하면서 경화사족 일반의 의식의 한계를 벗어나려 노력한 결과였다.

이들은 사족 내부에 나타난 빈부의 격차를 문제삼고, 사의 생산활동 참여, 특히 상업 종사와 같은 방식에 의해 그 해결을 제안하였다. 원래는 국제무역의 새로운 중심지로 발전시키려 했던 화성신도시에서 이러한 생각은 정조의 후원에 힘입어 현실화되었다. 수원에 모여든 양반들은 정부의 지원으로 점포를 열어서 상업에 종사함으로써 양반상인론의 구상은 화성신도시에서부터 구체적으로 실현되었던 것이다.

경화사족의 사상적 한계

『허생전』의 주인공 허생이 읽던 책을 내던지고 상업 활동을 통해 부를 축적해 간 과정은 이 시대 계층분화에 따라 몰락해가던 사족들에게 부의 문제가 관심사였음을 보여주고 동시에 이들에 대한 사회적 요구가 무엇이었던지를 드러내었다. 사회의 지도적 지식인으로서 사족은 생산활동에 대해 연구하여야 하고 양반도 상업에 종사해야 한다는 것이 박지원, 박제가 등 진보적 학자들의 생각이었고, 여기서 '유식자' 문제의 해결방안이 시사되었다.

소설 속에서 허생의 성공이 사의 이러한 학문 연구 활동에 의한 것이었음을 시사하는데서 사를 '독서인(讀書人)'이라 하였던 연암의 '사'론은 성격을 분명히 하고 있었다. 그러나 상업적 성공으로 부를 얻었지만, 허생은 집적된 부에 집착하지 않았다. 벌어들인 돈을 바다에 던져버리는 소설적 설정에는 청빈을 강조하는 유교적 윤리의식의 영향이 아직 강고하며, 궁극적으로 사에게서 부의 축적이 긍정될 수 없었던 박지원 사상의 시대적 한계를 느끼게 된다.

그러므로 부의 축적을 정당화하기 위한 윤리관의 확립은 사상계의 새로운 해결 과제로 등장하였다. 이는 다음 세대에 가서 개성 출신의 신흥 경화사족 최한기(崔漢綺, 1803~1877)가 제기한 도시 유산계층 중심의 입론에 의해 한 단계 진전을 보이게 된다. 19세기 전반기에 서울 도심에 살며 뜰에 최신의 천문관측기구를 설치하고, 북경은 물론 멀리 싱가폴에서 나오는 신간까지도 받아보며 공부하던 그는 변화된 사회상 속에서 새로운 윤리관과 사회의식을 모색하였다. 그의 단계에 가면 이제는 안빈낙도(安貧樂道)와 같은 청빈함 보다는 부유함에 더 우월한 가치를 부여하기에 이른다. 나아가 관료 선발시에 서울출신으로서 유산계층이라면 그 견문이 넓고 생활은 부지런할 것이므로 지방 출신이거나 가난한 사람에 비해 가산점을 주어 우대할 것을 제안하기도 하였다.

이러한 생각은 경-향의 사회적 분기와 격차, 서울 유산계층의 성장과 서울의 우월적 발전을 현실로서 인정한 것이었다. 반면에 여기서는 모든 문제를 서울 중심으로만 생각하는 한계도 드러나고 있다. 화성신도시를 국제무역의 중심지로 키우려던 정조의 정책은 서울 상인을 수원에 이주시켜 특권적 상인으로 성장시키려 하는 등 지나친 서울 중심적 사고의 한계 때문에 실패했다. 이런 사실을 기억한다면, 지방사회와 지방민의 역량을 무시하는 이런 류의 생각은 관념적일 수 있었다. 그럼에도 경-향을 막론하고 명분론적 질서가 무너지는 가운데, 새로이 등장한 도시유산계층으로서 부의 축적을 정당화하고 경제력에 따른 사회재편의 원리를 제시한 면에서 최한기는 박지원의 한계를 넘어선 셈이었다.

이미 시대는 경화사족의 생활을 청빈(淸貧)이나 안빈낙도(安貧樂道)와 같은 전통적 가치에 안주할 수 없도록 만들었다. 앞 시대로부터 경화사족은 향촌에서의 생산기반을 상실한 채, 도시상업과 외래문화 속에 표류하는 존재로 변화하였다. 도시의 소비적 생활과

首善全圖

김정호 〈수선전도〉

『대동여지도』에 실린 서울 장안
지도. 번화한 서울 시내의 중요
지명이 도로, 하천, 지형과 함께
세밀하게 적혀 있다.
김정호는 때로는 최한기의
후원을 받으며 지리학을
연구하고 지도의 판각을
진행하였다.

그를 뒷받침하기 위한 경제력은 경화사족의 생활에서 필수의 요소
로 등장하였으며, 부유함은 높은 신분을 대신할 수 있는 사회적 행
세의 기준이 되어 있었다. 정조조차도 돌아가던 해(1800)에 '부유
한 백성(富民)'이 자본을 제공하여 둔전을 개발한다면 그에 대해
벼슬을 줌으로써 지배층으로의 신분 상승을 인정해 주자고 제안할
정도였다. 시대적 흐름이 이런 상황이었으므로, 다산 정약용이 원
하였던 '차라리 모든 사람이 다 사족인 세상'은 적어도 정조대 이

후의 서울에서는 이미 그 실현에 바짝 다가서고 있었던 것이다.

(2) 군 – 신과 사 – 민의 관계

경화사족의 외연 확대, 그들 간의 활발한 교류, 그리고 위항인들의 대두와 양반계층의 생산활동 종사 등은 조선사회의 전통적 신분관과 명분론 약화를 가져왔다. 경화사족의 일각에서는 변화된 상황을 현실로 받아들이고 현실의 새로운 질서를 모색하였다. 이들은 국왕에서 일반 서민까지도 사의 일원으로 생각하면서 이제는 신분적 특권을 인정하지 않고, 지식, 능력에 따라 그들이 주도하는 새로운 질서를 구상하였다.

경화사족의 공감대로 자리잡았던 사 중심의 개혁이념, 그리고 확대된 사의 외연을 인정하자는 면에서의 혁신성은 국왕 정조에게도 공감대를 형성하였다. 정조는 비록 직급의 차별은 두었지만 서얼출신의 위항인까지를 규장각 검서관으로 받아들여 확대된 범위의 경화사족층을 포용하였으며, 이들을 정치적 기반으로 하여 사회질서와 명분론의 재확립을 모색하였다.

변화된 시대 상황 속에서 각 신분 외연의 변화와 이에 따른 각 계층의 위상 변화는, 실상 국왕으로부터 사족 일반, 그리고 민에 이르기까지 그들 간의 상호관계의 변화를 가져왔다. 신분 간의 차등은 여전하였지만 의식적인 면에서 공감대가 형성되어 그들 간의 정신적 간격은 현저히 좁혀들고 있었다.

새로운 군신관계

　이 시기 탕평정국을 이끌던 군주로서 정조는 새로운 군주상을 구현하였으며 군신 간에도 새로운 관계가 성립하였다. 정조는 우문군주로서 자신과 신료의 만남을 물과 고기의 만남으로 비유하여 규장각으로 들어가는 문의 이름을 '어수문(魚水門)'이라 하였으며, 주로 경화사족 출신이었던 측근 신료들의 학문과 사상은 물론 그들의 생활과 정서에까지도 크게 공감을 표하고 있었다. 조윤형과 김홍도, 유한지 등 경화사족의 여러 문사와 예술가들이 어울려 벌이던

창덕궁 연경당

1828년(순조 28) 궁궐 내에 지어진 99칸 집. 사진은 바깥주인이 거처하며 손님을 맞던 연경당의 사랑채이다. 세도정치가 노론의 주도하에 행해지던 19세기에 오면 국왕은 이제 한 사람의 사대부가 되어 사대부와 다를 바 없는 생활방식을 영위하게 되었다. 국왕까지도 사(士)의 일원이라고 하는 노론의 오랜 주장은 결국 이런 식으로 관철되었다.

김홍도 〈시흥행궁환어도〉

1795년(정조 19) 윤2월 혜경궁 홍씨의 회갑잔치를 수원에서 치르고 환궁하는 길에 시흥행궁에 거의 다다른 상황을 그려낸 행렬도이다. 정조가 행렬을 멈추고 혜경궁께 미음과 차를 올리고 있으며 백성들은 이를 자유스럽게 지켜보고 있다. 군주의 효행과 이에 대한 백성들의 공감을 상징하는 조선시대 풍속화의 걸작이다. 호암미술관 소장.

시회 소식을 듣고는 여기에 술과 안주를 보내어 그들과의 의식적 공감을 표현하였던가 하면, 서용보, 김조순 등 측근신료의 연행(燕行, 청나라 서울 북경으로 사신 가는 일)에 즈음하여서는 자신이 나서서 신하들의 전별회를 주선할 정도로 그들과 정서적 일체감을 가지고 있었다.

〈시흥행궁환어도〉에서 볼 수 있듯이 정조와 혜경궁의 행차를 구경나온 사와 백성들이 짓고 있는 자유로운 자세와 표정은 시대의 변화를 말해주고 있었다. 군주는 효의 유교적 윤리를 몸소 실천함으로써 백성들의 지지를 끌어내려 하였고, 도덕성에 기반한 군주의 자신감은 사와 민의 접근을 유도하였다. 정조는 그 이전 어떤 군주보다도 잦은 궁궐 밖 행차를 통하여 적극적으로 사민과의 접촉을 시도하고 여론을 수렴하였다. 군주와 사민 간에 엄연한 차등은 있었지만 군주의 적극적 노력으로 군주와 휘하 신료, 사와 민은 의식적 공감대를 형성하고 여기에 이들 간의 보다 친밀한, 그리고 자유로운 관계가 성립되었다.

사림정치, 공론정치를 표방하였던 조선의 군주로서 정조는 여론을 수렴하고 여론에 따라 정치를 하고자 노력하였다. 그가 즉위 후 사도세자 추숭의 비원을 일거에 실현시키지 않고 십수년의 세월을 두고 여론이 조성되기를 기다려 서서히 실현시켜 간 것이나, 화성 신도시 건설에 대해 이를 '진시황의 폭정'이라 하여 정조를 진시황과 동일시하는 여론이 전달되었을 때도 이를 받아들이는 여유를 발휘하였던 점이 그것이다. 고뇌와 고민 속에 취한 정조의 이러한 자세야말로 정조의 위대한 면모이며 취약했던 왕권을 공고히하는 자산이었고, 조선의 역동적 변화를 가능하게 했던 조건이었다.

그러나 이러한 상황을 유도하면서도 기존 명분론 속에서 군주의 권위를 세워가야 하는 것은 정조의 어쩔 수 없는 고민이기도 하였다. 정치적 지도자이면서 학문적 지도자이고자 했던 정조의 꿈은 스스로 '만천명월주인옹(萬川明月主人翁)'이나 '군사(君師)'를 자처하는 것으로 나타났다. 하지만 박지원이 제기한 것과 같이 군주까지도 사의 일원으로 보려는 '사'론이 대세를 이루고, 이런 이념이 군주에게 교육되고 영향을 주는 시대의 흐름 속에 정조가 꿈꾸었던 군주의 초월적 위상은 보장되기 어려웠다.

정조 사후 왕권은 소수의 경화거족 세도가에 압도당하게 되고, 순조는 정권을 세도가에 내맡긴 채 창덕궁 내에 연경당(演慶堂)이란 양반가 주택을 짓고 아예 여기서 사대부적 생활을 영위하였다. 조선의 군주는 초월적 위상을 포기한 채 결국 의식의 면에서나 생활방식 면에서 사로서의 소속감을 가지면서 사의 생활을 공유하는 그런 상황으로 나아가게 되었다.

사의식의 확산

정조대 이후 조선의 '사'는 소속감과 의식의 면에서 확산과 분열이라는 양면적 특성을 보이고 있었다. 서울의 경화사족들은 국왕으로부터 위항의 민에 이르기까지 사상적 문화적 공감대 속에 그 외연을 극도로 확대하여 나갔다. 하지만, 경-향으로의 사회적 분기가 확연한 가운데 이들과 향촌의 향유들 사이에는 오히려 의식적 격차가 심화되었다. 과거에 문화와 교육의 중심이 산림학자가 머물던 향촌사회였다면, 이제 상황이 바뀌어 마치 오늘날처럼 서울에서가 아니라면 교육도 문화생활도 어려운 상황이 전개되고, '귀경천향지

김홍도 〈송석원시사야연도〉
1795년(정조 19) 6월 15일 밤,
서울의 위항인들이 천수경의
집인 송석원에 모여 보름달 아래
시회를 펼치는 장면. '6월의
무더운 밤 구름에 가린 달이
아스라한데 붓끝의 조화가
몽롱한 사람을 놀래키누나'란
시제는 마성린(馬聖麟
1727~1798)이 썼다.
한독의학박물관 소장.

풍'이 더욱 심화되었던 것이다.

그러므로 서울에서는 확대된 외연의 경화사족을 중심으로 그들
의 정신적 공감대 위에 개성적 예술활동이 전개되었다. 전통적 사
인계층과 함께 두드러진 활동을 보였던 것은 새로이 서울에서 경화
사족의 일원으로 발돋움하였던 위항인들이었다. 이들은 그들이 누
리게 된 경화사족의 문화와 새로운 자의식을 예술 속에 담아나갔
다. 강희언의 〈사인삼경(士人三景)〉이나 김홍도의 〈단원도(檀園
圖)〉, 〈송석원시사야연도(松石園詩社夜宴圖)〉 등 그림은 이들이 이
미 사의 아취있는 생활을 향유하면서 자신들의 생활을 스스럼없이

드러내고 있음을 보게 된다. 〈송석원시사야연도〉는 위항인들의 시회(詩會)의 장면이라는 점에서 위항인의 삶을 그린 위항풍속도이지만, 이제 경화사족의 일원이 되어 있었던 위항인들의 자기 표현으로서 이미 이 시기에는 사인풍속도의 일부였다.

이들은 사인적 작가의식 위에서 자기자신을 그림의 주인공으로 등장시켜 보다 직설적이고 개성적인 자기 표현을 하며, 예술 창조의 주체로서의 자존심을 분명하게 표출하고 있다. 송석원시사의 일원이었던 최북(崔北)이 권세가의 부당한 그림 요구에 저항하여 자기 붓으로 자기 눈을 찔러 눈이 멀게 되는 극단적 행위를 하였던 것도 이제 사를 자처하였던 위항예술가의 자의식이 얼마나 치열한 단계에까지 이르렀는가를 실감케 하는 예이다.

이 단계에 오면 중서층과 위항인들은 사로서의 예술과 풍류만을 공유하는 것이 아니라, 앞 시기 사족들의 전유물이었던 주자학과 명분론을 둘러싼 논쟁에도 참여하게 된다. 나아가 주자학적 윤리관과 생활규범의 선양마저도 그들의 책임으로 자임하면서 이들은 경화거족 자제들의 유학 교육을 맡기도 하였으며, 유교윤리의 선양에도 적극 참여하고 있었다. 중서층 출신으로 정조의 측근관료가 된 이덕무가 『사소절(士小節)』이란 사족의 생활규범서를 편찬하는 데서도 보듯이, 서울의 위항인들은 이미 사족으로서의 자의식과 소속감을 확고히 하면서 학문활동을 하고 심지어는 명분론의 확립에도 관여하고 있었다.

이제 경화사족 내에서는 제도적인 신분적 차별은 존재하였지만 그들 간의 의식적 격차는 사라지고 있었다. 경제력만 있다면 이 차별은 더욱이 문제될 것이 없었다. 신분과 당색을 넘어선 경화사족 간의 광범위하고 활발한 교류는 정조대 서울 사회의 활기를 대표하

원각사탑과 주변

지금은 고층건물로 포위된 데다 문화재를 보호한답시고 유리장까지 뒤집어 씌워서 볼품없이 만들어 버렸지만 본래 세조때 원각사를 세우며 건립된 대리석 백탑은 서울 어디서나 잘보이던 명물이었다. 멀리서 보면 설죽(雪竹)의 죽순 같다고도 표현되던 백탑 북쪽에 박지원의 집이 있었고, 다시 그 북쪽에 이덕무와 이서구의 집이 있는 등, 주변에 연암일파의 지식인들이 모여 살며 학문과 문학의 인연을 맺었던 곳이다.

는 것이었다. 확대된 범위의 경화사족들은 시회를 벌이고 그들 간의 학문과 문화예술활동을 분방하게 전개하였다. 연암 박지원과 이서구, 남공철 등 명문가의 후예들과 박제가, 이덕무, 유득공 등 위항지식인들이 서울 원각사탑(일명 白塔, 지금의 종로 탑골공원) 주변에 살며 신분적 차이를 넘어 교류하고, 사상적 공감대 위에 맺은 아름다운 인연을 시로 노래하여 『백탑청연집(白塔淸緣集)』이란 동인시집을 간행한 것도 그 일례이다.

사·민 관계의 변화

신분의식의 변화로 사(士)의 외연은 크게 확대되었지만 새로운 기준으로 등장한 경제력 등에 의해 경화사족 내의 계층 분화는 다시 심화되었다. 민도 경제력에 의해 얼마든지 사를 자처할 수 있었던 시대적 변화에 따라 세도가로까지 발돋움 하였던 소수의 경화거

김홍도 〈타작〉

가을녘 농촌에서의 타작광경을
사실적으로 그린 풍속화. 작가는
농민들의 근로에 초점을
맞추면서, 구도에서 마름과 농민
사이의 대극적 관계를 드러내고,
한가로운 자세의 마름에
대해서는 곱지않은 시선까지도
곁들였다. 국립중앙박물관 소장
『단원풍속화첩』의 일부.

족을 제외하고는 사족의 사회적 지도력은 전반적으로 추락하였다.
이런 양상은 서울로부터 소외되었던 향촌사회에서도 마찬가지였다.

그러므로 변화된 사회상 속에서 이런 상황을 직시하고 그 대안을
마련하는 것이 당시 지식인들의 과제였다. 이들은 사의 확대된 외
연을 인정하고, 그 위에서 사회적 지도력을 유지하는 방안 등 변화
된 사회 내에서의 위상 확립을 모색하였다. 이를 위해 사족지식인
들은 지배의 대상이자 생산의 원천이며 사회적 변화 속에 급속한
변동을 보이던 민의 생활에도 깊은 관심을 기울이고 그들의 변화를

탐구하였다. 농공상업과 같은 서민의 일도 학문적 연구의 대상으로 하여야 하며, 생산력 증대까지도 사족이 주도하여야 한다는 주장은 이러한 배경에서 나온 것이었다.

물론 아직 이 구상은 다분히 명분론에 사로잡혀 있었다. 사계층의 확산과 민의 성장을 인정하면서도, 민을 '어리석은 백성(愚氓)'으로서 통치의 대상으로만 파악하는 한계가 명백하였기 때문이다. 화성에서 상업과 농업 개혁의 실험을 시도하던 정조와 측근신료들이 상업 운영에서나 국영농장(둔전)의 경영에서 사의 주도를 기본 입장으로 하였던 것이 단적인 예이다. 박지원이 『과농소초』에서 제시한 농업개혁론에서나 박제가의 양반상인론에서도 이는 마찬가지였다.

〈화성낙성연도〉에서 단상과 단하가 분리되고 각기 즐기는 예술

이인상 〈송하수업도〉

이인상의 그림으로 알려진 개인 소장의 풍속화로서 한 세대 뒤에 그려진 김홍도의 서당 풍경과 너무나 대조적인 그림. 가르치는 선생과 배우는 제자 사이의 진지함이 주조를 이루고 있다.

의 내용이 달랐던 것과, 『단원풍속화첩』의 〈타작〉 그림에 나타난 '양반=지주' 대 '민=소작인'의 대치관계는 이들 간에 지배 피지배의 관계가 아직 강고하였음을 보여준다.

그러나 이 강고한 양극적 관계 속에 이미 그 허구성과 붕괴의 조짐이 내포되어 있었다. 자세히 이 그림들을 뜯어보면 〈화성낙성연도〉의 단하에 사인인 듯 싶은 사람과 민이 섞여서 탈춤과 산대놀이를 즐기고 있으며, 〈타작〉에서 담뱃대를 물고 누워서 타작을 감독하는 마름은 사족의 복색을 하고 있다. 〈빨래터〉에서 부채로 얼굴을 가린 채 여인들을 훔쳐보는 사인 행색의 인물도 이제는 복색만으로는 사인인지 아닌지를 판단할 수 없다. 지배 피지배의 형식적 관계는 지속되었고 이는 사와 민의 대립인양 형상화되었지만, 그 실제적 기준은 이제는 신분이 아니며 그에 따라 규정된 복색도 아니었다.

사와 민의 혼효 현상은 사인의 예술에서 신분적 색채를 점차 퇴색시켜 갔다. 이인상의 〈송하수업도〉가 근엄한 사인풍속도로서 공부하는 모습 속에서 규율과 격조를 제시하였다면, 뒷 시기 강희언의 〈사인삼경〉에 나타난 사인들의 글짓고 쓰는 모습은 웃옷을 벗어 던지기까지 한 상황이 규율와 격조 대신 자유와 파격성을 특징으로 하며, 나아가 김홍도의 〈서당〉에 가면 이미 사와 민의 구분이 무의미한 서당의 사실적 풍경 속에 해학이 주조를 이루기에 이른다.

사대부 예술의 새 양상

원래 사의 사회적 관심과 책임의식이 반영되어 '진정한 사대부의 그림(眞正士大夫畵)'으로서 등장한 동국진경과 풍속화는 사와 민의 혼효라고 하는 새로운 사회상 속에서 그 성격이 변화하게 되었다. 사인풍속도 아집도(雅集圖)에서 보여주던 사인의 아취와 격조보다는 새로운 시대상황에서 용인되었던 파격성과 해학이 두드러지면서 통속적인 그림으로의 변화방향이 나타나게 되었고, 더 이상 사대부의 그림이 아니라 서유구가 말하듯이 누구에게나 즐거움을 주는 그림으로 바뀌고 있었다. 반면, 서울에 북학을 통해 청조의 예술이 풍미하게 됨으로써 경화사족이 추구하였던 아취와 격조는 외래의 예술풍조에서 더 적절한 표현수단을 발견하게 되었다.

이는 사대부의 예술이 사회적 변화 속에 맞게된 새로운 양상을 단적으로 보여주고 있다. 진경시대의 전통예술은 일각에서는 대중적 예술로 진행하고 또다른 한편에서는 외래의 예술양식을 받아들여 새로운 방향을 모색하였다. 사인의 아취와 격조를 주장하는 쪽은 이제 전통적 표현방식을 버리고 외래로부터 유입된 새로운 방향을 선택하여 국제적 세련을 추구하는 경우가 많았으며, 민에 의해 선호되게 된 전통적 표현방식은 통속성을 증가시키며 대중적인 예술로 전개되었다. 서울로부터 유리되고 외래적인 최신 유행과도 격리되었던 향촌사회에서는 전통적 문화와 예술이 나름의 독자적 전개를 통하여 토속적인 것으로 것으로 나아가기도 하였다.

그런가 하면 이 시기의 음악은 민간에서의 무속음악의 영향을 받아 산조(散調)음악을 등장시키고 판소리도 그 영향을 받아들였다. 신윤복의 〈쌍검대무〉나 〈무녀신무(巫女神舞)〉와 같은 그림에서도 보이듯이 무속예술(굿)이 상·하 모두가 즐기는 예술로 자리잡아 갔던 것이다.

이러한 양상은 진경시대 조각의 전개과정에서도 그대로 나타나고 있다. 불교를 사회이념으로 하였던 고려 이전까지의 대표적 조각이 불상과 탑 등 불교조각이듯이 유교를 사회이념으로 하였던 조선의 대표적 조각품은 유교조각이다. 효를 중시하는 유교적 이념에 따라 왕실과 사족은 정성을 다하여 조상의 분묘에 석물조각품을 조성하여 치장하였다. 이 유교조각은 성리학의 성격변화와 함께 나름의 변모를 보이게 된다.

진경시대의 분묘 석물조각은 진경문화의 흐름에 따라 사실적이

며 개성적인 조형미를 보이고 있었다. 그러나 주자학이 쇠퇴하고 북학이 유행하며, 외래문화의 유입에 따라 전통문화의 변화가 불가피해진 시대상황 속에 서울주변 사대부 분묘의 전통적 석물조각도 급속히 변화하게 된다.

분묘석물의 중심을 이루던 경화사족 분묘에서 정조대 이후로 석인상은 사라지고, 망주석만을 세우거나 간혹 양석(羊石)을 갖추는 정도로 사대부분묘의 치장은 더 간소하게 변하였다. 반면에 그 이전에는 석물을 세우지 못했던 지방의 민묘에 사대부 분묘의 석인에 해당되는 흔히 '벅수'라 불리우는 토속적 석인들이 다수 등장하게

**융릉 무인석(좌)과 건릉
무인석(우)**

조선시대 유교문화의 상징인
능묘 석인은 진경시대에 와서
사실적이며 개성적인 전형을
창출하였다. 그러나 조선에서
유교의 영향력이 감퇴하는
사상적 전환이 진행되면서
정조대 후반 이후 진경시대의
조각도 균형감과 건실성을 잃고
쇠락해 가게 된다. 그 과정이
얼마나 급격한 것이었던지는
11년 간격으로 조성된 두 무인석
조각의 차이에서도 그대로
드러나고 있다.

된다. 이는 사대부 문화의 저변 확산 현상이면서, 명분론과 사회적
규제가 이완되면서 나타난 사대부 문화에 대한 모방 양상이었다.

한편 국왕 능침의 석물은 전통적 형식이 그대로 유지되지만, 급
변하던 정조시대의 시대적 분위기와 문화적 양상이 석물 조각의 세
부 양식에 그대로 드러나고 있었다. 1789년에 조성된 사도세자 무
덤과 1800년에 조성된 정조 능침, 두 분묘의 석물조각은 불과 11
년의 시차를 두고 조성되었지만, 양식적으로나 세부 표현 모두에서
큰 차이를 나타내었다. 사도세자 융릉의 석물에는 진경문화의 개성
이 발휘되어 비교적 간소하지만 힘차고 사실적인 느낌이 드러나 있

다. 그러나 정조 건릉의 석물은 모든 곳에서 화려해 졌으나, 균형이 깨지고 사실성과 활력을 잃고 있다. 양식화가 진행되면서 진경문화의 사실성은 장식성으로 흘러버리고, 균형감각이 파탄하면서 진경문화의 건실성도 쇠퇴하고 진경문화와 예술 자체가 조락하고 있음을 느끼게 된다.

사 · 민 예술의 새 양상

전통적인 사의 문화와 예술은 정조시대 북학과 서학 등 외래문화의 수용과 함께 그를 밑받침하던 주자학에 대한 신뢰가 무너지면서

김약로 묘소의 문인석(좌)

1755년(영조 31)에 조성된 경기도 과천 소재 김약로 묘소의 문인석. 영조대 중반 진경문화의 특징이 사실적이고 섬세한 조각에 잘 나타나 있다.

해남윤씨 묘소의 문인석(우)

전라도 강진 다산초당 올라가는 길가에 정약용으로부터 가르침을 받았다는 해남윤씨의 묘소가 있다. 이곳의 문인석은 흔히 벅수라 부르는 토속적 조형을 취함으로써 서울 부근과는 현격히 다른 조형감각을 보여준다. 19세기의 조성연대가 분명한 아주 드문 예로서 조선 후기 예술에 있어 경 · 향의 분기가 어떻게 귀결되었는지를 보여주는 일례라고 하겠다.

전면적 변화를 맞았다. 이제 사의 문화와 예술은 사의 외연이 확대된 데다가 민의 사회적 성장에 따라 사만의 것은 아니었다. 사의 문화는 국왕으로부터 서민에 이르기까지 모두에게 개방되었고, 사의 예술은 이를 즐길 역량만 있다면 민도 큰 제한 없이 즐길 수 있게 되었다. 반면, 민의 예술에 대해 사도 흥미를 느끼고 공감함으로써 전통 문화와 예술의 폭은 극도로 넓어졌다. 사와 민의 혼효 현상 속에 사와 민의 예술이 서로 영향을 주고 융합하는 경향도 나타나게 되었던 것이다.

화성 낙성연에서 벌어진 탈춤과 산대놀이는 이미 신분에 관계없이 위아래가 함께 즐기는 '상하동락(上下同樂)'의 예술로 인식되었으므로 화성 건설에 참여한 사와 민 모두를 대상으로 공연되었다. 사의 흥미를 이끌어 낸 민의 예술과 그에 대한 광범위한 공감대는 점차 사의 문화예술 활동에 영향을 주고, 새로운 예술양식의 등장에도 기여하였다. 김홍도의 〈무동(舞童)〉에서 보듯이 새로운 무용과 줄풍류, 그리고 민의 무속음악에서 영향받은 산조(散調)음악이 사와 민 일반의 예술의 영역을 넓혀갔으며 전통문화와 예술을 더욱 풍부하게 만들었다.

한편 민의 생활과 천진한 도덕성은 사대부계층이 본받아야 할 대상으로 주목되기도 하면서 이를 문학적으로 형상화하는 작업이 벌어졌다. 사와 민이 뒤섞이고 사의 우월성이 현실적으로나 관념적으로 더 이상 지속될 수 없는 상황에서, 박지원은 소설「호질」에서 호랑이와 같은 미물로 하여금 산림학자 북곽선생을 꾸짖게 하였고, 「광문자전」과 「봉산학자전」 등에서는 서민의 생활에서 보편적 도덕성을 발견해 내고 이를 사대부의 모범으로 제시하기도 하였다. 이는 국왕으로부터 농공상에 종사하는 서민까지가 모두 '사'라고 하

는 박지원의 새로운 '사' 론에 근거한 것이었으며, 임금과 신하, 사
와 민의 새로운 관계를 정립하려는 노력의 일환이었다.

결국은 사의 주도적 역할을 주장하는 것조차도 극복되어야 하였
지만, 정조시대 경화사족들이 경-향의 문제를 아울러 인식하고자
노력하면서 제시했던 이러한 주장은 그나마 현실의 변화를 인정하
고 사회적 갈등을 완화시키려는 진지한 노력이었다. 그러나 정조시
대에서와 같은 '상하동락(上下同樂)'을 위한 의식적 노력이 약화될
때, 더구나 사의 권위가 추락하고 민과의 격차가 현격히 좁혀지던
상황에서 현실을 반영하지 못한 채 제도로만 남아 강압적이었던 사
와 민의 일방적 상하관계는 저항에 부딪칠 수밖에 없었다.

사회적 갈등의 고조

정조 사후 11년만에 경화거족들의 세도정치에 저항하여 일어난
홍경래의 난(1811년 평안도농민전쟁)은 사회적 문제가 서울 경화

사족 일각의 고민만으로 해결될 수 없음을 보여준 사건이었다. 경화사족 가운데 소수의 경화거족이 외척세도가를 중심으로 연립하여 정권을 독점하는 과두독재가 행해지는 가운데, 이들의 정신세계는 북학에 심취하며 외래의 문화와 예술에 경도되어 갔다.

서울에서 대대로 살며 벼슬을 하고 생활의 실제적 문제와 심지어는 관리로서의 업무 처리까지도 겸인(兼人)*을 두어 그들로 하여금 대행하게 하였던 경화거족들에게는 격동하던 사회현실, 더구나 지방에서의 향촌민의 문제는 관심의 대상이 아니었다. 이들은 현실과 유리된 채 향락적 생활에 빠져들기 일쑤였다. 혜원 신윤복이 그린 〈청금상련〉이 경화거족의 저택 후원에서 벌어진 기성세대의 퇴폐적 유흥의 현장이었다면, 〈연소답청〉은 이들 경화거족 세도가문의 후예들에게서도 향락적이며 때로는 퇴폐적인 유흥과 행락이 성행하였음을 보여주고 있다.

경향분기의 사회현상이 심화되는 가운데 서울은 향촌사회와 유리된 채 큰 변화를 겪고 있었다. 그 외연이 극도로 확대된 경화사족도 자체적으로 분화하고, 이들 역시 대체로는 세도정권에서 소외되면서 앞 시기 선배들이 견지하던 사의식과 사회적 책임의식은 더욱 희박해졌다. 이들은 외래문화 수용의 주체적 기준을 망각한 채 선배들이 경계하였던 청조로부터의 관념적 학문과 고답적 예술에 심취하거나 청조의 통속적 문화를 무비판적으로 수용하면서 조선의 현실문제를 외면하기에 이른다.

이제 경화사족 내부의 분기도 심각하였던 데다가 그들 다수가 세도정권에서 소외되고, 경-향의 분기와 사회 문화적 괴리가 극단화되었으며, 세도정권의 향촌과 향촌민 문제에 대한 외면이 심화되던 상황은, 우선은 향촌의 사와 민 전체의 소외를 가져왔고 이에 대한 불만은 곧 전국적 민란으로 전개될 태세였다. 민은 1811년의 홍경래

신윤복 〈연소답청(年少踏青: 젊은이들의 봄나들이)〉

경화거족 자제들이 짝맞추어 불러낸 기생을 각기 자기 말에 태우고 나선 봄나들이 장면. 한 사람은 자기 짝 머리에 꽃을 꺾어 꽂아주고는 마부의 벙거지를 뺏어 쓰고 말고삐를 잡았다. 마부는 나으리 갓을 손에 들고 난처한 표정으로 뒤따르고 있다. 또 한 사람은 자기 짝인 기생에게 담배불을 붙여 주고 있는데, 아래쪽에서 약속에 늦은 또 한 쌍의 남녀가 황급히 달려오고 있다. 오늘날 상류층 자제들의 빛나간 세태를 연상하면 될 것이다. 향촌사회는 혼란 속에 민란의 시대로 접어들고 있었건만, 경화거족 세도가들과 그 자제들은 이러한 식의 행락과 호사를 즐기고 있었다. 간송미술관 『혜원전신첩』의 그림.

전라북도 고부에 복원된
전봉준이 거처하던 초가집의 방.
경화거족들의 부패한 정치와
외적의 침략에 저항하여
1894년(갑오년) 농민봉기를
주도한 사람이 전봉준이다.
봉기가 실패한 후 체포되어 찍힌
사진 속의 형형한 눈빛이 썰렁한
방 안을 채우고 있다.
이 집을 복원하는데 군부독재
시절에 민중을 짓밟던 어떤
독재자의 배려가 있었다는
이야기가 있어 묘한 느낌을 준다.

난을 기점으로 연이은 동요를 보였으며, 1862년의 진주민란을 거치면서 민란은 전국적으로 확산되어 급기야 1894년의 갑오농민전쟁(동학혁명)으로 전개되기에 이른다. 향촌의 사와 민은 서울로부터 유리됨으로써 극도로 고립되는 가운데 오히려 그들 간의 공통의 이해관계를 발견하고 자신들 문제의 자구책을 스스로 강구해 나가고자 하였던 것이다.

(3) '속태' '색태'와 새로운 인간상

조선후기 사회는 주자학과 명분론에 입각하여 사회관계에서 엄격한 분별을 강조하였다. 그러나 영조 정조대의 변화된 사회상 속에서 산림이 몰락하고 주자학의 영향력이 약화되는 가운데 명분론적 질서도 동요하게 되었다. 이에 따라 기존의 명분론과 윤리론에서 벗어난 신분관계와 인간관계가 나타나고 새로운 인간상이 등장하면서 이들의 다채로운 생활상이 전개되기에 이른다.

기존의 명분론과 도덕률에 대한 변화의 욕구는 명분론에 얽매인 채 피지배의 운명을 강요당하였던 일반 서민에게서 더욱 컸지만, 이를 사회문제로 인식하고 그 대안을 강구하는 것은 아직 사의 몫이었다. 특히 서울생활을 통하여 사회관계의 변화를 절감하던 경화사족들은 기존의 명분론과 가치관의 규제를 뚫고 나오는 사와 민의 새로운 움직임을 감지하고 이를 그들의 예술활동을 통하여 형상화하였다.

진경시대 사대부의 그림

진경시대 문화는 경화거족(京華巨族)과 위항인(委巷人)까지도 포함하여 확대된 외연을 가지게 되었던 경화사족층이 주도하였다. 이들은 서울의 도시적 번영을 호흡하며 변화된 사회상과 인간상을 인식하고 이를 사실적으로 표현하였다. 조선문화에 대한 자존의식에서 조선의 산천과 풍물, 정서를 사실적으로 그려내는 개성적 시문풍과 화풍이 나타났으며, 건실한 사의식 위에 변화된 사회상과 시대의 문제, 그리고 새로운 인간상을 예술 속에 드러낼 수 있었던 것이다.

우선 그것은 풍속화에서 분명히 드러났다. 조선사회의 지도적 지식인이었던 사의 관심에 따라 겸재 정선과 공재 윤두서, 관아재 조영석의 사인풍속도와 근로풍속도에는 주자학적 이념과 명분론적

질서에 대한 확신, 그에 입각한 건실한 생활상과 사의식, 그리고 사
회적 책임을 각성하는 사(士)의 생산활동에 대한 관심이 특징적으
로 나타났다. 이 시기의 풍속화는 그런 까닭에 이하곤(李夏坤)이
말하였듯이 '진정한 사대부의 그림(眞正士大夫畵)'이었다. 풍속화
는 사인의 아취있는 생활상을 사인풍속도로 형상화하고, 사대부의

관심의 대상이었던 민의 생활상을 생산활동에 종사하면서 일하는 모습의 근로풍속도로 표현하였다.

그러나 정조대에 가면 조선사회의 변화와 함께 사의 외연이 극도로 확대되고 민과의 신분적 혼효 현상이 두드러지면서 사와 민 각각의 인간상과 생활상도 다른 방식으로 묘사되게 된다. 선비의 생활상은 아직 박지원이 지적했던 대로 글읽고 학문하는 '독서인'으로서의 성격을 견지하는 것이었지만, 겸재 정선의 〈독서여가도〉와 〈인곡유거도〉, 그리고 김홍도의 〈단원도〉와 〈포의풍류도〉 사이의 50년 정도의 시차 만큼 사인의 생활상은 현격한 차이를 드러내었다. 이는 영조대 중반과 정조대 후반의 사회상의 차이가 단적으로 나타난 것이기도 했다.

새로운 남성상과 여성상

실상 사인상에서보다 더 큰 변화를 보였던 것은 서민, 그것도 대도시 서울에서의 인간상과 생활상이었다. 경직도 류의 농촌풍속도에서 민은 여전히 생산의 담당자로서 일하는 모습으로 형상화되었지만, 도시의 자유분방하고 다양한 삶 가운데서는 민의 새로운 면모가 나타나게 된다. 생산활동만이 아닌 민의 다양한 생활과 존재 형태에 대해 사실적 묘사를 하는 가운데, 소비와 유락의 주체로서 민의 세속적 면모('俗態〔속태〕')와 남녀 간의 색정적 모습('色態〔색태〕')이 중요한 소재로 등장하게 된 것이다. 이제 민은 정욕(情慾)의 본심을 가진 주체로도 인식되었다. 그런 면에서 민은 사와는 다른 형태의 새로운 남성상과 여성상으로 분화되어 인식되기에 이

김홍도 〈노상풍정(路上風情)〉

1778년(정조 2)에 34세의 김홍도가 그려낸 〈행려풍속도〉 8폭 가운데 한 폭. 좌상단에 김홍도의 스승으로 알려진 표암 강세황의 화평이 있다. '소 등에 올라탄 시골 아낙네 무얼 그리 예쁘다고, 나그네 말고삐 늦추어 응시하는가. 한 때의 광경이 우스워 포복절도하네'. 국립중앙박물관 소장.

르렀다.

사와 민이 혼효되고 신분적 차별이 무의미해지는 가운데서도 이상적인 남성상은 여전히 사인이었다. 그러나 서민 사이에서도 이상적 남성상이 발견되어 풍속화와 소설 등 예술작품 속에서 형상화되기에 이르렀던 것은 커다란 변화였다.

박지원은 기존의 도덕률에서 벗어난 사대부의 파행적 행태를 「호질」과 「역학대도전」 등 소설에서 고발하고, 「광문자전」과 「봉산학자전」에서는 시정의 서민에게서 그 대안이 될 새로운 인간형을 찾아내어 형상화하였다. 사회적 변화 속에 '천리를 보존하고 인욕을 제거한다(存天理 去人慾)'는 유교적 도덕률이 점차 약화되고, 사족은 사회적 지도력을 상실하여 갔다. 이제 사족은 도덕률을 실천함으로써 민의 모범이 되어야 하였지만 변화하는 현실 속에서는 오히려 민과 마찬가지로 인욕 앞에 흔들리는 존재로 나타나고 있었다. 인간의 본심은 성인에게서나 범인에게서 마찬가지라고 하는 것이 경화사족의 학문, 낙론(洛論)의 결론이었고, 이제 서민과 다름없는 인간의 본심이 사족과 산림학자에게서도 발견되면서, 서민에게서 오히려 더욱 도덕적인 인간형과 건실한 삶을 발견해 내기도 했던 것이다.

앞 시기와 달라졌던 남성상의 발견과 함께 서민 속에서는 공재 윤두서의 〈채애도〉에 나타난 것과 같은 일하기만 하는 존재로서가 아니라 역시 인욕을 가진, 그래서 때로는 색태를 발휘하는 여성상이 발견되었다. 이미 「호질」에서 산림학자 북곽선생의 불륜의 상대가 되었던 과부 동리자는 이 시기 남성상의 변화에 짝하는 새로운 여성상이었다고 하겠다. 이제 여성은 사녀도와 경직도 속의 이상적 존재에서 정욕을 가진 현실적 인간상으로 등장하였다.

　　강세황이 김홍도의 〈행려(行旅)풍속도〉를 보고 여기에 표현된
지나치던 선비의 눈길에서 포복절도할 해학을 느끼고, 이명기가 그
려온 〈기녀도〉를 보면서 그에 나타난 '색태'의 새로운 미감에 흥미
를 느끼게 된 것 등은 이 시대 변화의 핵심적 일면을 보여주는 것이
었다. 강희언의 〈사인사예(士人射藝)〉에 등장한 빨래터의 여인들은
아직 그림의 배경에 불과하였지만, 김홍도 『풍속화첩』의 〈빨래터〉
의 여인들은 이미 색태를 드러내며, 부채로 얼굴을 가린 정욕에 사

로잡힌 사내와 함께 그림의 주인공으로 등장하였다. 색태는 아직 해학의 일부분이었지만, 김홍도의 풍속화, 곧 '속화(俗畵)'에 나타난 색태와 속태는 다음 단계 신윤복의 그림에 가면 해학보다 더 큰 새로운 흥미의 대상으로 등장하게 된다.

색태를 내보이는 여성상이 등장하는 것과 함께 여성을 대하는 남성의 신분적 외연이 점차 확대된다는 점은 더욱 흥미롭다. 김홍도의 〈빨래터〉와 〈행려풍속도〉에서 여인네들을 훔쳐보는 것이 사인의 행색을 한 남정네였다면, 「호질」의 불륜의 주인공은 북곽선생이란

김홍도 〈빨래터〉
국립중앙박물관 소장 『풍속화첩』 가운데 한 그림. 선비는 갓쓰고 도포를 입어 양반 행색이지만 누구나 양반 행세를 할 수 있었던 시대상을 감안한다면 이는 여색을 탐하는 한 사람의 사내일 뿐이다.

산림학자였던 것이다. 산림학자의 사회적 위상이 추락하였던 것과
함께 이제 사인풍속도의 고아한 선비상과 상반되는, 정욕에 사로잡
힌 남성상이 자주 등장하게 되었던 것은 정조대 이후 풍속화의 새
로운 면모였다.

　　김홍도의 〈우물가〉에는 물을 떠주는 여인과 물을 청해 마시는 남
정네의 은근한 교감이 해학적으로 표현되었는데, 가슴을 드러낸 채
남성적 매력을 강조한 그림 중앙 남정네의 표현에서는 산림처사적
선비상을 이상으로 하던 앞 시기의 근엄한 남성상과는 전혀 다른

류의 인간상이 출현하였음을 느끼게 된다. 풍속화 속에서 여성상도 이제는 일하는 여성상보다는 정욕을 유발하는 색주가의 기생이 즐겨 그려질 정도로 이미 이 시기 문화에서 속태와 색태는 충만하게 나타났다.

새로운 미의식

이제는 고관대작이나 산림 학자들을 대상으로 초상화가 그려지는 한쪽에서, 기녀의 초상화가 그려져 즐겨 감상되는 상황에 이르렀다. 이러한 추세는 다음 단계 혜원 신윤복의 〈단오풍정〉에서 윗몸을 그대로 드러낸 여성의 표현이나, 〈월하정인〉이나 〈미인도〉에

신윤복 〈단오풍정〉

단원 김홍도의 〈빨래터〉 그림이 다음 단계에 어떻게 무르익어 갔는지를 보여주는 그림. 진경시대 문화와 예술은 정조시대 이후 쇠퇴하였지만, 그 속에서 창출된 이런 류의 미감과 속태 색태는 새로운 시대를 향해 더욱 발전하여 갔다. 간송미술관 소장 『혜원전신첩』 가운데 한 그림.

서 보이는 색정적 여성상과 그 상대로서의 남성상의 등장으로 전개되어 갔다. 주자학과 명분론이 무너지던 시대 상황의 변화 속에서 이상적 인간상이 변하고, 주자학적 윤리의 규제에서 벗어난 자유로운 남녀 교류가 희구되는 가운데 대담한 남녀관계가 그림과 시문으로 그려지고, 오히려 여기에 인간사의 진실이 있다고 하는 주장이 나오기도 하였다.

이 새로운 주장은 아회도라든가 사인풍속도에서 추구하던 아취나 격조와는 전혀 다른 미의식을 추구하는 것이었다. 천리를 보존하고 인욕을 제거한다는 '존천리 거인욕(存天理 去人慾)'의 성리학적 지향은 이제 더 이상 사와 민의 공감을 얻기 어려웠다. '속태'의 묘사를 통해 현실의 그늘 속에 가려져 있던 '인욕'과 '색태'가 드러나게 되는 해학적 상황은 누구에게나 웃음을 유발하고, 사와 민 모두에게 흥미로운 공감대가 된다. 이를 통하여 사와 민은 인욕이 인간 누구에게나 공통적이라는 진실을 깨닫게 되며, 세정속태 속에서 신분을 뛰어넘는 남녀의 진실한 인간적 면모를 발견하고 공감을 심화시켜 가기에 이르렀다.

민간의 속된 표현과 예술에서도 진실을 찾을 수 있다는 것은 다음 시대 대중적 예술 등장의 기반이었다. 패관소품적인 분방한 문체 때문에 정조로부터 견책을 받았던 이옥(李鈺, 1760~1812)은 당대의 세도가 김조순의 친구로서 이런 흐름을 대표하는 문인이었다. 그는 '천지만물 사이에 가장 진실된 것이 남녀간의 정'이라고 갈파하며 세정속태와 남녀의 색정을 시문에 담고, 이 가운데 『시경(詩經)』의 고아한 시문들과 마찬가지의 아취(雅趣)가 있다고 주장하였다. 이러한 주장은 새로운 시대의 미감인 속태, 색태를 긍정하면서 다음 시대의 예술을 선도하는 것이었다. 양반인 이몽룡과 기

생인 춘향이 사이의 신분을 뛰어넘는 진실한 사랑의 승리가 칭송되고, 심지어는 변강쇠와 옹녀 사이의 색정적 교류까지도 관심의 대상으로 떠오르기에 이른다.

〈성시전도〉에 그려진 서울의 세속적 인간사와 풍물을 함께 보고 즐기면서 정조와 그 신료들이 그 속에서 고아한 '아(雅)'의 세계를 발견해 내고 공감할 정도로, 고아한 것은 세속적인 것 속에서 진실된 면모가 드러난다고 생각한 것도 새로운 면이었다. 이덕무의 '아정(雅亭)'이란 호는 〈성시전도〉에 부친 이덕무의 시를 보고 정조가 '아(雅)'라고 비평함으로써 얻게 된 것으로써, 아와 속의 미의식은 당시의 시문과 서화 속에서 크게 근접하고 있었다.

주자학적 도덕률에 억매였던 인간의 본능과 본성은 이렇게 세정
속태 속에서 새로이 발견되어 문학과 예술활동을 통해 표현되고 새
로운 방향을 찾아가게 되었다. 처음에 민의 생활 속에서 발견하고
그 묘사를 통해 표현되었던 새로운 감정과 정서는 사족에 의해서도
공유되고, 명분론에 구애받지 않는 외래의 통속문학이 수용되면서
더욱 자유롭게 표현되기에 이른다. 명말 청초 중국 패관문학의 수
용과 함께 『서상기』, 『금병매』 등 애정물이 풍미하고, 김려, 이옥,
심노숭 등 문사들의 시문에서 '속태', '색태'가 과감히 표현되며,
김홍도와 신윤복의 '속화(俗畵)'가 애호되었다. 김려와 이옥, 심노
숭이 당대의 세도가 김조순의 절친한 친우였다는 점을 상기한다면
사설시조와 민요에서 색태가 범람하였던 것과 함께 이들이 추구했
던 새로운 풍조가 장차 조선의 문화예술계에 큰 흐름을 형성하게
됨을 알 수 있다.

풍속화의 변모

원래 풍속화는 사인의 생활을 사실적으로 묘사하여 아취와 격조
를 드러내었던 그림이다. 또한 박지원의 〈청명상하도〉에 대한 관심
에서 보듯이 사회운영의 원리와 문물을 이해하는 수단으로서 효용
론적 감상태도의 산물이었다. 강세황이 『열국지』 등 중국 패관소설
에 실린 그림을 '수레와 의복, 그릇 등의 제도(車服器用制度)'를 이
해하는 수단으로 보았던 것도 마찬가지의 효용론적 감상태도로서,
그의 표현을 빌리자면 '사물의 실태를 자세하게 보여주는(曲盡物

態)'수단이었다. 그러므로 민의 생활과 세정속태(世情俗態)에 대한 사의 관심이 드러난 근로풍속도는 그들이 이끌어야 할 민의 생활의 원리를 파악하는 수단이었고, 사인풍속도와 함께 근로풍속도는 사회의 지도층으로서 '진정한 사대부의 그림'이었다.

그러나 사의 외연이 확대되고 사와 민이 혼효되어 사의 사회적 지도력이 희석되면서 점차 사인풍속도는 사인의 그림으로서의 성격을 잃게 되고, 오히려 진정한 인간적 삶을 서울의 번화한 생활 가운데 전개되는 민의 세정속태 속에서도 발견해 내게 되었다. 사대부들조차 풍속화의 묘미를 민의 생활에서 드러나는 해학과 속태, 색태에서 느끼게 됨으로써 농촌에서의 근로풍속도 보다는 도시의 위항풍속도에 더 큰 관심을 가지게 된다.

이런 가운데 민의 생산활동에 대한 진지한 관심은 점차 사라지고 풍속화에는 유흥과 색정적 풍류를 추구하는 경향이 나타났다. 그림에서 색태가 점차 강조되면서 감상층이 이제는 이를 풍속화의 특징으로 인식해 가게 된다. 그러므로 이제 풍속화는 효용론적 필요에서 벗어나 흥미 위주의 비속한 그림으로 낮추어 이해될 가능성이 열리고 있었다.

예술작품에서 속태와 색태를 선호하고, 고아한 것보다 비속한 것에 더욱 흥미를 느끼게 된 예술풍토의 변화는 풍속화를 '진정한 사대부의 그림'에서 누구나 즐길 수 있는 그림으로 바꾸어 놓았다. 이와 함께 풍속은 필경 속된 것이라 보게 된 사회인식의 변화로 원래 '풍속화'란 의미에서의 '속화(俗畵)'는 비속한 그림이라는 의미의 '이속도(俚俗圖)'로도 이해되게 되었다.

정조조정에서 화원화가들을 시켜 자주 그려 감상하였던 '속화'는『시경』의 시적인 경지와 연관하여 민의 생활을 이해하는 효용론적 관심의 발로였고 여기서의 속화는 풍속화였다. 그러나 속태와 색태가 충만하게 되면서 비속한 그림으로 전락한 '이속도'에서는 앞시기 '아회도(雅會圖)'류의 사인풍속도가 표현했던 아취와 격조를 찾기 어려움은 물론 효용론적으로도 무의미한 그림이 되었다. 이에 '이속도'로 전락하게 된 풍속화는 추사 김정희 등 일각의 지식인들에 의해 격렬한 비판을 받게 되었다.

미의식의 대립

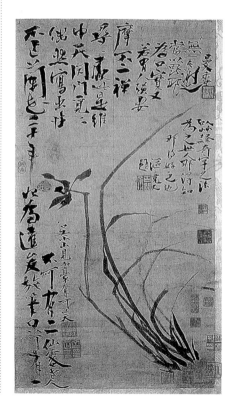

김정희 〈부작란도(不作蘭圖)〉
추사의 금석기 넘치는 글씨와 문자향이 풍기는 난초가 어우러진 그림. '서권기(書卷氣)'라고 하는 정신적 기품을 내세워 속태 색태의 통속성을 일소하고자 하였다. 개인 소장.

이는 시문(詩文)에 있어서도 마찬가지였다. 청조의 소설, 수필 등 패관 소품문이 유행하고 여기에 표현된 속태, 색태가 통속성으로 흘러감으로써 정조는 문체반정(文體反正)을 통하여 이런 풍조에 제동을 걸게 되었다. 이후 정학의 고양과 아취있는 시문풍의 강조가 정조의 교속론에 따라 추진되는 가운데, 청조문인화의 고아한 예술론이 새로운 전범으로 제시되기에 이른다. 이로써 조선의 예원에서는 '속(俗)'과 '아(雅)'의 두 미의식과 예술론의 대립이 심화되었으며, 이후 조선의 문화와 예술은 두 갈래로 대립하며 전개되어 가게 된다.

결국 정조시대 청조 문물의 수용은 '속'의 미의식과 '아'의 미의식을 각기 뒷받침하는 것으로 작용하였다. 그러나 김홍

도의 속화와 기녀도를 보며 느끼게 된 사와 민의 공감대, 그리고 염정적 소설과 수필, 시를 읽으며 느끼는 흥미는 이제는 어느 특정계층만의 것은 아니었으며 사족의 것이면서 민의 것이기도 하였다. 정조의 견책을 받았지만 연암일파 문사들에서 다시 한걸음 더 나아가 김려와 이옥 등의 시문에 가면, 속태와 색태는 더욱 강화되어, 다음 시기 서민들의 사설시조와 민요에 보이는 통속성에 접근하기도 하였다.

예술에서 속태와 색태는 순조대 이후 세도가와 경화거족 등 최고 집권층으로부터 위항의 서민에 이르기까지 공감할 수 있는 것으로 더욱 확산되게 된다. 속태, 색태의 추구와 공감을 통해 사와 민의 정서적 격차는 급속히 줄어들고, 나아가 그들 사이의 신분적 격차를 뛰어넘는 의식적 공감대의 기초가 되기에 이르렀다. 사와 민이

혼효된 새로운 사회적 관계와 맥락 속에 대중적 공감 확보는 새로운 시대로 이월되는 생명력을 가지게 되었다.

그러나 속태, 색태를 그림으로써 대중적 흥미를 만족시키는 류의 통속적 그림으로 격하된 풍속화는, 고아한 아취와 격조의 추구를 예술의 본령으로 생각하던 지식인들의 사회의식과 예술적 지향에 부응하기 어려웠다. 속태와 색태가 충일했던 정조대 이후 일각의 문화예술은, 진경시대를 뒤잇는 다음 시기, 추사 김정희(秋史 金正喜, 1786~1856)의 북학풍이나 서풍(書風), 문인화풍에 의해 비판받았으며, 연천 홍석주(淵泉 洪奭周, 1774~1842)·대산 김매순(臺山 金邁淳, 1776~1840) 등의 학풍 문풍의 경향성과도 대립하였다.

세도정치가 행해지던 순조대 이후 조선문화계의 일각에서 이 두 흐름은 갈등하며 역동적 변화를 거듭해 가게 된다. 그러나 이 두 흐름 모두 앞 시기 사의식이 표방하였던 현실문제 해결의 의지와 사회적 책임의식을 어떻게 계승할 것인지를 해결해야 할 과제로 안고 있었다. 대중적 공감을 얻었던 속태의 추구가 퇴폐적인 데로만 흐르고 대중성 속에서 보다 차원높은 윤리성을 확보하지 못한다면 그 발전은 제한될 수밖에 없으며, 아취와 격조의 추구가 자칫 현실을 떠난 고답성이나 관념세계에서의 유희로 전락할 수도 있었기 때문이다. 이는 서구 문화의 도입 이후 그에 압도되면서 진행된 한국 근대문화 형성 과정상의 근본적 문제로서, 정조시대 이후 오늘에까지 우리의 문화와 예술이 넘어서지 못한 한계로 남게 되었다.

제 4 장

'만천명월주인옹'의 황혼

- 정조 24년의 역사적 정황 -

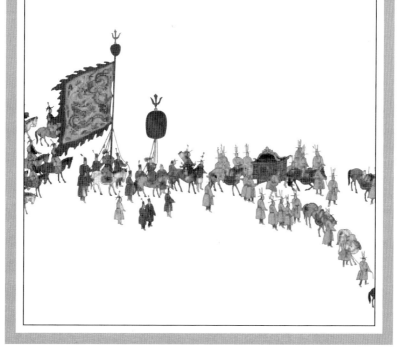

'만천명월주인옹'의 황혼
- 정조 24년의 역사적 정황 -

정조시대에 전개된 역동적인 사회 변화와 사상적 모색은 이후 전통사회 체제와 문화 전면에 걸친 변동의 기점이 되었으며, 오늘에까지 영향을 미치는 기나긴 역사적 파장을 가지게 되었다.

정조 사후 탕평정치가 무너지고 세도정치가 행해지면서 전통적인 사림정치가 붕괴하였으며, 산림학자와 전통적 주자학 이념의 영향력과 권위도 급속히 쇠퇴하였다. 서울(京)과 지방(鄕) 간의 사회적 분기 현상이 심화되고 명분론적 사회질서가 무너지는 가운데, 민(民)이 역사의 전면에 등장하게 되고, 여기에 서세동점(西勢東漸)의 물결이 밀어닥쳐서 조선 전통사회와 문화는 변화를 강요당하게 되었다.

그러므로 정조시대 이후 오늘까지 지속되고 있는 이 거대한 변화의 물결이 어떤 방향성을 지니는지 궁금한 일이 아닐 수 없다. 지나간 시대적 격랑을 거슬러 올라갈 때 만나게 되는 변화의 기점, 200 년 전 정조시대는 그래서 우리의 관심의 대상이다. 한신대 박물관이 '정조대왕 서거 200주년 추모전(예술의 전당, 2000년 10월 14일~25일)'을 열었던 것도 이러한 문제의식의 소산이었다.

정조가 49세로 삶을 마감했던 서기 1800년은 '만천명월주인옹'을 자처하던 정조 인생의 황혼기로서 커다란 역사적 전환이 일어나던 시점이기도 했다. 여기서는 정조가 서거하던 정조 24년(서기 1800년) 6월 28일까지, 그해 정초부터 200여 일 간의 역사적 정황을 『정조실록』 등 관련 역사기록에 따라 사실적으로 검토해 보고자 한다. 반 년 간의 짧은 기간이지만 그 속에는 정조시대 정치는 물론 시대의 본질적 문제와 그에 대응하는 인간 군상의 다양한 노력이 저류가 되어 흐르고 있다. 이에 대한 올바른 인식은 그 연장선상에 위치한 오늘의 문제와 우리의 모습을 정확히 파악하는 기초가 될 것이라 믿는다.

정조 24년 정월

정월 초하루, 장차 왕위를 계승할 원자(元子)가 새해 들어 11세가 되었다. 정조는 그를 왕세자로 책봉하게 된 기쁨으로 새해를 맞았다. 원자는 수원의 천하명당 자리에 사도세자의 새로운 묘소(顯隆園)를 마련하여 이전하던 시기에 수태되어, 이듬해 1790년(정조 14) 6월 18일 혜경궁 홍씨의 생신날 태어났다. 정조는 사도세자의 음덕으로 원자가 탄생하였으며, 이 원자가 장차 사도세자와 혜경궁, 그리고 자신의 한을 풀어줄 것이라 생각하였기에 그의 성장을 손꼽아 기다리고 있었다.

정조는 4년 후인 갑자년(甲子年, 1804), 원자가 15세 성년이 되면 그에게 왕위를 물려준 후, 혜경궁을 모시고 화성으로 내려가고자 하였다. 그리고는 신왕(新王)으로 하여금 자신이 이루지 못한 비원

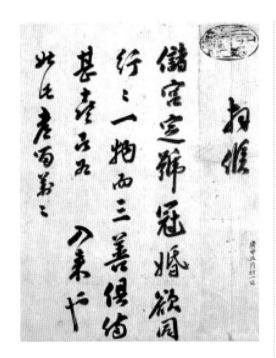

(悲願), 곧 사도세자를 국왕의 위격(位格)으로 추숭(追崇)하는 일을 이루어내도록 의도하였다.

사도세자의 추숭은 영조의 허물을 드러내는 일이 되므로, 영조는 정조에게 이런 일을 하지 말도록 각별히 당부한 바 있었다. 유교국가의 군주로서 아버지를 위하여 할아버지를 저버릴 수 없었던 정조는 이에 자신이 상왕(上王)으로 물러난 후 자신의 부탁에 따라 순조가 이 일을 이루도록 구상하였다. 이 경우 자신은 할아버지의 당부를 어기지 않고도 비원을 이룰 수 있으며, 신왕으로서는 할아버지와 아버지의 한을 풀어줌으로써 큰 효행을 하는 셈이 될 것이다.

왕세자의 책봉 이후 한해 안에 진행될 왕세자의 관례(冠禮)와 가례(嘉禮)는 정조가 품어왔던 꿈의 실현이 눈 앞에 다가왔음을 알리는 일이었다. 이러한 기대 때문에 새해를 맞은 정조의 가슴은 희망

김홍도 〈월만수만도〉

정조가 말년에 심취했던 주자의
시를 뽑아 대학의 팔조목에
맞추고 그 의미를 형상화한
〈주부자시의도〉 8폭 가운데 한
그림. '네째 굽이 동서 양편엔
암벽이 솟고, 암벽 꽃엔 이슬
달려 푸르름이 드리웠네. 금빛
닭울음 그쳤으되 찾는 이 없구나,
공산엔 달빛이 가득하고 호수엔
물이 가득하네.' 라는 주자의
무이도가(武夷權歌)를 화제로
쓰고 이 시를 '정심(正心)'으로
해석한 내용을 인용해 쓴 후,
이를 그림으로 형상화한 위대한
작품이다. 정조가 이 그림에 감동
받아 쓴 시가 『홍재전서』에 남아
있다. 개인 소장.

에 부풀었다.

이날 정조는 또다른 기쁨을 맛보았다. 그가 특별히 총애하던 단원 김홍도(檀園 金弘道)로부터 〈주부자시의도(朱夫子詩意圖)〉 8폭 병풍 그림을 진상받았기 때문이다. 『대학(大學)』에 나오는 '격물 치지 성의 정심 수신 제가 치국 평천하'의 8조목을 형상화한 이 그림은 정조의 주자학적 통치이념을 풀어낸 단원 회심의 걸작이었다. 특히 여덟 폭 가운데 네 번째 폭, '정심(正心)'을 형상화한 〈월만수 만도(月滿水滿圖)〉는 그림 중앙 상단에 보름달이 휘영청 떠서 만물을 비추는 그림이었다. '만천명월주인옹(萬川明月主人翁)'이라 자호(自號)하면서 자신을 밝은 달과 같은 초월적 존재에 비유하였던 정조의 자의식을 그대로 표현하였던 이 그림은 정조의 통치이념과 새해를 맞는 정조의 특별한 감회를 정확히 헤아려 표현한 것으로 정조를 특히 흡족하게 하였으리라 짐작된다.

정조에게 새해를 맞는 감회가 남달랐던 것은 새해가 성리학의 집대성자인 주자(朱子, 1130~1200) 서거 6백주년이 되는 해였기 때문이다. 이러한 해를 맞아 정조는 자신의 주도로 주자의 전저술을 망라하여 '주자전서(朱子全書)'를 편찬하고자 하였다. 정조는 몇 년 전부터 이 사업을 주도하면서 정치적 지도자이자 학문적 지도자, 곧 '군사(君師)'로서의 위상을 확고히 하고자 하였다.

주자전서 편찬 사업은 새로운 시대로 나아가고 있는 조선의 사상적 기반을 정비하고자 하는 야심찬 계획이었다. 조선중화의식(朝鮮中華意識)이 더 이상 유지될 수 없는 상황에서 대두한 북학론(北學論)에 따라 외래문물의 수용이 불가피하였으므로, 이를 받아들일 전통 사상과 문화 기반의 정리와 새로운 기준의 제시는 절실한 과제였다. 정조는 청나라의 학문이 육왕학(陸王學) 일색으로 중국 주자학은 위기에 봉착한 것으로 보았다. 그러므로 정통주자학의 유일한 계승국가로 자부하는 조선이 주도하여, 주자학을 재정리하면서 정학(正學)의 위상을 확고히 세우고, 이를 통해 새로운 시대로 나아가려 하였던 것이다.

이러한 정조의 시도는 집권 후반기 이래 견지하여온 '교속(矯俗)'론의 연장선상에서 추진되었다. '만천명월주인옹'으로서 '군사(君師)'를 자처하였던 정조는 사학(邪學)을 배격하고 속된 문화를 교정하기 위해 정학(正學=주자학)의 진작을 표방하였다. 이는 연암 박지원에 의해 새로운 문화 건설의 방략으로 제기된 법고창신(法古創新)론의 연장선상에서 진행된 일이었다. 전통주자학을 확립하면서 사학과 외래문화에 대처하고 새로운 시대와 문화를 준비한다는 방식이 그러하였다.

그러므로 정조는 1798년 이래『오경백선(五經百選)』『사서집석(四書輯釋)』『주서백선(朱書百選)』『주자서절약(朱子書節約)』등 많은 주자서를 간행하고, 1799년에는『대학류의(大學類義)』를 펴냄으로써 자신의 통치이념을 확실히 정리하였다. 이렇게 정리된 정조의 주자학적 통치이념은 단원 김홍도에 의해 그림으로 표현되었으며, 나아가 조선 나름의 새로운 '주자전서' 편찬을 위해 서형수(徐瀅修, 서명선의 조카이자 서명응의 아들)를 청나라에 보내어 자료를 수집해 오도록 조치하였던 것이다.

정조의 죽음과 이후의 정치적 혼란 속에서 서형수가 축출됨으로써 이 작업은 중단되고 말았다. 주자 서거 600년을 즈음하여 추진되었던 주자학의 총정리 시도는 복고적이라기보다는 전향적인 사상적 기준 수립의 시도였다. 실제로 법고창신의 사상적 지향성 위에서 정조와 북학론자들의 주체적 필요성에 따라 이는 추진되었다.

그러나 이 시도의 좌절은 전통사상과 문화의 정리(법고)와 새로운 사상과 문화의 건설(창신)이 정조 사후 역사의 격동 속에서 순탄하게 이루어질 수 없음을 예고하는 것이었다.

보름 후 정월 16일, 정조는 사도세자의 탄일을 닷새 앞두고 정례적인 현륭원 성묘를 단행하였다. 쇠약한 정조의 건강 때문에 신료들은 만류하였지만, 왕세자 책봉의 기쁜 소식을 사도세자 영전에 알리려고 정조는 현륭원 행차를 서둘렀다. 정조는 당일로 현륭원에 나아가 벅찬 심정으로 오열하였고,

지지대비 탁본

화성어사 신현(申絢)의 건의로 1807년 완성된 비석의 탁본. 정조의 총신 가운데 한 사람인 서영보(徐榮輔)가 글을 짓고 홍명호(洪明浩)가 전액을 써서 올렸으며, 당대의 명필 80세의 윤사국(尹師國)이 정조에 대한 추모의 마음을 담아 전체 비문의 글씨를 썼다.
정조가 세도세자 산소에 성묘하고 환궁하는 길에 이 고개에만 이르면 아쉬움에 행차를 더디게 했다는 뜻에서 원래의 미륵당고개란 지명 대신 지지대고개라 부르게 된 연유가 밝혀져 있다.

음력 정월 차가운 날씨에도 불구하고 산소 앞에 엎드려 울면서 일어나질 못하였다.

몸을 제대로 가누지 못할 정도로 탈진한 상태에서 정조는 신료들의 부축을 받아 재실로 내려왔다. 정조는 이곳에서 밤을 지새고 다음날 화성행궁(華城行宮)에서 유숙한 후 18일 환궁길에 올랐다. 이날 서울 가는 길에 수원 북쪽 경계, 멀리 화산이 바라다 보이는 지지대고개에 오른 정조는 눈물을 흘리며 선산을 떠나 다시 서울로 가야 함을 안타까워했다고 한다. 훗날 정조의 유신들에 의해 세워진 지지대비(遲遲臺碑)는 이러한 광경을 전하고 있다.

1월 21일은 사도세자의 탄일이었다. 그 전날부터 정조는 사도세자의 사당인 경모궁(景慕宮)에 나아가 이곳에서 밤을 지새웠으며, 억누르기 어려운 격한 감정 때문에 가슴을 진정시키려 연이어 탕약을 들면서 겨우 참배 행사를 치루었다.

그리고는 쉴 틈도 없이 1월 26일, 청나라에서 건륭황제의 죽음을 알리는 조칙을 가지고 칙사가 왔으므로 친히 나아가 영접하였다 (청나라의 전성기를 일군 건륭황제와 조선의 번영을 구현한 정조는 한해 사이에 돌아가게 되었고, 1800년을 전후하여 동아시아는 큰 정치적 전환점을 맞게 된다). 이때도 신하들은 정조의 건강을 들어 만류하였지만, 모든 일을 직접 해야만 성이 풀리는 성격인 정조는 듣지 않았다. 훗날 정조의 유신들은 이달 이런 일들을 치루며, 이 어름부터 정조의 건강이 극히 나빠졌고 병석에 눕는 일이 잦아졌다고 기록하고 있다.

정조 24년 2월

　2월 2일, 정조는 걷기도 힘겨울 정도로 나쁜 건강 상태에서 왕세
자의 관례와 책봉례에 직접 참여하였다. 공교롭게도 이 행사 직후
혜경궁에게 부스럼병이 나서 10여 일 간 정조는 노심초사하게 된
다. 정조는 자신이 친히 약을 달이고 약을 발라 드리느라 손이 부어
오를 정도였다고 한다. 정조의 간병으로 다행히 혜경궁은 2월 17일
쾌유하였지만 정조의 건강은 더욱 나빠졌다.

　2월 26일, 왕세자빈의 첫 번째 간택 절차가 행해졌다. 공식적으
로는 세 번째 간택까지 두 번의 절차를 남기고 있었지만, 정조는 이
미 자신의 측근이었던 김조순(金祖淳)의 딸에게로 마음을 굳히고
있었다. 이날 김조순의 딸이 간택을 마치고 귀가하는 길에 왕세자
의 외삼촌 박종보(朴宗輔)로 하여금 호위하게 하고, 다음날 확고한
자신의 뜻을 신료들에게 전하였다. 지난 정월 현륭원을 참배하던
날 밤, 재실에서 사도세자의 혼령으로부터 계시를 들었으며, 그에
따라 김조순의 딸을 왕세자빈으로 맞기로 하였다는 것이었다. 정조
는 노론의 명문 안동김씨를 외척으로 선택하여 왕세자의 후견세력
으로 삼고 장차 자신의 정치적 구상을 실현하려 하였다.

정조 24년 3월

　3월 5일, 영조의 기일을 맞아 정조는 궁궐 내에서 근신재계하였
다. 선왕인 할아버지(영조)에 대해 정조는 형언하기 어려운 착잡한

감정을 갖고 있었다. 아버지 사도세자를 죽였을 뿐만 아니라, 어려서 죽은 사도세자의 이복형 효장세자(眞宗)에게 자신을 입양시켜 생부인 사도세자와의 관계를 끊도록 만드신 분이었기 때문이다.

그러나 정조는 감정을 억누르면서, 왕권강화를 위해 추진해온 영조의 탕평정치를 계승하였다. 또한 영조대 후반 경주김씨와 풍산홍씨 척족 등 특권세력의 발호를 비판하면서 등장한 청론사류(淸論士類)의 정치적 입장을 받아들여, 우현좌척(右賢左戚, 어진 선비를 등용하고 척족을 물리침)과 우문지치(右文之治, 곧 학문정치)를 새로운 정치적 명분으로 내걸었으며, 이들을 자신의 지지기반으로 삼아 정치적 개혁을 추구하였다.

그 실현을 위해 정조는 규장각(奎章閣)을 세워 노, 소론 명문가의 젊은 학자들을 이곳에 포진시키고, 초계문신(抄啓文臣)제도를 활용하여 학문연구와 학문정치를 주도하였다. 이 결과 재위 24년간 정조가 직접 편찬에 참여한 어정서(御定書) 89종 2,490권과, 신료들을 시켜 편찬한 명찬서(命撰書) 64종 1,501권, 24년간 도합 153종, 4천 권에 이르는 방대한 서적 편찬사업을 수행하여 우리 역

사상 제일의 학문군
주로 자리매김하였던
것이다.

3월 10일, 동궁시
절부터 오래도록 변
함없이 정조에게 충
성하였던 정민시(鄭
民始)가 서거하였다.
정민시는 서명선(徐
命善), 김종수(金鍾
秀), 홍국영(洪國榮)
등과 함께 목숨을 걸
고 정조를 지켰던 심

복으로서 이른바 '동덕회(同德會)'의 일원이었다. 정조가 즉위한
이후 그는 정조의 뜻을 받들어 중요 정책의 실무에 거의 다 관여하
였다. 그러므로 그는 정조 사후 벽파세력에 의해 서유린(徐有隣)과
함께 국가재정 파탄의 원흉으로 지목되었다. 그러나 서유린이 정조
사후 벽파정권에 의해 고초를 당하고 어려운 말년을 맞았던 것과
달리, 그는 정조보다 석달 앞서 유명을 달리함으로써 정조의 어제
비문이 내려지는 등 '중신(重臣) 중의 중신'으로서 극진한 대우를
받았다.

정조는 그의 탕평정치를 지탱하던 여러 중신과 대신들이 연이어
세상을 떠나고 정민시까지 돌아가자 비통한 마음을 금할 수 없었
다. 1789년 사도세자 묘소 이전을 제기하여 정조의 비원을 실현할
단서를 마련해 놓았던 금성위 박명원(錦城尉 朴明源)이 그 이듬해

(1790) 3월 유명을 달리한 이후, 동궁시절부터 정조 보호의 일등공신으로서 '의리주인(義理主人)'으로 불리던 소론의 영수 서명선이 그 다음해(1791)에 서거하였다. 노론 청론 사류의 핵심으로서 정조를 훌륭히 보좌했던 유언호(兪彦鎬)와 윤시동(尹蓍東) 두 정승이 1796년과 그 이듬해에 돌아갔으며, 특히 1798년 이후 많은 원로대신들이 마치 예정되었던 것처럼 차례로 정조의 곁을 떠나 유명을 달리하였다.

1798년, 노론 시파의 영수인 김이소(金履素, 8월 24일)와 홍낙성(洪樂性, 12월 30일)이 차례로 서거하더니, 이듬해(1799) 정월 벽두부터 동궁시절 이후 정조를 보좌하고 청론의 핵심인물로서 정조대 후반 이래 노론 벽파를 이끌던 김종수(1월 7일)가 돌아갔다. 3일 후엔 아버지 서명응, 아들 서유구와 함께 3대가 모두 규장각 각신(閣臣)으로 뽑히고, 동생 서형수와 함께 정조의 학문정치를 뒷받침했던 서호수(徐浩修)가 세상을 떠났다(1월 10일). 그는 사도세자의 죽음을 막으려 진력함으로써 정조에 의해 표창되었던 영조대 후반 소론의 영수 이이장(李彝章)의 사위이면서, 서명선의 조카여서 정조에 의해 장차 큰 역할이 기대되던 터였다. 특히 정조의 문집『홍재전서(弘齋全書)』의 편찬을 책임맡아 돌아가기 직전까지 진력하였으므로 정조의 애통함이 컸다.(『홍재전서』는 서호수가 이만수, 김조순, 이존수 등 규장각신을 이끌어 편집하다가, 서호수 사후에 역시 소론인 서영보(徐榮輔)가 편집책임을 이어받고 정대용, 심상규, 김근순 등 각신과 유득공, 이광규(이덕무의 아들), 성해응, 박제가, 서리수 등 검서관이 교정에 참여하여, 정조 서거 반년 전인 1799년 12월 21일, 4집 120권의 선사본(繕寫本)을 정조에게 올리게 되었다. 이날 소론의 대학자이며 명필인 홍양호(洪良浩)의 역사서『흥왕조승(興王肇乘)』이 함께 진상되었다. 『홍재전서』는 순조 원년(1801) 12월 184권 100책으로 정리되었으며, 1814년 사도세자의『능허관만고(凌虛關漫稿)』와 함께 정리자(整理字) 활자본으로 간행되었다.)

한편, 며칠 후에는 남인의 영수로서 정조의 의리탕평론을 떠받치던 채제공(蔡濟恭)이 서거하였다(1월 18일). 그는 정범조(丁範祖), 이가환(李家煥), 정약용(丁若鏞) 등 기호남인 관료학자들을 이끌며, 영남남인을 규합하고, 표암 강세황(豹菴 姜世晃) 등 소북계열과도 연대하여 노론의 신임의리론(辛壬義理論)에 맞서서 사도세자를 옹호하는 임오의리론(壬午義理論)을 제기하였다. 정조의 비원을 이해하고 이를 실현해 가는 실제적 책임을 맡았던 그는 갑자년 이후 정조가 웅거할 화성 신도시의 건설을 총리대신으로서 총괄하는 등 정조의 절대적 신임을 받았던 인물이었다. 그럼에도 노론의 영수이던 김종수가 '문충(文忠)'이란 시호를 받은 반면에, 그는 '충(忠)'이란 글자를 못받고 '문숙(文肅)'을 시호로 받아 충신으로서의 면모를 평가받지 못하였다. 남인들로서는 이에 항의하기도 하였지만, 노론 주도의 정국 상황 속에서 이러한 한계를 뛰어넘기는

어려웠다.(24년의 정조 치세 기간 동안 남인은 채제공을 제외하고
는 누구도 규장각 각신으로 들어가지 못하였다. 정조의 총애를 받
았던 정약용과 이가환도 마찬가지였다. 정조의 지원에도 불구하고
남인의 정치적 진출에는 근본적 한계가 존재하였던 것이다.)

　이해(1799) 9월에는 화성 건설의 실무책임을 도맡았고 여러 군
영대장을 지내며 정조를 돕던 소론의 무장, 조심태(趙心泰)가 유명
을 달리하였다. 백하 윤순(白下 尹淳), 원교 이광사(員嶠 李匡師)
이래 동국진체의 서예전통을 집대성하였으며, 정조로부터 유한지
(兪漢芝)와 함께 가장 아낌을 받아 중요한 금석문자를 도맡아 쓰던

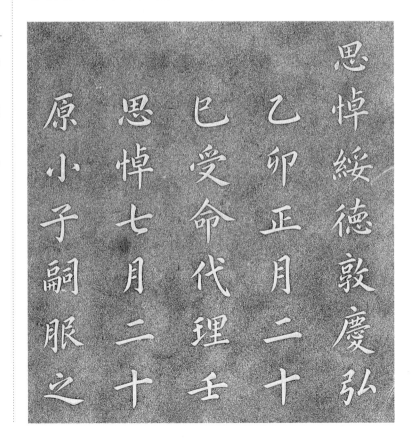

현륭원표 탁본 부분

*1789년(정조 13) 새로 옮긴
사도세자 묘소 현륭원 표석에 쓴
조윤형의 글씨. 정조의 특명을
받아 이 글씨를 써낸 조윤형은
정조로부터 상을 받았다. 정조의
마음까지도 담아낸 듯한
단정하면서도 다감한 글씨로써
조윤형의 대표작품 중 하나이다.*

명필 송하 조윤형(松下 曺允亨) 역시 이해에 세상을 떠났다.

　그런가 하면 정조가 서거하던 해, 1800년에는 1월과 윤4월 김희(金熹)와 이명식(李命植)이 차례로 돌아가는 등, 시파의 원로대신들이 거의 세상을 떠나버렸다. 그리고 3월 10일 정조의 신임을 받던 중신 가운데 정조의 언명대로 거의 유일하게 남아 있던 정민시까지 유명을 달리함으로써 이제 정조의 주변에는 적막감이 감돌았으며, 조정 관료들의 세대교체와 새로운 정국 구도를 짜는 일이 시급한 일로 닥쳐왔다.

정조 24년 4월

　4월 13일, 정조는 동궁 시절의 궁료이자 빈객이었던 김종정(金鍾正)의 아들 김회연(金會淵)을 설서(說書)로 특별히 보임하는 은전을 베풀었다. 정조의 성장기에 정조에게 학문을 가르쳤던 인물은 남유용(南有容), 박성원(朴聖源), 서지수(徐志修), 서명응(徐命膺) 등이었고, 동궁시절 궁료 가운데는 홍대용(洪大容), 유의양(柳義養), 안정복(安鼎福) 같은 학자들도 있었다. 정조는 대체로 경화사족(京華士族) 출신의 이들 학자들에게 학문을 배우고 토론하였으며, 이들에게는 그의 자손들에게까지 특별한 은전을 베풀었다. 김조순, 심상규, 이만수 등과 함께 '천생오태사(天生五太史)'라 불리며 순조대 이후 세도정권의 핵심인물이 되는 남공철(南公轍)은 정조가 존경하던 어린 시절의 스승 남유용의 자제였으며, 서영보는 서지수의 손자였다. 서명응의 아들 서호수, 손자인 서유구(徐有榘)도 이런 후광을 입으며 규장각에 들어가 정조의 근신으로 입신

남유용 초상

낙론의 산림학자 이재의
문인으로 노론 청론의 핵심적
인물. 영조대 후반 학문과
문장으로 명성을 떨쳤으며, 정조
어린 시절의 사부로서
정조에게도 큰 영향을 미쳤다.
일본 천리대학 소장.

하였다.

한편 4월 15일에는 남인의 이익운(李益運)을 이조참판으로 임명하고, 4월 20일에는 새로 급제한 심영석(沈英錫)에 대해 각별한 관심을 표명하는 등 정조는 남인의 정계 진출을 확대시키려는 의지를 보였다. 정조는 심영석의 증조부인 심단(沈檀)이 남인으로서 노론과 영조를 보호한 것에 대해 일찍이 영조가 그를 공신이자 충신이라고 하였던 일을 노론의 영의정 이병모(李秉模)와 좌의정 심환지(沈煥之)에게 환기시켰다. 정조는 남인이 정계에 적극 진출할 수 있도록 후원하면서 새로운 정국 구도를 모색하고 있었던 것이다.

4월 21일, 초계문신 13명의 명단이 나왔다. 노론의 김매순(金邁淳), 김기은, 오연상, 조종영과 소론의 신위(申緯), 그리고 남인의 심영석 등이 눈에 띄는 인물들이었다. 김매순은 훗날 홍석주(洪奭周) 등과 함께 경화학계의 대표적 학자가 되며, 신작(申綽)과 종형 제간이었던 신위는 조윤형의 사위로서 순조대 이후 시서화 삼절(詩書畵 三絶)로 일컬어지면서 진경문화를 일변시켜 북학이 풍미하던 서울 예원(藝苑)의 종장이 되었다.

4월 30일, 가뭄이 심하여 조정에서 대책을 논의하였다. 신료들은 가뭄도 걱정이지만, 이 때문에 안절부절하면서 노심초사하여 더욱 쇠약해져 가던 정조의 건강을 함께 걱정하고 있었다.

정조 24년 윤4월

윤4월 9일, 왕세자빈 두 번째 간택을 행하여 왕세자빈으로 김조순의 딸을 확정짓고 김조순에게 친서를 내렸다.

윤4월 13일, 초계문신 친시(親試)에 노론인 김기은(金箕殷)이 몸이 아프다고 하면서 나오지 않았다. 칭병을 했지만 사실은 남인인 심영석과 동석하기 싫어서였다. 붕당 간의 대립은 뿌리깊은 것이었다. 이에 정조는 이 행위를 '속된 습속'이자 군주의 권위와 탕평론을 부정하는 행위라고 질책하였다.

윤4월 17일, 이서구(李書九)를 비변사(備邊司) 화성(華城) 구관 당상으로 임명하였다. 이서구는 박지원(朴趾源)의 제자로서 정조시대 새로운 문예사조의 첨단에 섰던 인물이자 청론사류의 대표적 인물이었다. 그는 청론사류의 이념을 계승하여 정조와 충돌하면서까지 사림 주도의 정치질서를 추구하였다. 척족, 권행(權幸) 등 특권세력의 정치개입을 극력 비판하였던 그는 세도정치기에 가서는 척족세도를 비판하다가 그들에 의해 정계에서 축출되는 비운을 맞게 된다. 그러나 그에 대한 대중의 광범위한 여망은 야담집 속의 여러 일화로 남아 지금껏 전해지고 있다.

1805년 벽파 우위의 세도정국에서 밀려난 후 오랜 기간 향리에서 은거 중이던 그는 1820년 호남지방이 연이은 흉년으로 혼란에 빠지자 이를 해결할 수 있는 유일한 인물로 지목되었다. 1793년(정조 17) 40세의 나이로 호남감사를 지내며 호남문제 전문가로 인정받았던 그를 세도정권은 다시 호남감사로 임명하였다. 그러나 그가 이를 거부하자 세도정권은 그를 호남으로 유배보낸 후 중도에 호남감사 직첩을 내리는 식으로 호남감사를 강권하였다. 유배까지 거부할 수 없었던 그는 호남땅에 유배가면서 백성들의 비참한 실상을 보자 어쩔 수 없이 호남감사로 취임하였다. 3년의 임기 동안 그는 모든 현안을 훌륭히 매듭짓고 호남을 안정시켰으며 임기가 끝나자 바로 고향으로 돌아갔다.

이 시기 그가 신통력을 발휘하여 호남의 문서창고를 안전하게 지켰다든지, 훗날 세도가의 애첩이 되어 횡포를 부리게 되는 나합의 출생을 예견했다든지 하는 이야기는 그의 뛰어난 능력에 대한 여론과 여망이 투영되어 나온 일화들이다. 이에 세도정권은 그의 공로에 대해 우의정을 제수하였지만, 그는 고향에 머물며 이에 응하지 않았다.

사림정치의 정치적 원칙을 고수하며 향리에 은거하던 그가 1825년에 돌아가자 다시 비운이 닥쳤다. 1829년 세도정권을 비판했던 신의학의 옥사를 계기로 세도정권은 그의 모든 관작을 추탈하는 조치를 취하였다. 이때 젊은 시절 연암 박지원의 문하를 함께 드나들며 북학을 하였던 남공철이 영의정으로서 그를 탄핵하는데 앞장섰다. 그는 척족세도를 비판하는 청론의 일관된 입장을 견지하였던 당대의 상징적 인물이었으므로 사후 다시 정치적으로 매장되었을 뿐만 아니라, 세도가의 일원으로 전신한 동문으로부터도 공격당하는 인간적 비운까지도 맞게 되었다. 정조시대에 대두한 청론의 정치적 입장과 북학의 사상적 흐름은 세도정권하에서 분열되고 일

부에서는 변질되는 양
상도 보이게 되었던 것
이다.

이서구 초상

사림청론의 입장을 고수함으로써
정치적 비운을 맞았던 인물. 풍석
서유구와 함께 연암 박지원의
제일가는 제자로서
세도정권하에서 이들의 정치적
부침은 큰 정치적 상징성을
갖는다. 국립중앙박물관 소장.

청론과 북학의 중심
적 인물로서 확고한 태
도를 지녔던 이서구는
연암일파(燕巖一派)의
분방한 문체를 반정의
대상으로 놓고 정조가
비판하였을 때도, 오히
려 정조의 문체반정(文
體反正) 주도는 군주의
지나친 간섭이라고 하
여 그에 맞섰고 자신의
주장을 굽히지 않았다. 새로운 문화를 창조해 나가는 방법으로서
법고창신을 지향하기는 마찬가지였지만, 그 각론(各論)에 있어서
는 정조의 주변에서부터 이처럼 다양한 차이가 있었다.

정조가 새로운 시대를 위해 전통주자학과 대명의리론(大明義理
論)을 정리하고자 할 때, 그는 정조의 명에 따라 성해응(成海應)과
함께 『존주휘편(尊周彙編)』의 편찬을 주관하는 일을 맡았다. 두 사
람 모두 북학론자였지만 북학이 시대의 대세로 등장한 상황에서 전
통적인 대외명분론을 주체적 입장에서 재평가하고, 북학론을 수용
할 수 있는 사상적 토대를 마련하기 위하여 이 작업을 수행하였다.
그러므로 이 사업은 북학의 풍미로 주자학의 절대성이 무너지고 청
조고증학의 유행에 따라 주자학이 송학(宋學)으로 상대화되던 상

황에서 진행된 주자학적 명분론의 재정리사업이었다.

이서구는 그의 준엄한 입장 때문에 정조로부터 경원되었지만, 연암 문하에서 닦은 실용적 학문과 실무능력은 정조는 물론 누구에게나 인정받는 터였다. 그러므로 정조는 갑자년 화성으로의 은퇴를 준비하도록 하기 위하여 이때 그를 화성 구관당상으로 임명하였던 것이다.

윤4월 26일, 왕세자 책봉 사실을 알리기 위하여 청나라에 사신으로 가는 영의정 이병모를 접견하였다. 이병모는 국가적 경사를 알리는 임무를 맡아 기쁜 마음으로 사신을 간다고 하면서도, 정력의 쇠퇴를 말하는 정조께 건강에 유의할 것을 특별히 당부하고 사행을 떠났다. 그러나 그는 다시는 정조를 만나지 못했다.

정조 24년 5월

5월 12일, 소론의 이시수(李時秀)가 우의정인 상황에서 정조는 그 동생 이만수(李晩秀, 이복원의 아들이자 서명선의 사위)를 이조판서로 임명하였다. 그리고는 사도세자 기일(5월 21일)을 맞아 다음날부터 열흘 간 근신재계하는 혼자만의 시간을 가지게 된다. 이기간 중 정조의 인사정책을 비판하는 글들이 나왔고, 당사자인 이만수까지도 사양하는 글을 올려 이 인사조치의 철회를 요청하였다. 특히 김이재(金履載)는 이러한 정조의 인사에 강력히 항의하였다.

5월 22일, 근신재계를 풀고 조정에 나온 정조는 자신의 입장을 더욱 강하게 밀어부쳤다. 12일의 조치에 덧붙여서 소론의 윤광안(尹光顔)을 특별히 이조참의에 임명함으로써 이조의 주요 직책을 소론 일색으로 구성해 버린 것이다. 일찍이 정조는 노론 소론 남인이 삼분의 일씩 되도록 하는 탕평적 인사방침을 제시한 바 있었으나, 이 조치에서는 각 당파의 비율을 맞추는 '호대(互對)'의 원칙 자체가 무시되었다. 정조는 장차 4년 후의 갑자년을 겨냥하며, 당색을 뛰어넘어 신료들을 전면 재배치하고자 하였다. 원로 대신들이 거의 돌아간 상황에서 자신이 즉위해서 초계문신제도 등으로 키워낸 새로운 관료들을 자신의 임의대로 포진시켜 세대교체를 이루고 자신의 정치적 구상을 실현하고자 한 것이다. 그러나 이는 커다란 정치적 파란을 일으키고 정조와 신료 간의 극단적 입장 차이를 노출시켰다.

한편 같은 5월 22일, 장령 권한위(權漢緯)는 상소를 올려 사학(邪學: 천주교)의 폐단을 비판하고 겸하여 인사정책의 개선과 환곡 폐단의 제거를 요청하였다. '사학'의 수용은 1780년대 천진암과 주어사에서의 강학회 이후 사상적 전환을 가져온 남인 신진기예들에 의해 주도되고 있었다. 그러므로 이는 이가환, 정약용, 이승훈 등 새로운 사상을 희구하던 남인 학자들에 대한 비판이었다. 그러나 이들 남인 세력은 정조 탕평정치의 한 기둥을 이루고 있었으므로 이들에 대한 극단적 처벌은 정조의 탕평정치 전체에 대한 위기가 될 수도 있었다. 정조는 이런 까닭에 이들에 대해 직접 사학을 처단하는 '척사(斥邪)'의 강경책을 적용하기보다는 정학의 부양을 통해 간접적으로 사학을 제거한다는 '부정학(扶正學)'의 온건책으로 대응하였다. 이들을 공격하는 노론세력에 대하여는 그들이 받아들인 청조풍의 부화한 문체와 문풍을 함께 문제삼아 '교속'의 원칙을 내세워 동시에 견책하였다.

그러나 이 견책은 일시적인 정치적 조치에 불과하였다. 문체반정과 서학금단 사건은 정조 측근에서부터 조선의 사상과 문화가 어떤 방향을 지향하며 나아가고 있었던가를 극명히 보여주었으며, 이 도도한 흐름은 정조의 견책에도 불구하고 더욱 강화되어 갔다. 남인은 정조 사후 천주교 신앙이 빌미가 되어 커다란 탄압을 받고(辛酉邪獄) 실세하게 되지만, 천주교 신앙 자체는 장차 전국적으로 수만 명의 서학신앙으로 확대되었다. 북학과 새로운 학문, 문풍을 추구하던 노론과 소론의 핵심세력들은 1806년 병인경화(丙寅更化)로 벽파세력을 일망타진한 후 세도정권의 핵심적 위치를 차지함으로써, 조선 사상과 문화의 주류를 성리학에서 북학으로, 진경문화에서 북학문화로 돌려놓는 역할을 하기에 이른다.

5월 29일, 정조의 인사조치에 저항한 김이재를 언양으로 귀양 보내었다. 그러나 정작 정조가 앞날을 내다보며 특별히 신임을 부여한 소론의 우의정 이시수와 이조판서 이만수조차도 정조의 조치에 완곡히 반대하였으며, 김이재를 용서할 것을 요청하는 상황이었다.

5월 30일 그믐날(晦日), 경연에서 정조는 이러한 정치적 파란과 신료들의 태도에 대해 보다 분명한 자신의 입장을 피력하였다. 자신의 지난날 인사정책과 나름의 원칙론을 술회하고 신료들의 추종을 촉구하였던 것이다. '오회연교(五晦筵教)'라 불리는 오월 그믐날의 이 담화를 통하여 정조는 지난 24년 간의 정국운영에서 각 정파 핵심인물들을 8년 간격으로 등용하거나 쉬게 하였다고 술회하였다. 남인의 채제공과 노론의 김종수, 그리고 유언호와 윤시동 등을 적절히 기용하면서 자신의 탕평책이 진행되어 왔던 바, 이제 김이재의 언론은 이러한 자신의 고심을 이해 못한 속된 습속이라 몰아부치고, 그 배후까지를 의리론으로 바로잡아야 한다고 언명하였다.

그는 국왕 주도의 정치방안을 피력하고, 좌의정 심환지와 우의정 이시수 등을 포함한 모든 신료들의 맹성을 요구하였다. 그러나 신료들이 무대응으로 일관하는 가운데 정조는 이만수와 윤광안의 이조판서직과 이조참의직 임명을 철회할 수밖에 없었다. 정조의 정치적 선택은 결국 신료들에 의해 거부되었고 그 지도력은 한계에 부딪치게 되었다.

정조 24년 6월

6월 1일, 화성유수 서유린에게 화성에서의 농업생산 증대 방안과 식목 계획을 유시함으로써 정조의 화성신도시 육성책과 이를 모범으로 한 전국적 농업개혁의 방향이 드러나게 되었다. 정조는 유시에서 화성신도시에서의 국영시범농장(屯田, 대유둔=북둔과 축만제둔=서둔) 경영을 근거로, '전국적인 둔전 설치 경영론'과 '영농실적에 따른 관직 제수 방안' 등 두 가지 방안을 제시하였다. 여기서는 부민(富民), 곧 유산계층의 자본을 끌어들여 활용하고 이들에게 벼슬을 주는 등으로 농업생산 증대를 독려한다는 구상이 구체화되었다. 서유구의 둔전론(屯田論)과 정약용의 정전론(井田論) 등 농업개혁론은 이러한 정조의 구상과 마찬가지 기반 위에서, 더구나 화성에서의 둔전 운영의 실험을 거치며 정리되어 나왔던 것이다. 조선사회와 농업이 근대를 향해 역동적으로 발전하고 있었음을 짐작케 하는 유시였다.

6월 5일, 정조의 오회연교에 대해 예조참판 이서구가 처음으로 반응을 보이며 자신의 견해를 밝혔다. 그는 고금의 의리는 한가지라는 전제 위에서 노론 신임의리의 준수와 사림청론의 의리론을 주장하였다. 실상 노론의 신임의리는 정조 즉위 직후 노론 청론사류를 권력기반으로 삼으면서 정조 스스로 그 정당성을 인정한 바 있었다. 정조는 노론의 상징적 인물인 우암 송시열(尤菴 宋時烈)을 높여서 그 묘소에 어필 신도비를 세우고, 효종의 능침이 있는 여주에 우암을 제사지내는 대로사(大老祠)를 세워 어제 어필의 비석을 세우기도 하였다.

그러나 이제 노론의 신임의리가 위협받고 있으며, 특권세력의 등장에 의해 청론의 의리론과 사림정치 자체가 곤란한 지경에 봉착하고 있다는 것이 이서구의 판단이었다. 측근신료들에게 실망하였던 정조가 정동준(鄭東浚)과 같은 특권세력을 키우고, 때로는 금령을 내려 언론을 봉쇄하거나 사림정치의 원칙론을 부정하기도 했던 점은 정조의 정치력이 한계를 보인 것이었다. 그러나 더 큰 문제는 시파 벽파로 분열하여 상쟁하게 된 정치 상황 속에 청론사류의 정치적 원칙이 혼란에 봉착하였으므로 이를 다시 확인해야 한다는 것이 이서구의 주장이었다.

6월 11일, 정신적 육체적 피로와 함께 초순부터의 부스럼병이 심해져서 정조의 투병이 본격적으로 시작되었다.

6월 14일, 부스럼병이 종기로 번지면서 정조의 병세가 악화되었다. 그간 여러 약을 썼지만 효과는 없었다. 이날 밤, 정조는 편전인 영춘헌(迎春軒)으로 장차의 외척인 김조순을 불러들여 4년 후 갑자년, 자신이 화성으로 물러난 후 신왕을 도와 권력을 행사하기 바란다는 당부를 하였다. 이는 즉위 직후의 우현좌척론을 정면으로 뒤집는 발언이었으며, 정조 24년의 정치적 성과를 스스로 부정하고 척족 세도정치를 유도하는 놀라운 언명이었다. 청론사류가 분열되어 정치력의 한계를 드러낸 상황에서, 정조의 탕평정치는 영조의 탕평정치가 그러하였듯이 척족을 특권세력으로 불러들이는 결과를 초래하고 말았던 것이다.

6월 16일, 음력 6월의 무더위와 오랜 투병에 지친 정조는 오회연교 후의 숨막힐 것 같은 긴장감 속에 신료들을 향해 불만을 토로하였다. 자신의 병은 가슴속의 홧병에서 유래하였으며, 신료들이 임금의 뜻에 부응하지 않기 때문에 악화되었다는 것이다. 정조의 불만은 좌의정 심환지와 우의정 이시수에게로 불똥이 튀어서 정승들 하는 일이 한탄스럽다는 말까지 터져나왔다. 정조로서는 병환만 아니라면 6월 18일 혜경궁과 왕세자의 생일을 맞아 진찬(進饌) 등 여러 행사를 벌일 것이겠지만, 이 모든 것은 후일로 미루어졌다. 이 날 이후 병세의 악화로 정조는 정사를 돌볼 겨를도 없이 투병에 몰두하게 되고, 신료들과 투약을 논의하는 대화만이 실록에 기록되게 된다.

6월 28일, 조금 나은 듯하던 정조의 병세가 더욱 악화되어, 오전 중에 정조는 혼수상태에 빠졌다. 정조의 근신들인 김조순, 서정수, 서용보, 이만수, 정대용, 김면주, 심상규, 김근순과 약원도제조인 이시수, 그밖에 심환지, 김재찬, 조윤대 그리고 의관들이 부복한 가운데 정조는 '수정전(壽靜殿)'인 듯 싶은 말을 되뇌이며 의식을 잃었다. 혜경궁과 왕세자가 달려오고 뒤이어 수정전에 거처하던 정순왕후가 다녀갔지만, 정조는 의식을 회복하지 못한 채 오후 유시(酉時, 6시 경) 창경궁 영춘헌에서 대소신료와 온 백성의 애도 속에 서거하고 말았다.

정조 사후 그 능침은 화성 남쪽 사도세자가 묻힌 현륭원의 동쪽 구릉으로 정해졌다. 그러나 이곳 능침의 외형은 현륭원과 차이를 드러냈다. 정조가 현륭원에 정성 들여 갖추었던 병풍석(屛風石)과 와첨석(瓦簷石)이 이곳에서는 채택되지 못하였다. 정조가 사도세자를 위해 택했던 능묘법식은 정조의 신료들에게 받아들여지지 않았던 것이다. 모든 석물(石物)의 세부의장은 화려했으나 이전의 힘

오늘의 전통문화 - 목잘린 석인

순교자 묘역을 지키고 있는
충청도의 어느 성당에 가면
묘역으로 내려가는 계단 좌우로
두 문인석이 목을 잘린 채 시립해
서 있다. 서구문화와 서구종교가
들어와 우리의 정신세계를
지배하면서 조선의 유교문화가
몰락하고, 그 상징물인 석인
조각이 이제는 머리를 잃은 채
서학을 위해 목숨을 바친 넋에게
잘못을 빌 듯이 서 있는가 싶어
섬득한 느낌이 든다. 이렇게 한
이가 석인의 상징성을 알았든지
몰랐든지 간에, 이것이
서구문화와 우리 전통문화의
실제적 관계이며 현주소인
것만은 분명하다. 그러기에 오늘
우리의 시급한 과제는
전통문화의 잃어버린 머리와
얼굴을 찾는 일이요, 그 진면목을
올바로 인식하는 일이다.

과 활기는 잃어버렸다. 정조시대 중반에 절정을 구가했던 문화와 예술은 정조대 후반, 정조의 서거와 함께 급속히 변화해 갔다. 조선 성리학에 기반하였던 진경문화는 자신감을 잃은 채 조락하고 북학 문화가 풍미하게 되었으며, 천주학을 필두로 서양문물이 점차 큰 영향을 미치는 가운데 조선의 전통문화는 쇠퇴의 길로 접어들었던 것이다.

부 록

측근신료가 본 정조대왕

– 『정조실록』 부록의 「천릉지문(遷陵誌文)」 –

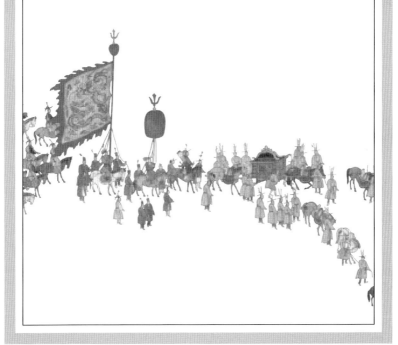

측근신료가 본 정조대왕
-『정조실록』 부록의 「천릉지문(遷陵誌文)」-

『정조실록』 마지막 부분에는 정조의 삶을 개관하는 각기 다른 형
식의 글 10편이 다음과 같이 실려 있다. 이 가운데 앞의 8편은
1800년 정조 사후 바로 지어진 글들로 「부록」에 속해 있고, 이어서
「부록 속편」에 1821년 정조의 능침을 옮기면서 새로이 지은 두 편
의 글이 첨부되어 있다.

1. 대왕대비전(정순왕후)이 내린 「행록(行錄)」
2. 혜경궁이 내린 「행록(行錄)」
3. 「시책문(諡冊文)」; 병조판서 김조순 지음
4. 「애책문(哀冊文)」; 영의정 심환지 지음
5. 「비문(碑文)」; 행상호군 김재찬 지음
6. 「묘지문(墓誌文)」; 이조참판 윤행임 지음

7.「시장(諡狀)」; 대제학 홍양호 지음

8.「행장(行狀)」; 행지중추부사 이만수 지음

9.「천릉비문(遷陵碑文)」; 좌의정 남공철 지음

10.「천릉지문(遷陵誌文)」; 대제학 심상규 지음

    이 중 정순왕후와 혜경궁이 내린 정조「행록」은 정조와의 개인적 관계를 기록하였고, 나머지 글들은 모두 정조의 서거, 또는 능침 이전을 맞아 예식을 진행하며 필요에 따라 지은 공식적 글이다. 이 가운데 가장 자세한, 그래서 가장 긴 글은 이만수가 지은「행장」이며, 다음으로는 천릉 당시에 심상규가 지은「천릉지문」이 많은 내용을 담고 있다.

    다른 글과 달리 이 두 글은 정조의 24년 간의 치적을 상세히 열

『정조실록』의「천릉지문」부분

좌의정 남공철이 지은 「천릉비문」뒤에 오른쪽 면 아홉째 줄부터 동그라미로 구분을 한 후 심상규의 「천릉지문」이 나온다.

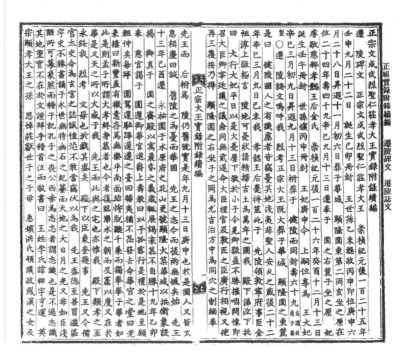

거하여 정조시대를 일목요연하게 이해할 수 있는 점이 장점이다. 게다가 이만수(1752~1820)와 심상규(1766~1838)는 훗날 김조순(1765~1832), 남공철(1760~1840), 서영보(1759~1816)와 함께 천생오태사(天生五太史; 하늘이 낳은 다섯명의 대제학)라 불리울 정도로 당대를 대표하는 문장가이자 널리 알려진 정조의 측근 신료로서, 곁에서 직접 본 정조의 삶을 수준높은 그들의 문장으로 진솔하게 기록하여 현실감이 뛰어나다.

여기서 심상규의「천릉지문」을 소개하기로 한 것은 이만수의「행장」이「천릉지문」의 5배의 분량으로서 그 내용이 너무 많아 다소 번잡한 데다가, 정조 사후 바로 지은「행장」에 비해 20년이 지난 시점에 지어진「천릉지문」이 정조와 정조시대를 보다 요령있게 정리했다고 보았기 때문이다.

정조 사후 정순왕후와 혜경궁, 심환지와 김조순 등은 시-벽의 갈등과 얽혀 각기 대립하게 되었고, 1806년까지 정국은 엄청난 정치적 소용돌이에 휩쓸렸다. 이 시기에 정조의「묘지문」을 지은 윤행임은 정치적 숙청으로 죽음을 맞고, 심상규도 유배를 당하는 등 정치 상황은 한 치 앞을 내다보기 어려울 지경이었다.

앞에서 살펴보았듯이『정조실록』에서의 사건 기술조차도 이 시기 벽파 우위의 정치상황에서 영향을 받을 정도였으므로, 정조의 치적과 삶을 평가하는 글을 짓는 데에도 여러 한계가 있었던 것이 사실이다. 그렇기 때문에 여기서는 첨예한 정치적 대립이 어느 정도 마감된 20년 후의 서술을 택하여 정조를 이해하고자 하였다.

물론「천릉지문」도 심상규의 정치적 입장을 고려하여 읽지 않으면 안된다. 어떤 식으로든 이 글에는 노론 시파의 핵심으로 정조의 근신이었으며 훗날 안동김씨 세도정권의 한 기둥이었던 심상규의 정치적 입장이 반영되고, 이는 정조와 정조시대에 대한 그 나름의 평가에도 영향을 주었기 때문이다. 정치적 사건을 넣고 뺀 기준이라든가, 각 사실의 비중 설정과 평가 방식 등은 심상규 나름의 역사관에 따른 것이었다. 앞에서 살핀 갑자년구상, 화성신도시 건설, 장용영의 설치, 왕권강화론 등에 대해 정조의 의도와 고심을 이해하면서도 정조 사후 그를 계승할 수 없었던 측근신료로서의 미묘한 입장에서 이를 수사적으로 처리한 것이 이채롭다. 사실을 서술하며 구절마다 얼핏얼핏 내비친 심상규 나름의 관점과 입장을 찾아내 본다면 이 글을 읽는 묘미가 배가될 것이다.

「천릉지문」을 현대어로 번역하는 과정에서 가장 어려운 점은 곳곳에 곁들여진 고사성어와 경서에 전거를 둔 수사적 표현의 처리 문제였다. 그 원래의 의미를 밝히다 보면 문장의 박진감이나 자연스러운 흐름이 끊기기 마련이다. 당대의 명문장이지만 오늘날의 감각으로는 호흡이 길므로 단락을 나누고 간략히 표제를 단 것은 독자의 이해를 돕기 위해서였다. 여기서는 남한과 북한에서의 번역본을 참조하여 직역을 원칙으로 하였지만, 자연스러운 흐름을 살리기 위해 때론 생략을하거나 의역을 하기도 하였다. 글 가운데 정조를 지칭하는 각종 표현은 모두 '선왕(先王)'이라 고치고, 각종 제도와 직제의 별명이나 수사적 표현들도 일반적으로 알려진 명칭이나 이해하기 쉬운 표현으로 고쳐 번역함으로써 분명한 서술이 되도록 하였다.

심상규는 청송심씨로서, 대대로 벼슬하던 경화사족의 명문 집안 출신이다. 그는 규장각직제학을 지낸 아버지 심념조(沈念祖)에 이어, 20대 초반의 청년시절부터 규장각에 들어가 정조의 측근신료가 되었으며, 상규(象奎)라는 이름과 치교(穉敎)라는 자(字)까지 하사

받을 정도로 정조로부터 각별한 사랑을 받았다.

　그의 학문과 문학은 가학(家學) 속에서 성장하고 정조의 조정에서 세련되었다. 누대에 걸쳐 수집된 그의 집안 수만권 장서는 서울에서도 유명하였으며, 그의 학문은 규장각에서의 최신 서적의 열람으로 수준이 높아졌다. 정조시대 각종 편찬사업에 참여하면서 그의 실력은 빛을 발했으며, 정조의 『홍재전서』 편찬에 참여하고 순조대에는 국왕의 국정 참고서인 『만기요람(萬機要覽)』을 편찬하기도 하는 등 국가의 중요 문헌과 문서가 그의 손을 거쳤다.

　그의 학문과 문학, 정치적 입장과 삶은 김조순과 함께 하는 점이 많다. 정조의 문체반정에서 그는 김조순, 남공철 등과 함께 견책을 받을 정도로 청조의 신문풍에 심취하였으며, 그의 학문도 청조고증학을 깊이 받아들인 것으로 당대의 북학풍을 선도하는 입장에 서 있었다. 정조를 늘 곁에서 모시던 시파의 핵심인물로서 그는 정조 사후 유배를 당하는 고초도 겪게 된다. 그러나 순조 6년 병인경화로 김조순 등 안동김씨의 외척세도가 시작되자, 김조순의 동지로서 정권의 핵심적 인물이 되어 훗날 영의정에 이르는 정치적 현달을 누린다.

　이 글을 지을 당시 그는 50대 후반의 나이로서 국가의 학문과 문풍을 주도하는 대제학의 위치에 있었다. 이른바 '천생오태사'가 세도정국에서 조선의 정계와 학계, 문원을 이끄는 가운데 심상규도 그 일원으로서 핵심적 역할을 하였으며, 이제는 경륜이나 연배 모두가 원로의 위치에 올라 있었다. 김조순의 상소에 의해 정조의 능침 이전이 결정되자, 그는 20여 년 전 젊었던 시절, 정조를 곁에서 모시던 측근신료로서 자신의 경험과 특별한 소회를 담아 이 글을 짓기에 이른다.

그런 만큼 이 글의 기술은 정확하고, 묘사는 생생하다. 정조시대의 중요사건과 정조의 정치적 지향이 요령있게 정리되어, 사실은 이 글 읽는 것만으로도 정조시대의 대체적 흐름은 충분히 이해할 수 있다. 더욱이 심상규가 직접 경험한 정조의 인간적 면모와 체취까지 이 글에 실려 있으니, 정조는 200년의 시차를 넘어 우리 앞에 찾아와 있는 듯하다. 다만 사람을 보는 눈은 사람마다 틀리고, 가지는 의문도 그 사람의 수준에 따라 다를 것이다. 그러므로 심상규가 그려낸 정조상으로부터 이끌어낼 수 있는 역사적 진실의 폭과 깊이도 사람마다 차이가 있을 것이다.

「천릉지문(遷陵誌文)」

서문

아, 돌아가신 우리 선왕(정조)을 화성에 있는 현릉원 동쪽 산기슭에다 장사지내어 모시고 이를 건릉(健陵)이라고 했는데, 식견 있는 사람들 모두가 이곳은 지대가 낮아서 성인을 오래 모셔둘 곳이 못 된다고 우려했습니다. 그로부터 21년 후인 신사년(1821) 3월 9일, 우리 효의왕후(孝懿王后)께서 돌아가셔서 건릉 부근에 자리를 정하려 하자, 영돈녕부사(領敦寧府事) 김조순(金祖淳)이 상소하여 현재 건릉 터의 근심스러운 상황을 소상히 말하고 좋은 자리를 골

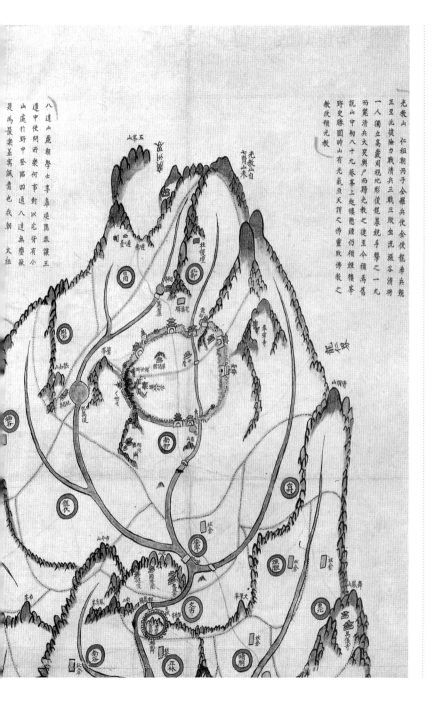

수원부 지도

1872년에 그려진 수원과 화성 일대의 회화식 지도. 규장각 소장. 윗쪽 중앙에 화성성곽이 그려지고 아래쪽 중앙에 화산과 그 아래 용주사, 현륭원과 건릉이 그려져 있어 전체적 위치를 한 눈에 살필 수 있다. 건릉은 원래 용주사와 현륭원 사이의 공간에 있다가 1821년 현재 위치로 이전하였다.

라 영구한 대책을 세울 것을 요청하였습니다.

이에 우리 전하(순조)께서 눈물을 흘리며 대답하시기를, "돌아가신 대비(효의왕후)께서도 평소 그 점을 크게 걱정하시고, 나에게 거듭 말씀하신 바 있다. 지금 경의 상소를 보니 더욱 목이 메고 송구스런 마음이 든다" 하시고는, 즉시 대신들을 불러 논의하게 하시니 모두 의견이 일치하였습니다. 그리하여 대신과 예관(禮官) 및 일을 맡아 관리할 신하를 명하여 널리 자리를 찾아보게 하고, 거듭 살피도록 하여 현륭원 오른쪽 산등성이 남향 언덕을 찾아 내니 아주 좋은 터인지라, 이곳에 선왕을 옮겨 장례하고 한 봉분에 왕후를 부장하였으니 그해 9월 13일의 일이었습니다.

이에 온 국민 모두가 안도의 숨을 내쉬며 서로 축하해 말하기를, "먼저의 능 자리는 참으로 염려스러운 곳이었는데도 선왕이 화성에 뜻을 두셨으니 어떻게 할까 망설였는데, 이제 다 잘되었다"고들 하였습니다.

돌이켜 보면 지난 정조 13년(1789) 기유년, 선왕께서는 사도세자의 영우원(永祐園)을 수원부 화산(花山)으로 옮기고 원호를 현륭원(顯隆園)으로 바꾼 다음 화성(華城)을 크게 쌓아 모든 시설들을 호위하게 하셨습니다. 현륭원 재전(齋殿)에는 선왕의 어진(御眞)을 걸어 두어 언제나 어버이를 곁에서 보살피려는 뜻을 나타냈으며, 해마다 성묘하면서 애모의 감정을 표현하셨습니다. 그리고 19년(1795) 을묘년에는 회갑을 맞은 어머니 혜경궁을 모시고 현륭원 배알을 하시고는 수원의 화성행궁으로 돌아와 술잔을 올려 어머니의 장수를 빌면서, "일찍 아버지를 여읜 나로서 이곳에서 이러한 예를 거행하고 나니 지극한 소원이 어느 정도 풀리는 듯하다"고 하시기도 했습니다.

그런가 하면, 언제나 현륭원을 성묘하고 돌아가실 때면 지지대
(遲遲臺)고개에서 행차를 멈추고는 멀리 화산 쪽을 돌아보시느라
차마 훌쩍 떠나지를 못하셨으니, 화성행궁의 건물 이름을 노래당
(老來堂)이라 하고 누각의 이름을 신풍루(新豊樓)라고 했던 것은
선왕 나름의 은밀한 뜻이 계셔서 였습니다. 남쪽을 향하고 앉아 임
금노릇 하는 것도 다 싫고, 임금 자리도 미련없이 벗어 던지고자 하
면서, 오직 화성만을 그렇게도 못잊어 하셨으니, 이는 바로 맹자(孟
子)께서 말씀하신, 큰 효자는 죽을 때까지 부모를 사모한다고 했던
경우였습니다.

이제 능침을 옮기려는데 다시 잡은 자리도 화성이니, 이는 하늘이 우리 선왕께 크게 감동되셔서 이곳에 유택을 주신 것이며, 한편으로는 우리 전하의 효성도 선왕을 닮아 우리 선왕과 선왕비를 영원히 편안하게 모시도록 하신 것이니, 아아, 이 얼마나 훌륭한 일입니까.

전하께서 이 심상규(沈象奎)가 선왕을 섬겼고, 지금 또 대제학의 직책을 맡고 있다 하여 능침의 지(誌)를 쓰라고 명하셨는데, 저로서는 진실로 황공하여 감당 못할 일입니다. 삼가 생각하건대, 우리 선왕의 높은 덕망 지극한 선행이야 우주에 넘쳐흘러 역사에도 다 쓸 수 없을 정도이며, 세상에 영원히 칭송될 만해서 굳이 지석에 쓰지 않더라도 천지와 같이 크고 해와 달처럼 빛날 것이니, 저와 같이 못난 사람이 제대로 그려낼 수는 없는 일입니다.

그러나 옛 기록을 보면 공자님의 상(喪)에 공서적(公西赤)이 지(志)를 썼는데, '지'란 기록한다는 뜻으로, 있었던 사실을

영릉표 탁본

효장세자를 진종으로 추존한 후 정조는 그 능침인 영릉의 표석을 직접 써서 세웠다. '조선국 진종대왕의 영릉, 효순왕후는 왼쪽에 묻히셨다(祔左)'는 의미의 단정한 전서(篆書)이다.

그대로 기록하는 것이요, 그 문장이 중요한 것이 아니기에 삼가 절하고 머리를 조아린 후 울면서 이 글을 쓰는 바입니다.

탄생과 성장

선왕의 성은 이씨(李氏), 이름은 산(祘)이며 자는 형운(亨運)이다. 영조의 손자이며 사도세자의 아드님이고, 어머니 혜빈 홍씨는 영의정 홍봉한(洪鳳漢)의 따님이다.

사도세자가 돌아가시자 영조께서 선왕으로 하여금 효장세자(孝章世子)의 뒤를 잇도록 명하셨는데, 그는 선왕의 큰아버님이셨다. 선왕이 즉위하고는 효장세자를 추존하여 진종(眞宗)이라 하고 그의 묘는 영릉(永陵)이라 했으며, 그의 빈 풍릉부원군(豊陵府院君) 조문명(趙文命)의 따님은 효순왕후(孝純王后)라고 했다. 그리고 사

창경궁 경춘전

정조가 태어난 창경궁 내 경춘전의 현재 모습.

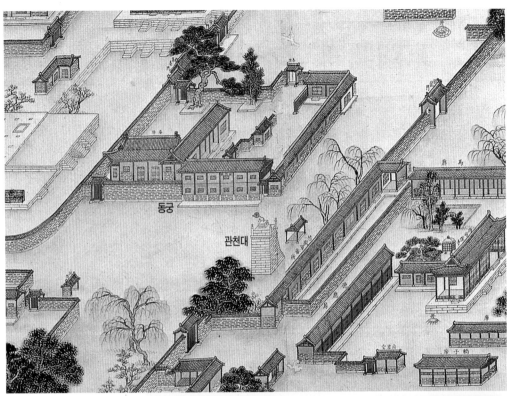

〈동궐도〉의 동궁과 현재의 동궁 터

동궁에는 관천대 등 천문관측 기구가 설치되어 왕세자가 우주와 천문에 대해 자연스럽게 관심을 가지도록 배려하였다. 일제시대에 창경원이라는 놀이터가 되면서 건물들은 모두 헐렸지만 창경궁 내의 동궁 터에는 관천대가 아직 남아 있다.

도세자에게는 호(號)를 장헌(莊獻)이라 올리고 묘는 영우원(永祐園), 사당은 경모궁(景慕宮)이라 했으며 혜빈을 높여 혜경궁(惠慶宮)이라 했다.

일찍이 사도세자 꿈에 용이 여의주를 안고 침실로 들어오는 것을 보고, 꿈을 깬 후 그 모양을 벽에다 그려두었는데, 얼마 후 선왕이 탄생했으니 영조 28년(1752) 임신년 9월 22일 을묘일이었다. 우는 소리가 우렁찬데다 콧날이 높으며 입이 크고 얼굴 생김이 범상치 않으셨다. 영조께서 와 보고는 몹시 기뻐하셨으며, 손으로 이마를 만지면서 꼭 내 이마를 닮았다고 하시고 그날로 원손(元孫)이라 칭호를 정했다. 선왕은 백일이 못되어 일어나 섰고, 겨우 걷기 시작하면서는 앉아도 반드시 무릎을 꿇어 단정히 앉았으며, 말하기 전부터도 글자만 보면 좋아했었다.

3세부터 사부께 글을 배우기 시작하여 『소학(小學)』을 배웠고, 8세 때 왕세손(王世孫)에 책봉되었다. 영조를 모시고 종로거리를 지나는데 사족과 일반 백성들로 하여금 세손을 바라볼 수 있게 조치한 일이 있었다. 궁에 돌아와 영조께서 물으시기를, "오늘 구경 나온 백성들이 매우 많았는데 그들이 너에게 바라는 일이 무엇이었느냐?" 하니, 선왕께서 대답하기를 "제가 착한 일 하기를 바랐습니다" 하셨고, 착한 일 하기가 쉽냐고 다시 묻자, 쉬울 것 같다고 대답하시니 영조께서 매우 기뻐하셨다.

10세 때 박사(博士)에게 수업했는데, 선왕은 『소학(小學)』「제사(題辭)」의 문구 중에서 '명명혁연(明命赫然)'에 대해 그 뜻을 묻기를, "명명(明命)이 내 몸에 있다는 것은 어떤 경지를 가리킨 것이며, 혁연(赫然)함을 구하려면 어떤 공부를 해야 합니까?" 하셨다. 박사는 대답을 못했고, 둘러섰던 여러 사람들은 반색을 하면서, 참으로 성인(聖人)이라고 하면서 기뻐했다.

사도세자가 돌아가시고 난 임오년(영조 38, 1762) 가을 영조께서, 중국에서 처럼 세손을 동궁(東宮)으로 삼고 양방관(兩坊官)을 두도록 명하여, 찬선 송명흠(宋明欽)이 부름을 받아 들어왔다. 선왕께서 그때 『맹자』를 배우시는데 송명흠이 『맹자』의 기본뜻에 대해 묻자 대답하시기를, "인욕(人欲)을 막고 천리(天理)를 보존하는 것입니다." 했으며, 또 어떤 뜻을 세우고 있는지 묻자 요순(堯舜)을 배우는 것이 바람이라고 대답하셨다. 송명흠이 나와서 사람들에게 말하기를, "총명하고 슬기로우며 우수한 바탕을 지니셨다"고 하였다.

하루는 영조를 모시고 있을 때 강관(講官)이 말하기를 삼남지방에는 기근이 들어 백성들 얼굴빛이 누렇다고 했는데, 선왕께서 그 말을 듣고는 저녁 밥상에서 고기를 드시지 않았다. 영조께서 그 까닭을 묻자, "굶주린 백성들을 생각하니 측은한 마음에 차마 젓가락이 가지 않습니다"라 대답하셨다.

선왕께서는 8, 9세가 되면서부터 더욱 장중한 태도를 가지셔서 호들갑스럽거나 하지 않았으며 내시나 궁녀들에게 말을 거는 일도 별로 없었다.

영조께서도 늘 이르시기를, "세손은 놀러다니려는 뜻이 털끝만큼도 없는 사람이다. 궁궐 후원에 꽃이 만발하여도 나를 따라가는 경우가 아니면 한번도 가서 구경하는 일 없이 날마다 조용히 앉아 독서만 한다. 이런 일이 어디 억지로 되는 일인가, 바로 그의 천성이 그런 것이다"라고 하셨다.

대리청정과 영조의 서거

영조께서 연세가 점점 높아갈수록 편찮으실 때가 많았는데, 선왕께서는 10년을 병간호하시면서 밤낮없이 곁을 떠나지 않아 잠시 옷을 벗을 겨를이 없었으며, 병환이 조금 더 심하기라도 하면 어찌 할 바를 모르고 울면서 기도를 하셨다. 앉고 눕고 하는 모든 기거를 몸소 다 보살폈으므로, 영조께서 왕세손이 너무 고달플까봐 혹 다른 사람으로 하여금 대신하게 했다가도 금방 짜증을 내시면서 "왕세손이 할 때 만큼 내 몸이 편치 못하다"고 말씀하시곤 하셨다.

화완옹주(和緩翁主)는 선왕의 고모였는데, 그의 아들 정후겸(鄭厚謙)이 옹주를 믿고 제멋대로 굴었고, 홍봉한(洪鳳漢)의 아우 홍인한(洪麟漢)은 자기 형 덕으로 재상이 되어 영조께서 정사를 소홀히 하시자, 서로 짜고 무리를 모아 권력을 농단하여 조정을 어지럽혔다. 이들은 선왕이 영특한 것을 싫어하여, 궁중에 드나들면서 기회를 엿보아 선왕을 모함하려고 하였다. 화완옹주 또한 궁중에 눌러앉아서 자기 아들을 위해 흉계를 도왔지만, 선왕은 아무 일도 없다는 듯이 조용하고 태연하게 대처해 나갔다.

영조의 병환이 더욱 심해져서 선왕에게 대리청정을 시키려 하자, 이들 역적들은 더욱 두려워하였다. 영조께서 공적인 사무를 동궁으로 들여가서 처리하도록 명하자, 홍인한이 손을 내저으며 승지로 하여금 그 지시를 쓰지 말도록 말리고 갖가지 말로 그를 저지하려고 무진 애를 썼다. 그러나 영조께서는 마침내 홍인한 등에게 벌을 주고, 선왕으로 하여금 모든 정무를 대행하도록 명하셨다. 드디어 동궁으로 가셔서 하례를 받게 되었는데, 술잔을 아홉번 붓는 구작례(九爵禮)를 행하고 뭇 신하들이 천세(千歲)를 부르는 가운데 영조께서도 웃으며 매우 즐거워하셨다.

선왕은 대리청정을 시작하면서 곧 상소를 올려 자신의 슬픈 마음을 개진하셨는데 그 내용이 매우 애절하였다. 영조께서 이 상소를 보고 눈물을 흘리시고는, 담당 관리를 시켜 정축년(1757)부터 사도세자 죽던 임오년(1762)까지의 기록 중에서 차마 못볼 내용들을 모두 지워버리게 하였다. 그리고 하교하시기를, "왕세손을 효장세자에게 양자보내어 종통(宗統)을 바로잡은 것은 3백 년 계속되어 온 우리나라를 위해서이고, 일기의 기록을 지워버린 것은 왕세손의 마음이 영원히 풀어지도록 하기 위함이다" 하시고는 유시하는 글을 짓고, 또 효성스러운 왕세손이라는 뜻에서 '효손(孝孫)'이라는 두 글자를 써 은으로 된 도장(銀印)을 주조해서 내리셨다. 이후 선왕께서는 모든 조회나 행차하실 때면 이 유시하는 글과 은인을 항상 앞에다 놓아 두셨다.

즉위

영조의 병세가 위독하자 선왕은 물 한 모금 드시지 않고 연이어 통곡하셨다. 이윽고 영조께서 돌아가시자 상복을 입고 말씀하시기를, "뭇 여론에 못이겨 왕위에는 오를지라도, 면류관과 곤룡포 차림으로 상례를 거행하는 것은 나로서 너무 부담스럽다. 이런 예가『서경』「강왕지고(康王之誥)」에 나와 있기는 해도, 소식(蘇軾)은 이를 예에 맞지 않는다고 비판하였던 바 있다. 비록 임금으로서 상을 치르는 옛 제도는 행할 수 없다고 하더라도, 상복을 벗고 길복을 입는다는 것이 될 일인가"라고 하셨으나, 뭇 신하들이 옛 예법이 그렇고 조선 역대의 제도도 그렇다고 하여 강력히 청하였으므로 선왕은 눈물을 머금고 이를 따르셨다.

선왕이 왕위에 오르시고는 곤룡포를 벗고 다시 상복을 입고는 내외에 유시하기를, "나는 사도세자의 아들이다. 돌아가신 영조께서 종통(宗統)을 중히 여겨서 나에게 효장세자 뒤를 잇도록 명하셨는데, 예법이란 엄하지 않으면 안 되지만 사람의 정(情)도 풀 것은 풀어야 하는 법이다. 사도세자의 제사 모시는 절차는 마땅히 대부(大夫)의 예에 따를 것이며, 종묘에서의 임금의 예와 같이 해서는 안된다. 혜경궁도 서울 내외에서 제대로 받들어야 마땅하나, 대비(大妃)와 같은 수준이 되어서는 안된다. 불순한 무리들이 만약 이 조치에 빙자하여 사도세자를 추숭(追崇)하자는 논의를 꺼낸다면, 이 문제에 관하여는 이미 돌아가신 영조의 하교가 있으므로 그에 따라 벌을 주고 선왕의 영전에 고할 것이다" 하셨다.

사도세자를 높이 받들면서 중국 송나라 복왕(복王)의 고사를 그대로 따랐고, 축문을 쓸 때는 주자(朱子)께서 정한 대로, 돌아가신 숙부(皇叔父)와 조카(從子)라고 사도세자와 자신을 표기했으며, 다섯 가지 제사에 희생과 아악을 썼다. 혜경궁에 대해서는 무릇 네 번에 걸쳐 책봉문과 존호를 올리고 말씀하시기를, "이 예가 혹 중복되게 높이는 경우가 된다고 할 지 모르나, 원칙을 어기면서까지 사사로운 마음으로 억지로 떠받들려는 것은 내가 원하는 방향이 아니

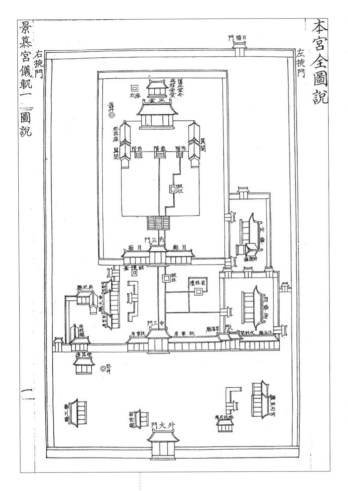

景慕宮儀軌一二圖說

右掖門　左掖門

本宮全圖說

경모궁전도

『경모궁의궤』에 실린 경모궁
시설물의 전체 모습. 현재는
외대문에 해당하는 함춘문과
계단석만이 남아 있을 뿐이다.

다. 이전의 역사에도 황자(皇子)·공주(公主)와 같은 칭호를 내린 일이 있고, 우리나라에서도 순강(順康)·소녕(昭寧)과 같이 존호를 올린 일이 있었다. 이 경우 중복되게 높인다는 혐의는 없고, 이름을 빛낸다는 의로운 뜻이 있는 것이었으니, 나도 원칙에 따라 이 일을 행한 것이다"라고 하셨다.

김상로(金尙魯)가 재상으로 있으면서 비밀리에 후궁 문씨(文氏)와 결탁하여 임오년에 사도세자가 죽는 참화를 만들어 내었다. 영조께서 일찍이 선왕에게 말씀하시기를, "김상로는 너의 원수다"라고 하신 까닭에 소급해서 김상로에게 반역죄를 적용하였다.

선왕께서 왕세손으로 동궁에 계실 때, 조재한(趙載翰) 등이 임오년에 있었던 일을 징토(懲討)한답시고 환관을 통해 그 사실을 선왕께 알려온 일이 있었는데, 선왕은 그때 그의 간사함을 알고서 속으로 미워하고 계셨다. 그런데 영조께서 돌아가신 후, 이덕사(李德師)가 또 상소하여 조재한이 하던 말을 되풀이 했다. 이에 선왕께서 말씀하시기를, "이들은 바로 돌아가신 영조를 무고하는 역적이다"

하시고 조재한과 이덕사를 사형에 처하셨다.

효행

    돌아가신 영조의 장례일이 되어 선왕은 발인 행렬을 따라가려고 하셨다. 그러나 너무 애통해 하다가 이미 병환이 나신 데다가, 옛부터 그러한 예는 없었다고 뭇 신하들이 만류하였으므로 성 밖까지만 따라 나가셨다. 영조의 발인 행렬이 멀어질 때까지 그대로 서서 바라보며 통곡하셨는데, 그 슬퍼하는 소리가 하늘에 사무쳐 이를 듣고 눈물을 흘리지 않는 사람이 없었다.

    선왕께서는 혼전(魂殿)의 소소한 제사까지도 반드시 직접 모셨고, 기일이 되면 목욕 재계하고 슬픔에 잠겨 추모하기를 20년을 하루같이 하셨다. 종묘를 배알하실 때 영조의 위패를 모신 열세번째 방에 이르면 몸을 굽히고 서서 마치 그 자리에 무엇인가 보이는 것이 있는 듯 숙연히 하셨으며, 매달 초하루와 보름이면 이른 새벽에 일어나 초상화를 모신 진전(眞殿) 배알을 꼭 했는데 이는 비바람이나 추위, 더위로 인하여 빠뜨린 적이 한번도 없었다.

    사도세자의 경모궁(景慕宮)에는 담 사이에 일첨문(日瞻門)·월근문(月覲門)을 두고 호위를 간소히하여 수시로 배알하였으며, 매년 사도세자가 돌아가신 5월 13일부터 21일까지 열흘 가까이 재실에서 근신하셨다. 정순왕후와 혜경궁을 섬기는 데 하루 세 번이라도 온화한 얼굴 유순한 태도로 의중을 미리 알아 기쁘게 해드리고, 물심 양면으로 부족함이 없이 갖은 정성과 효행을 다하셨다. 그리고 늘 이르기를, "나라에 일이 있으면 큰일이거나 작은 일이거나 간에 내 일찍이 정순대비께 여쭙지 않고 그냥 한 일은 없다"고 하셨다.

혜경궁께 부스럼병이 났을 때는 밤낮으로 속을 태우며 친히 약을 지어 발라 드리곤 했기 때문에 손이 다 부르틀 정도였었다.

언젠가 병을 앓다가 한 달이 다 되어서야 비로소 회복이 되어 신하들이 축하의 예식을 올리겠다고 청하자, 선왕께서 이르시기를, "미리 조심하지 않았다가 병이 걸려 오래도록 어버이께 걱정을 끼쳤으니 이는 스스로 반성할 일이지 하례는 무슨 하례인가" 하셨다.

뭇 신하들이 또 누차에 걸쳐 존호 올릴 것을 청하자, 선왕께서 "존호 올리겠다는 것에 대하여는 경들에게 임방(林放)의 옛 고사를 인용하여 이것이 잘못임을 말한 바 있다. 예란 진실로 인정에서 나온 것이며, 원칙에 따라 예를 절제해야 하는 것이니, 천년 이후에나 아마 내 마음을 이해하는 자가 있을 것이다"라 하셨으니, 선왕의 치세기에는 신하들이 다시는 이런 요청을 하지 못하였다. 『예기』에 이르기를, "그 자리를 이어받아 그 예를 행하고, 죽은 이를 살아 있는 이 섬기듯 하고, 없는 사람을 있는 사람 섬기듯 하는 것이 지극한 효도이다"라 하였으니, 이 말은 선왕을 두고 한 말인듯 하다.

역적 응징

선왕께서는 홍인한(洪麟漢)·정후겸(鄭厚謙)에게 사약을 내리고, 그들의 무리인 심상운(沈翔雲)·민항렬(閔恒烈)·홍상간(洪相簡) 등도 사형에 처하셨다. 삼사(三司)가 홍인한·정후겸에 대해 가족을 노비로 만들고 재산을 몰수할 것을 청하자, 하교하시기를 "법이란 누구에게나 공평해야 하는 것으로 비록 임금이라도 자기 마음대로 형량을 높였다 낮추었다 해서는 안된다. 사형을 결정할 때 죽기 전에 판결을 내리고, 죽으면 그 법조문대로만 하는 것이 정상적인 법집행이다. 지금부터는 판결도 나기 전에 반역죄를 적용하는 일이나, 이미 죽은 후에 소급하여 가족을 노비로 만드는 일을 해서는 안된다. 판결은 가벼운 벌로 해놓고서 실제로는 더 엄한 벌을 가하는 일 등도 일체 하지 말라" 하셨다.

경희궁(慶熙宮)에 자객인듯 한 도둑이 들었는데 잡지 못하여 처소를 창덕궁(昌德宮)으로 옮겼다. 그런데 도둑이 또 담을 넘어 들어왔다가 포도 군관에게 체포되었다. 그를 국문한 결과 홍술해(洪述海)의 아들 홍상범(洪相範)이 보낸 것이었다. 그때 홍상간은 이미 죽었고 그의 아비 홍지해(洪趾海)와 삼촌 홍찬해(洪纘海)는 모두 섬으로 정배되었으며, 홍술해 역시 황해감사로서 뇌물을 받았다가 사형에서 감면되어 곤장을 맞고 유배되었다. 그러므로, 이들의 자식과 조카, 처와 첩들이 밤낮없이 국가를 원망하면서 불순한 음모를 도모하였고, 홍술해의 처 효임(孝任)은 또 요망한 무당을 시켜 흉물을 묻어두고 저주를 하였다. 또 홍계능(洪啓能)은 홍술해의 조카 홍상길(洪相吉)·홍상격(洪相格) 그리고 이택수(李澤遂) 등과 음모를 꾸미며, 태갑동궁(太甲桐宮)이니 계해 반정(癸亥反正)이니 하는 말을 퍼뜨려 반란을 꾸몄는데 그들이 추대하려고 하는 자는 선왕의 이복동생인 은전군(恩全君) 이찬(李禶)이었다.

그 역적들이 모두 잡혀 죽었을 때 뭇 신하들은, 이찬이 왕실의 가까운 친척으로서 그 이름이 추대 대상에 올랐으니 붙잡아다 국문할 것을 청하였다. 이 말을 들은 선왕께서는 훌쩍 자리에서 일어나 내전으로 들어가 버리고 나오지를 않으셨다. 백관들이 계속 뜰에 엎드려 그를 죽일 것을 강력히 청했지만 선왕께서 허락하지 않자, 대신과 의금부당상이 그를 의금부로 끌어들여 자결하도록 다그쳤으나 거부하였다. 결국 다시 선왕께 아뢰어 그에게 사약을 내려 죽도록 하니, 선왕께서는 이 일을 못내 슬퍼하면서 내수사에 명해 장례를 후히 치러 주도록 하셨다. 그리고는 『명의원록(明義原錄)』과 『속록(續錄)』 두 편의 책을 편찬하여 여러 역모의 경위를 밝히셨다.

홍국영(洪國榮)이 동궁 관료 시절부터 선왕의 특별한 사랑과 신임을 받아왔었는데, 선왕께서 즉위하자 갑자기 높이 발탁되어, 병권을 쥐고 궁궐 내에 있으면서 날이 갈수록 교만 방자하고 제멋대로 권력을 휘둘렀다. 선왕께서 점점 그의 간악함을 알게 되었으나 꾹 참고 내색하지 않았었다. 그런데 그때 정순대비가 하교하여, 사대부집 처녀들을 간택하여 빈으로 들여 국왕의 후사를 얻도록 하라고 명하셨다. 홍국영의 누이동생이 여기에 응하여 빈으로 뽑혔으나 얼마 안되어 죽게 되자, 이에 홍국영이 앞장서서 주장하기를 "국왕의 후사를 얻기 위해 다시 간택하는 일을 해서는 안된다"고 하였다.

그는 은언군(恩彦君) 이인(李䄄)에게 아들 담(湛)이 있는 것을 좋은 기회로 여겨 군호(君號)를 완풍군(完豊君)이라 고치고 늘 입버릇처럼 우리 생질이라고 하면서, 그로 하여금 죽은 누이동생 홍빈(洪嬪)의 수빈관(守殯官)이 되게 하였다. 이 소문을 들은 사람들은 다 속으로 놀라고, 길가는 사람들도 서로 눈짓을 하며 홍국영의 음모를 알게 되었다.

그는 또 송시열의 후손 송덕상(宋德相)을 산림학자의 자격으로

부름을 받아 오게 하여 후사 문제로 상소를 올리게 했다. 그 상소 내용 중에는, "모종의 도리(道理)는 아랫사람으로서 감히 지적하여 아뢸 일은 못되오나, 신이 궁궐을 지키는 대장(宿衛將臣)에게 이렇게 하는 것이 제일 좋은 방법이라고 말한 바는 있습니다"라 한 곳이 있었다. 여기서 '숙위장신'이란 바로 홍국영을 두고 한 말이고, 이렇게 하는 것이란 바로 완풍군 이담을 죽은 홍빈의 양자로 들이는 것을 지적해서 한 말이었다. 선왕께서는 그때까지도 그의 보전(保全)을 위하여 앞에 불러 죄목을 낱낱이 지적하면서 그 스스로 용퇴하게 했다가, 그 후 지방으로 내쫓아 그곳에서 죽게 하셨다.

종실 처우

문효세자(文孝世子)가 생후 5세 만에 죽자, 정순왕후가 또 하교하여 암암리에 국권을 차지하려고 도모했던 홍국영의 죄상을 널리 알리고, 또 문효세자 상변(喪變)을 이유로 뭇신하들이 그의 죄 다스리는 일을 느슨하게 한 것을 책망했다. 이에 비변사 당상들이 나서서 이담(李湛)의 작위를 뺏고 호적을 없앨 것과 은언군 이인을 국법에 따라 처단할 것을 청했는데, 선왕께서는 그 상소문을 불태워 버렸다.

이담의 외삼촌 송낙휴(宋樂休)가 또 반역의 죄상을 고발하여, 무장인 구선복(具善復)이 이인·이담 등과 내통하고 있음을 고발해 사건이 모두 발각되었으므로 구선복이 마침내 죽음을 당하였다. 이때도 여러 신료들이 이인을 법으로 다스릴 것을 요청했으나, 선왕은 곧 방문을 닫아걸고 음식도 물리쳐 드시질 않았다. 여러 신료들이 문 밖에 엎드려 관도 벗어 버리고 강경하게 간언하자, 선왕께서는 이인을 그의 가족과 함께 강화도에 유배할 것을 명하셨다. 이어 하교하시기를, "옛날 양왕의 옥사가 그렇게 참혹했지만 한나라 경제(漢景帝)가 양왕 무(梁王 武)를 끝까지 보호할 수 있었던 것은 전숙(田叔)의 충절이 있었기 때문이었다. 유감스럽게도 오늘의 조정 신료들은 전숙에 대해 죄인들이 아니고 무엇이겠는가. 그리고 나를 어쩌면 그렇게도 한나라 경제보다 훨씬 못하게 대우한다는 말인가" 하셨다.

선왕께서 비록 이인을 강화도에다 유배보내기는 했지만, 내수사에 명하여 그에게 옷과 먹을 것을 대주게 하고 보내주는 물건도 줄을 이었으며, 또 내관을 보내어 비밀리에 불러들여 만나기도 하셨다. 그때마다 신료들이 간하면 선왕께서 말씀하시기를 "이것이 이른바 주공(周公)도 어쩔 수 없었던 허물이라는 것이다"라고 하셨다.

그리고 그 후에 정후겸의 어미인 화완옹주에 대하여도 석방 조치를 취하셨다. 선왕께서는 그가 영조의 사랑을 받던 사람이라 하여 그의 죄가 그렇게도 컸지만 법을 어기면서까지 용서를 베풀어, 처음에는 경기도의 어떤 섬으로 유배했다가 뒤에는 서울로 들어오게 했고 심지어 대궐에까지 들어오게 하여 만나보시기도 하셨다. 이것 역시 신료들이 아무리 간쟁을 해도 소용이 없었다.

은언군 이인·은신군 이진(恩信君 李禛)·은전군 이찬이 모두 선왕의 이복동생들이었는데, 이진은 영조 때 제주도로 귀양가 그곳에서 죽었다. 선왕께서는 그를 늘 생각하고 마음아프게 여겨 높은 품계의 종실을 대우하는 예로 다시 장사 지내도록 하고, 그의 사당에 가서 직접 제사지냈으며 시호를 내리고 묘비문을 친히 지어 주기도 하셨다.

신료와 백성에 대한 배려

선왕께서 중년 이후로 늘 개탄하며 말씀하시기를, "한(漢)나라가 4백 년을 지탱할 수 있었던 것은 그 풍속이 몹시 순후한데다 규제와 법망이 너그러웠기 때문이었다. 나도 지금 세상에서 본인이 나쁜 죄나 반역을 범한 경우가 아니라면 모두 용서하여, 조정에는 법망에 걸린 사람이 없고 세상에는 버림받은 집이 없도록 하고 싶다. 이것이 바로 화합을 유도하고 국가 운명을 영원히 하는 근본대책이 아니겠는가"라고 하셨다.

조정 신료들에 대해서도 개개인의 사정을 잘 보살펴 주셨고, 죽게될 때에는 측은한 마음으로 보살핌이 더욱 극진했다. 언젠가 봄에 꽃구경을 나서려다가 그만두자고 하면서 이르시기를, "정승이 죽어 빈소에 있는데, 어떻게 놀러 다닐 수 있겠는가" 하셨다.

백성의 일이라면 더욱 마음을 써서 지방관들을 임명해 보낼 때면 반드시 만나 면전에서 유시를 내려 백성들의 고통을 살피고 민폐를 바로잡도록 하였다. 때때로 암행어사를 파견하여 불법을 저지른 자를 들추어내고, 호소할 곳 없는 백성들의 억울함을 풀어주게 했으며, 혹은 군읍(郡邑)의 관리들을 불러 백성들의 고통을 묻기도 하셨다.

측우기를 설치하고 장대를 세워 바람의 상황도 측정하였으며, 비 정조가 측근신하 정민시가 죽자 그를 위해 내린 글씨. 정조는 아끼던 신하들의 죽음에 대하여는 의례껏 제문과 어필 글씨를 내려 충절을 기리곤 했다. '정와 정민시가 묻힌 곳' 이라는 뜻으로 상단에 '정묘어필' 이라고 새긴 곳에 정조의 묘호인 '정묘' 가 쓰인 것으로 보아 정조 사후 일정한 기간이 지난 후 하사받은 글씨를 새겨넣었음을 알 수 있다.

한번 내리고 별 한번 나는 것까지도 다 관심을 두셨다.

재정 정책과 대민 구제책

　명례궁(明禮宮)은 동궁(東宮)의 운영자금을 조달하는 창구였는데, 선왕께서는 대리청정을 하시던 처음에 우선 근본부터 맑아야 한다고 하시면서 이곳을 곧바로 호조로 이속시켰다. 또 각 궁방(宮房)이 사사로이 사람을 보내어 궁방전의 조세를 징수하였는데, 그들이 가는 곳마다 횡포를 부리고 조세를 가혹하게 거두어들이는 바람에 백성들이 고통을 견뎌낼 수가 없었다. 내수사도 관리가 각도로 내려가서 노비를 조사한답시고 온갖 농간을 다 부리는 통에 내수사 관리가 가는 곳이면 마을이 텅 빌 정도로 폐단이 고질적이었다.

　이에 선왕께서 이르시기를, "나라에 유리하고 백성에게 이롭다면 내 살갗인들 아끼겠느냐고 돌아가신 영조께서 내게 늘 말씀하셨다. 궁방전 중에 대(代)가 다하였는데도 회수하지 않은 것, 법이 정한 이상으로 받아들이는 것, 이 모두가 나라의 재정을 해치는 일이고, 궁방에서 나간 사람이 제멋대로 받아들이는 것은 더더욱 백성을 해치는 일이다"라 하시고, 대가 다한 것 및 더 받아들이는 것들을 조사하여 모두 호조로 반환하도록 하고, 궁방의 세금은 각 읍이 직접 호조로 납부하면 호조가 그것을 각 궁으로 떼어주도록 하여, 궁방에서 사람을 내보내는 제도를 없애고 내수사 추쇄관도 영원히 없애버렸다.

　또 각 도가 세수 총액을 정하여 자체적으로 조정하여 맞추는 비충(比總)제도를 시행하도록 하셨으며, 궁궐 소속 인원도 그 수를 줄이고, 궁궐에 파견하던 자리를 없앰으로써 그에 소요되는 비용을 일반 재정으로 돌리도록 명령하셨다.

서울 소재 군영의 꿩사냥꾼인 엽치군(獵雉軍)은 바로 옛 응사(鷹師) 모임이었는데 언제나 사냥을 나갈 때면 사냥꾼들이 열씩 백씩 무리를 지어 멋대로 돌아다니며 소란을 피우고 심지어는 사람을 해치는 자까지 있어서 엽치군도 없앴다.

평안도 지역에서 공물로 바치는 인삼과 제주에서 바치는 전복도 그 수량을 줄이고, 이는 돌아가신 영조의 뜻이라고 말씀하셨다. 또 팔도의 해묵은 대여곡식 10만 석을 탕감해 주라고 하시며, "영조께서 50년을 고심하시며 백성을 자식처럼 사랑하셨는데, 그 뜻을 계승하려면 이 일을 먼저 하는 것 이상이 없다"고 하셨다.

흉년을 만나면 날마다 비변사의 신하들을 만나서 구제책을 강구하고, 또 구황 정책의 요점을 벽에다 써 걸어두고 항상 보며 그를 시행하셨다. 근신(近臣)을 내보내 위로와 격려를 하는 등 선왕의 간곡한 유시가 각 도에 안 가는 곳이 없었다. 정상적인 공물과 세금을 줄여주고 창고를 열어 곡식을 내어 흉년을 구제하였으며, 환자곡 상환을 정지시키기도 하고, 내탕고의 재물을 보내어 도와주기도 하셨다. 경기지역이 기근을 당하자, 선왕께서는 "지금의 발매(發賣) 제도가 바로 한(漢)나라 때의 진대법(賑貸法)인 것이니, 한성부로 하여금 기민을 뽑아다가 값을 싸게 해서 쌀을 대주도록 하라"고 하셨다.

서울도성 안에 돈이 안 풀리는 전황(錢荒) 현상이 일어나자, 관청의 돈 15만 민(緡)을 이자 없이 공인과 상인들에게 대여해 주셨다. 제주도가 먼 바다에 위치하여 번번이 흉년에 시달리고 있음을 더욱 걱정한 나머지 내탕고의 백만 전(百萬錢)을 호남으로 내려보내 그것으로 곡식을 사 구제하도록 했으며, 또 친히 해신(海神)에게 고하는 제문을 지어 바다 건너는 데 불편이 없게 해주기를 빌었다. 그리고 길에 버려진 어린이들을 불쌍히 여겨 광제원(廣濟院)·육영사(育英社) 같은 옛 제도를 모방하여 설치하고『자휼전칙(字恤典則)』이란 책을 만들어 내외에 반포하였으며, 저들을 거두어 기르는 숫자를 매월 보고하도록 하고, 거두어 기르는 사람에게는 관청에서 수효에 따라 식량을 지급하도록 하였다.

서울에 유행병이 만연하자, 선왕께서는 "역병을 물리치고자 지내는 양제(禳祭)는 옛날부터 있어온 예법이다" 하시고는 교외에서 별려제(別厲祭)를 올리도록 명하셨다. 또 서울의 오부(五部)로 하여금 지역별로 가난하여 자력으로 치료할 수 없는 관내 주민들을 방문하게 하여 의약 관계 두 관청에서 의원을 정해 진찰하고 약을 주게 하셨다. 그때 문효세자의 상이 있었지만 그런 중에서도 선왕께서는 날마다 담당관을 시켜 구휼하게 하시니 많은 생명들이 살아날 수 있게 되었다. 그리고 또 내외에 명하여 언덕에 뒹굴며 썩어가는 시체도 모두 묻어주게 하셨으니, 선왕의 시대에는 산 자와 죽은 자를 막론하고 단 한 사람도 그 은택을 입지 않은 자가 없었다.

재판과 형벌에도 신중을 기하여 혹시 한 명이라도 억울한 자가 있을까 염려하셨다. 언제나 각 도에서 올라온 사안을 심리할 때면 모시는 신하들이 날이 저물도록 번갈아가며 받으셨지만 선왕께서는 권태로운 기색을 보이지 않으셨다. 규장각에서 선왕이 내리신 판결을 한데 모아 『심리록(審理錄)』26권을 만들었는데, 그곳 한 글자 한 글자가 모두 마음을 써서 충분히 심리한 뜻이 엿보였다. 감옥 담당하는 관리로 하여금 감옥을 깨끗이 청소하고 모든 형구도 깨끗이 세척하게 했으며, 경미한 죄는 즉결로 처리하여 보내게 하고, 곤장이며 목에 씌우는 형구 등도 규격에 맞지 않는 것들은 모두 규격에 맞게 바로잡도록 했다. 그리고 『흠휼전칙(欽恤典則)』을 편찬하여 그대로 시행하도록 하셨다.

또 하교하시기를, "당(唐)·송(宋)에서는 모두 5일에 한 번씩 죄수에 관해 보고하였는데 우리 나라는 10일에 한 번 하고 있으니, 그 10일 사이에 비록 억울한 죄수가 있을지라도 어떻게 스스로 알리겠는가. 지금부터는 해당 관청이 5일에 한 번씩 기록을 보고하도록 하라" 하셨다.

왕실 능묘 나무에 벌레가 생겨 잡으려고 할 때, 예전에는 벌레를 모두 구덩이를 파고 불에 태워 묻었었는데, 선왕께서는 "벌레도 살아 움직이는 물건이니, 몰아 쫓아버리는 것이 불에 태우는 것보다 낫지 않겠는가. 전에 듣기로는 벌레가 바다로 날아들어가 물고기나 새우가 된다고 하는데, 그를 잡아 바다에다 던져버려라" 하셨다.

또 언젠가는 부용정(芙蓉亭)에서 연회를 하는데, 들보 위에 둥우리를 튼 제비가 새끼에게 먹이를 먹이기 위해 날아 들어오려다가 들어오지 못하고 돌고만 있는 것을 보시고 선왕께서 그를 가엾게 여겨 즉시 자리에서 일어나 떠난 일도 있었다. 이 또한 새나 벌레

창덕궁 부용정

연못을 사이에 두고 주합루
어수문과 마주 보는 자리에
위치한 아름다운 정자. 정조
연간에 고쳐 짓고 부용정이라
이름했다.

같은 미물들까지도 다 선왕의 지극한 은택 속에서 살고 있었던 일면을 보여준다. 옛글에 이르기를, "어버이를 잘 모시고서 백성에게 어질게 대하며, 백성에게 어질게 대하고서 모든 사물까지도 사랑한다"고 했는데, 이는 바로 선왕을 두고 한 말이라 하겠다.

규장각과 문교정책

영조께서 지으신 글들을 편집하여 인쇄를 끝내었다. 선왕께서는 세조와 숙종 두 임금 시절에 규장각(奎章閣)이라는 명칭은 있었지만 정작 아무런 기구가 없었고 송나라의 용도각(龍圖閣)·천장각

(天章閣)같이 임금의 저술을 모셔두는 곳도 없었다고 하시며, 궁궐 후원에 규장각을 건립하시고, 역대 임금이 직접 쓴 문서는 따로 봉모당(奉謨堂)을 세워 여기에 봉안하셨다. 또 이전에 편찬사업에 참여했던 사람들이, 하는 일은 있는데 직함이 없었으므로 용도각의 학사(學士)·직학사(直學士) 제도를 모방해 제학(提學)·직제학(直提學)을 두고, 직각·대제(待制)를 모방해 직각(直閣)·대교(待教)를 두었다. 역대 임금들의 어진(御眞)을 모사하여 규장각 주합루(宙合樓)에 봉안하고, 어필로 이문원(이文院)이라고 써서 관리하는 관청의 편액을 달았다. 그리고 이문원에 나아가 현직 전직의 규장각신(閣臣)들로 하여금 책을 가지고 나오게 하여, 『근사록(近思錄)』을 강론하고 경전의 뜻을 토론하며 정치를 논하셨다. 이어서 홍문관에 행차하여 『심경(心經)』을 강론하셨다. 뒤에는 규장각에도 대제학(大提學) 제도를 두어 홍문관대제학의 물망에 오른 자를 임금의 뜻에 따라 임명하도록 하였으나 결국 임명된 사람은 없었다.

규장각에는 문신을 뽑아서 경전을 강론하고 글을 짓도록 하는 초계문신(抄啓文臣)제도를 두었다. 선왕께서는 문신들이 경전의 강론과 글짓는 일을 하다말다 하는 것이 인재를 육성하는 방법이 아니라고 생각하셨다. 이에 의정부에 명하여 승문원의 참상(參上)·참외(參外) 벼슬에 있는 나이 37세 이하인 자를 뽑아 아뢰게 하고, 그들로 하여금 매달 경전과 역사서를 강론하고 열흘마다 문장 시험을 보게 하여, 성적에 따라 상과 벌을 주셨다. 이후 이들이 항상 공부할 수 있도록 정성을 다했으므로, 신축년(1781) 선발을 시작으로 그 후 무릇 10차례에 걸쳐 선발이 있었는데 지금의 높은 관리

김홍도의 〈규장각도〉

정조의 특명으로 김홍도가 규장각 건물인 주합루와 주변 풍광을 그린 그림. 1776년 규장각을 창건할 당시의 진경산수화풍의 그림으로써 규장각의 초기 상황과 정조의 관심, 그리고 32세 젊은 김홍도의 기량을 보여주는 소중한 그림이다. 국립중앙박물관 소장.

대다수가 다 그때 선발된 인물들이다.

춘당대(春塘臺)에 나아가 성균관의 유생들을 불러 강론을 마치고, 이어 식사하는 자리를 베풀며 말씀하시기를 "정자(程子)께서 절간에서 회식하는 것을 보고, 하, 은, 주 삼대(三代) 때의 엄숙함이 있다고 감탄했었는데, 하물며 이처럼 학행이 뛰어난 사람들의 회식 자리이겠는가. 북소리에 맞춰 나오고 나란히 앉아 질서정연한 것이 볼 만하기 때문에 내가 여러 유생들과 함께 하기를 좋아하는 것이다. 음식이 소박해도 나에게는 진수 성찬보다 낫다"고 하셨다.

친히 문제를 성균관에 내려 여러 유생들에게 시험을 보이시고, 뽑힌 사람을 불러 술을 내리셨으며, 늘 쓰시던 은으로 된 잔(銀盃)을 그들에게 하사하셨다. 그 술잔 복판에 '나에게 반가운 손님이 있네(我有嘉賓)'라고 새겨져 있어, 여러 유생들이 시를 지어 그 사실을 노래하였다. 선왕께서는 친히 그 시들을 묶어 첫머리에 서문을 쓰시고는 이름하여 『태학은배시집(太學銀盃詩集)』이라고 하셨다. 성균관에서 강론하고 시험보는 규정도 새로 정비하여, 혹 자리에 나가서 친히 시험도 보이고, 혹은 시제를 나눠주고 직접 평가도 하시고, 혹은 경전의 뜻을 조목조목 묻기도 하셔서, 가끔씩 급제시키거나 첫벼슬을 제수하기도 하셨다.

또한 많은 상이 팔도에까지도 두루 미쳐서 지방에서도 과거에 급제하도록 하셨다. 그 내용을 적은 『경림문희록(瓊林聞喜錄)』·『정시문정(正始文程)』과 같은 책이 있는가 하면, 경상도(嶠南)·강원도(關東)·제주도(耽羅)·전라도(豊沛)·함경도(關北)·평안도(關西)에도 『빈흥록(賓興錄)』이 다 있었으니, 훌륭한 선비들을 육성해 낸 것이 옛날에도 이렇게 융성한 때는 없었다.

대신(大臣)과 인사담당관리, 지방관들에게 명하여 주자학을 전공한 사람을 추천해 올리게 하고, 서양 사교(邪敎)인 천주교(耶蘇敎)에 물든 윤지충(尹持忠)·권상연(權尚然)은 사형에 처하셨다.

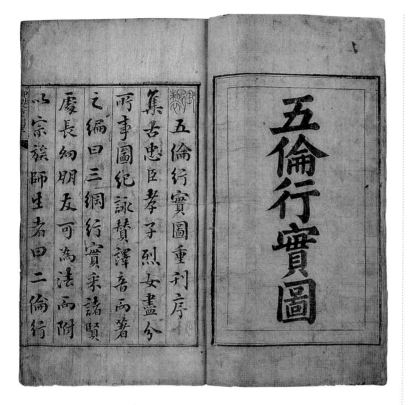

선왕께서는 동궁에 계실 때부터 어른들께 문안드리고 보살펴드리는 일 외에는 경전 연구에만 몰두했었는데, 왕위에 오르고 나서는 매일 새벽부터 밤까지 부지런히 정사를 보시고는 좌우에 있는 서책을 밤새워 보셨다. 그러면서 "내가 무슨 공부를 했겠는가. 다만 많은 어려움을 겪어왔기에 마음을 바로잡아 참는데 도움이 되었다"고 하셨고, 또 "내가 처음에는 문학에 뜻을 두었다가 경학(經學)에도 종사해 보았으며, 단정한 몸가짐을 가지는 공부도 해보았으나, 지금 와서 생각하면 내 몸과 마음에 무슨 도움을 주었는지 모르겠다. 또 제왕의 학문은 일반 선비와는 달라 그보다 더 큰 경지가 있기 때문에, 심성(心性)이니 이기(理氣)니 하는 것도 그것을 놓고 세세한 것까지 분석하고 들어갈 필요가 없다. 하물며 문장을 짓는데에 내 심력을 허비할 필요가 있겠는가"라 하셨다.

일단 문장을 쓰면 마치 은하수처럼 신령스럽고도 변화무쌍했으며, 의미가 깊고도 적절하여 경전의 고전적 문장만큼이나 훌륭했다. 문집으로는『홍재전서(弘齋全書)』3집(集) 1백 권이 있고, 또한『대학류의(大學類義)』·『존주휘편(尊周彙編)』·『경사자집사부수권(經史子集四部手圈)』·『송사진전(宋史眞詮)』·『오륜행실(五倫行實)』·『향례합편(鄕禮合編)』·『팔가백선(八家百選)』등을 편찬하셨다. 주자서(朱子書)로『회영(會英)』·『선통(選統)』·『백선(百選)』·『회선(會選)』·『절약(節約)』등 여러 책을 편찬하셨는데 여기에는 다 원전의 정신을 살리면서 정리하려는 뜻이 담겨져 있었다.

선왕의 정신이 응축되어 겉으로 드러난 이 책들은 모두 정학(正學)을 밝히고 사술(邪術)을 물리치며, 경전의 가르침을 숭상하고 잡서와 소설들을 물리치고자 하신 것이었다. 이처럼 오교(五敎)와 삼물(三物) 같은 도덕과 덕행을 학교를 크게 일으켜 가르쳤기에, 당시의 많은 선비들이 두루 살펴주신 선왕의 교화 속에서 크게 고무받아 떨쳐 일어나게 되었다. 그러니 경전에 이른바 '문왕(文王)이 이미 돌아가시고 없으니, 문교의 책임이 여기에 있는 것 아닌가' 라고 한 것은 바로 선왕의 경우를 두고 한 말이라고 하겠다.

장용영과 군사정책

선왕께서는 타고난 용기와 지혜, 뛰어난 무용(武勇)으로 수많은 어려운 고비를 겪으면서 뭇 악당들을 소탕하고, 법도를 총괄하여 남이 감히 엿볼 수 없을 정도로 모든 사건을 시기와 상황에 따라 적절히 처리하셨다. 그리하여 왕실과 정부의 안팎을 훤히 꿰뚫고, 안으로 조정에서부터 먼 지방 궁벽한 마을에 이르기까지, 사람들 모두가 하느님이 나를 굽어살피듯이 하신다고 하였던 것이다.

무과 급제자들이 선전관이 되도록 하는 선천 금려(宣薦禁旅)제도를 두어 무신으로의 출세길을 열어 주었으며, 수어청과 서울의 군영을 혁파하고 북쪽 변경에 두 진(鎭)을 설치하여 불필요한 군병을 줄이고 변경을 개척하셨다.

『병학통(兵學通)』·『무예도보(武藝圖譜)』를 저술하여 진법과 치고 찌르는 전투요령 등을 소상히 밝혀두고, 여가만 있으면 궁궐 내원에서 진법을 익히게 하고 관람하셨다. 이때 둘러보시며 지휘하시는 것이 바람이 일고 구름이 모이듯이 하여, 일찍이 효종께서 척뇌당(滌惱堂)에서 말타는 시범을 보여주셨던 것과 마찬가지였다. 활쏘기에는 타고난 천분이 있어서 50발 중에 49발을 명중시키셨는데, 이때 말씀하시기를 "무엇이든지 가득차면 못쓰는 것이다"라고 하셨다.

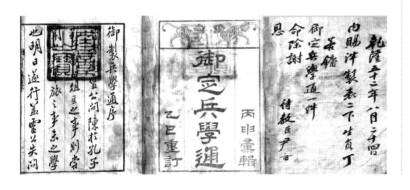

장용영(壯勇營)을 설치했는데 그것은 왕실 호위와 외적에 대한 방비를 튼튼히 하려는 것만은 아니었다. 선왕께서는 납부할 군포를 감하여 백성들에게 혜택을 베풀려는 균역법(均役法)이 영조의 지극한 뜻이 담긴 사업이었는데도, 이 일을 맡아 하는 신하가 영조의 뜻을 잘 받들지 못하여 모두가 구차하고 불편하게 되었다고 보아, 장차 이 제도를 혁파하여 고칠 생각이셨다. 그러므로 장용영을 둘러싼 계획과 조치는 이를 위해 정밀한 계획에 따라 한 일이었으니, 막연히 생각하거나 멋대로 논의하는 자들이 이해할 수 있는 일이 아니다.

　　또한 장용영의 외영에는 옛날처럼 위부(衛部) 제도를 두었는데 이 또한 깊은 뜻이 있어서였다. 그러나, 아, 이제는 끝나고 말았구나. 『서경(書經)』에 이르기를, "성스러운 무위를 떨치니 만백성이 진심으로 믿고 따른다" 했는데, 이는 선왕을 두고 한 말이라 하겠다.

충신의 표창과 역대 임금의 추존

　　즉위하시던 병신년에 이광좌(李光佐)·조태억(趙泰億)·최석항(崔錫恒)의 관작을 추탈(追奪)했다. 선왕께서는 신축·임인년의 노론의 의리론을 마땅히 먼저 천명해야 한다고 생각하시고 영조의 을해년(1755) 처분을 따르도록 명하셨다. 신축년(1781)에는 60년 전 사형을 당한 노론 사대신(四大臣)의 사충사(四忠祠)에 제사를 지내고, 서덕수(徐德修)에게 관직을 추증했으며, 갑진년(1784)에는 노론의 사대신·삼장신(三將臣)·사절도(四節度) 및 달성 부원

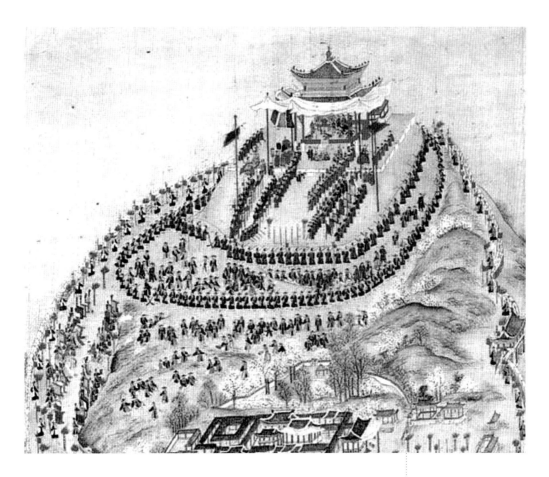

김홍도 〈서장대성조도〉 부분

호암미술관 소장의 수원능행도 8폭 가운데 하나. 정조는 화성에 장용외영을 설치하고 화성 행차 때마다 군사 훈련을 실시하였다. 이 그림은 1795년 윤2월의 혜경궁 회갑잔치 때 정조가 화성 서장대에 임어하여 친히 지휘한 야간 군사훈련의 장엄한 광경을 김홍도가 그린 것이다.

군(達城府院君) 서종제(徐宗悌), 판서로 추증된 이정소(李廷熽)에게 제사를 지냈다. 그리고 판서로 추증된 조성복(趙聖復)과 참판으로 추증된 김성행(金省行)에게 충성을 기리는 정려(旌閭)를 내렸다.

무신년(1787) 3월에 하교하시기를, "올해 이 달은 우리 영조께서 무위를 선양하여 이인좌(李麟佐)의 난을 평정한 지 60주년 되는 해요 달이다. 60년만에 그 해와 달은 돌아왔건만 보이는 것이라곤 산천의 의구함 뿐이니, 그 옛날을 회상하는 나의 감회로 그때 그들의 충절과 노고에 보답함으로써 우리 영조께서 받으신 아름다운 마음에 화답하지 않을 수 있겠는가" 하시고, 그 당시 충절을 지키다 죽거나 힘써 일하였던 여러 신하들에게 제사지내고, 각 도에 명하여 당시 이인좌난 토벌에 참여했던 군사로서 아직 생존해 있는 자를 찾아 유공자 명단을 작성하게 하셨다. 또 사도세자가 돌아가신 임오년 이전에 신하로서의 직분을 다했던 여러 사람들 모두에게도 그들의 공적을 포상하셨다.

예전에 세조(世祖)께서 대제학 신숙주(申叔舟)에게 명하여, 태조·태종·세종·문종 네 임금의 『보감(寶鑑)』을 편찬하도록 했고, 그 후로는 이단하(李端夏)가 편찬한 선조의 『보감』과 이덕수(李德壽)가 편찬한 숙종의 『보감』이 있을 뿐이었다. 『영조실록(英祖實錄)』이 완성되고 나자 선왕께서는 이어 영조의 『보감』을 편찬하도록 명했고, 또 12임금에게는 아직 보감이 없다 하여 아울러 편찬하게 했던 바 모두 68권이 되었다.

이에 하교하시기를, "역대 임금들의 옥책(玉冊)·금보(金寶)는 주나라 종묘에 보기(寶器)를 진열해 둔 제도를 모방하여 종묘에 드실 때 다 함께 봉안했으나, 『보감』은 각 임금의 공덕을 펴내 후손들에게 교훈을 남기는 것으로서, 그 규모가 사실 서서(西序)라는 옛 학교에서의 대훈(大訓)과 같고, 소중하기로 말하면 신분을 나타내는 보물이나 옥새보다도 오히려 더한 점이 있다" 하시고, 친히 종묘

사육신묘비 탁본

1782년(정조 6) 사육신의 묘비를 세우면서 영조때의 대제학 조관빈이 쓴 비문을 당나라의 명필 안진경의 글자를 모아 새겼으며 이 과정을 정조때 규장각제학을 지낸 이휘지가 묘비 뒷부분에 밝혔다. 조선에서는 충절을 기리는 경우 당나라의 충신이었던 안진경의 굳센 글씨를 모아 새기곤 하였는데 그 대표작 중 하나이다.

有明朝鮮國六臣墓碑銘幷序

太宗伯大學士趙觀彬 撰
集唐顔眞卿 書

維皇明之世南越露梁津同于之臣有五哀同域谷榭片石只書姓氏如姉人之表而過者
嗟曰萬古忠臣之葬耶所謂臣墓也六臣者柰判河公諱緯地都摠管兪公諱應孚已事世宗
柳公諱誠源柰判朴公諱彭年承旨成公諱三問校理李公諱塏司藝
公諱玧義烈殉事載南秋工李醞开于六臣列傳而朴公臨池之矢成公柏寶之哭李公之感
柳公之動集賢給綸河公辭桓而置至兪公取鐵而投地此可以藁其實蹟矣
足以揭日星而亞于宙宣端宗遜位之周甲也
義已未閔武露梁隔江墓下命作其嶷因多士疏謂傷其基立祠井于辛末辛
復官致祭則同領曰代甸此露夢矣大廟又遺官祭六臣祠於足于
配列祖而有之而諸公之危忠錄後之典而惟我列祖祠而以朴公卒幸成姓氏則其爲六臣中
四公益之又有一成氏此則成公之父勝同時被禍葬此去而河公墓在嶺南善山藏一體柳公墓則

命京畿觀察使始碑立墓道感節祠有司幸甫閼百圃无編幸柰令以祀戒之文如孝子孫烈有謹於
天下後世碑無句无句足輕重而聖主秀忠多士勤耑
而余之銘銘曰
入紀有五臣爲二聖得培植以遺後嗣百有五臣爲
其慶碑不書名傳建彼世敎老曰信此足以勸域久秘本履終保河則別許柳無探土事在舍幸萬詳
厥故无非二公昆閼此隧四時蒸嘗義士校惟我蕭考忠是獎暄墓帝感運祠以幸感曰同照襄
革始睟追勞罔極神人之物於 王之祀遜不 廟配君臣一脈忠或公重苦想之謹僉曰浦而所
荒原後万慶奉幸庶之必追咨之商 王命幸賴立石士林其秋幸先記正蘊本人以 太
書貞珉臨王屹立立王求嘗遠通越歿 莊陵復位之周甲也 上命昭朴公
成今李公柳令河公葬史曹判書兪公諱應孚曰忠正成曰忠文李曰忠簡間令徵問當寧丁
鳴幸臣眠院止起 英考丁卯而遂十有二年戌寅卯 命徵問
忠景司公曰忠則令前公閼盖 蕭兩朝以次遂于追定其嗣家在安東至令有是 命成遺禮官致祭于忠
道臣征表河公閼盖 命昭南白公

(宗廟)와 영녕전(永寧殿) 각 실(室)에다 나누어 보관시켰다.

선왕께서는 영조를 높여 위패를 영영 옮기지 않는 세실(世室)에 모셨다. 또 영조께서 편찬하신 『갱장록(羹牆錄)』을 보시고 이르시기를, "역대 임금의 통치법과 정치술이 이 속에 모두 들어 있다. 『보감』은 편년체이고 이 『갱장록』은 부류별로 모은 기록이기 때문에, 보기에 편리하고 더욱 긴요하며 절실한 장점이 있다" 하시고, 규장각신을 명해 속편을 편찬하도록 하셨다.

선왕께서는 그날 하루 한 일들을 모두 기록하여 두셨는데, 기록을 담당한 관리의 착오와 누락이 많다 하여 규장각에 명해 별도로 기록을 편찬하도록 하시고, 증자(曾子)의 날마다 세 가지를 반성한다는 '일삼성(日三省)'의 뜻을 취하여 『일성록(日省錄)』이라고 명명했으며, 규장각신이 또 경연에서의 임금의 말씀을 뽑아 기록하도록 하여 『일득록(日得錄)』이라고 했다. 선왕께서는 "이 기록들은 경전의 의미에 관한 문답이나 정치에 대해 논의한 것들을 적어 반성하는 자료로 삼기 위한 것이니, 만약 지나치게 미화하여 겉치레만 해 놓는다면 뒷사람들이 그것을 보고 지금 시대를 무엇이라 평가하겠는가"라 하셨다.

단종 때의 일에 대해 늘 큰 감회를 느끼시고 친히 제문을 써 사육신(死六臣)에 제사지내셨으며, 230명에 달하는 순절한 많은 신하들을 찾아내어 그들에 대해서도 단종의 능인 영월의 장릉(莊陵) 곁에다 단을 쌓고 봄가을로 제사지낼 때 함께 제사를 받도록 했으니, 이에 관해서는 『장릉배식록(莊陵配食錄)』이란 책이 있다.

선왕께서는 명나라 황제에 제사지내는 황단(皇壇, 대보단)에 망배례(望拜禮)를 올리실 때면, 먼저 관원을 보내 명나라 장수를 제사지내는 선무사(宣武祠)를 살피게 하시고 명나라의 이여송(李如松) 제독에 대하여는 세대에 관계없이 영원히 제사를 올리도록 명하셨다. 의주의 현충사(顯忠祠)·기충사(紀忠祠)에는 편액을 내리셨으며, 칠의사(七義士)도 거기에 함께 제사지내도록 하셨다. 그리고 임인관(林寅觀) 등 95명에 대해서도 단을 쌓고 제사를 드리게 하여 끝까지 의(義)를 지켰던 중국의 유민들을 위로하고, 병자호란 때 오랑캐에게 저항하며 척화(斥和)했던 신하들 모두를 표창하고 기록으로 남겼다. 충신과 의사(義士)의 단을 세워 충절을 기리고 무공을 높이는 비문도 지으셨으며 『존주록(尊周錄)』도 편찬하도록 하셨다.

선왕께서는 명나라의 세 황제가 돌아가신 기일이면 언제나 간소한 식사(素膳)만을 드시면서 이르시기를, "근고(近古) 이전만 해도 공식 석상에서 회식할 때면 쇠고기를 먹지 않았고, 나라의 중요 기일에도 조정 신료들 모두가 이틀 동안 간소한 식사만을 했다. 영조 초년까지도 그랬었는데 지금은 그렇지 않다"고 하셨다.

서울 동쪽 시범농장인 적전(籍田)에 가서 벼 수확하는 것을 구경하시면서, 술을 내려 농부들의 노고를 치하하고 윤음을 내려 농업을 권장하기도 하셨다. 선왕께서는 언제나 정월이면 반드시 윤음을 내려 농업을 권장하였고, 수확철에 또 한 번 이렇게 하셨다.

선왕께서는 늘 요순(堯舜)임금을 본받고자 한다면, 마땅히 역대 임금도 본받아야 한다고 하셨는데, 도량이 넓은 것은 태조 이성계를 계승했고, 찬란한 문장은 세종을 본받았으며, 영명하고 씩씩하기는 세조와 같고, 지극한 행실은 인종과 같았다. 자나깨나 존주대의(尊周大義)를 생각하고 그를 앞세웠던 것은 효종과 같았으며, 어진 사람을 등용하고 간사한 자를 몰아내는 데 위엄과 용단이 있었던 것은 숙종의 정치술과 같았다. 만민이 우러러보는 정치의 기준을 세우고 명문집안의 신하들을 잘 보호했던 것은 영조의 마음 쓰는 법 그대로였다. 그러니 『서경』에 이르기를, "크게 드러나는구나 문왕의 계책이여, 훌륭히 계승하였구나 무왕의 공적이여"라고 했는데, 이는 선왕을 두고 한 말이라고 하겠다.

의례와 법제의 정비

영조의 혼전(魂殿)에 빈소 문을 열었을 때 선왕께서 이르시기를, "『상례보편(喪禮補編)』에 의하면, 혼상(魂箱)을 모시고 조상의 사당에서 간단한 예를 행한다고 했는데, 원래 상례란 나아가기는 하지만 물러나는 법은 없다. 『예기』「단궁(檀弓)」편에 보면 부하(負夏) 고을 상주가 널을 싣고 제자리를 떠났다가 다시 밀고 제자리로 돌아오자, 자유(子游)가 그것이 예법을 어긴 것이라고 비난했었다. 같은 집안 내에서 밀고 갔다 제자리로 돌아온 것도 예법을 어겼다고 비난받았거늘, 하물며 혼상을 모시고 나가 종묘에 하직을 고하고 다시 돌아와 빈전(殯殿)에다 모신다는 말인가. 그리고 '혼이 방으로 돌아온다'는 말은 선유(先儒)들 말인데, 조상 사당에서 예를 지낼 때 관을 모시고 하지 않고 혼상만을 모시고 하는 그 자체가 원래 예법과 어긋나는 것이다. 하지만 옛 예법대로만 하자면, 옛날과 지금의 형편이 서로 다른 점도 있으니 무작정 논의할 일이 못 된다"하시고, 『오례의(五禮儀)』에 의하여 하도록 명하셨다.

우리나라 제도에 담제(禫祭) 날은 악기를 매달고 음악을 연주하였는데, 이에 대해 선왕께서는 "대상(大祥)을 치르고는 흰색 관(縞冠)을 쓰며, 그 달이 담제였다면 한 달 지나서 악기를 다루는 법이다. 맹헌자(孟獻子)가 담제 때 악기를 매달아 두기만 하고 연주하지는 않자, 공자께서 말씀하시기를 남보다 한 등급 낫다고 하셨다. 슬프고 허전한데 어떻게 차마 악기를 연주해 음악을 들을 것인가"하시고, 담제가 있는 그 달은 크고 작은 법악(法樂)에 악기를 매달기만 하고 연주하지는 않는 것으로 격식을 정하셨다.

종묘에 체(禘)제사를 올리고, 특명으로 충헌공(忠獻公) 김창집(金昌集)을 영조 묘정(廟庭)에 배향하고, 문정공(文正公) 송시열(宋時烈)을 효종 묘정에 추가해서 제사지내게 하셨다. 처음에 의정부가 영조 묘정에 배향할 신하들을 논의하여 올리면서 김창집은 영조를 직접 섬기지 않았다 하여 논의 대상에서 제외했었다. 이에 대해 선왕께서 이르시기를, "송나라 장준(張浚)이 효종(孝宗) 옹립에 공로가 있었는데, 당시 논의하는 자들이, 같은 조정에서 있었던 일이 아니라 하여 묘정 배향에 난색을 보였지만, 양만리(楊萬里)가 단독으로 마땅히 배향해야 한다고 주장했었다. 김창집이 국가의 큰 정책을 결정한 의리와 나라 위해 몸바친 충성에 대하여는 장준의 고사를 원용하여 적용하기에 꼭 알맞다"고 하시고, 또 말씀하시되,

"효종이 송시열과는 춘추대의(春秋大義)에 있어 뜻이 똑같았으니 배향을 하지 않는다면 진실로 잘못된 일이다. 하늘에 계시는 영령께서도 제향에 임하실 때면 그에 대한 기대를 하고 계시지 않겠는가. 익성공(翼成公) 황희(黃喜)도 세종 묘정에 추배되고 문경공(文敬公) 김안국(金安國)도 인종 묘정에 추배되었는데, 문정공 송시열의 추배를 안 할 수 있겠는가" 하셨다.

태조의 아버님이신 환조(桓祖)께서 태어나신 지 여덟 번째 회갑(八回甲)년인 을묘년(1795)을 맞아 대신을 함흥(咸興) 본궁(本宮)에 보내어 술 올려 제사지내는 작헌례(酌獻禮)를 행했다. 이때 함흥 유생으로서 영흥(永興) 본궁의 전사청(典祀廳) 고적에 관해 상소한 자가 있었다. 선왕께서는 이를 보고 깨달은 바가 있어 조정 신료들 의견을 물은 다음, 대신과 예법 담당관리를 보내어 환조대왕(桓祖大王)과 의혜왕후(懿惠王后) 위패를 영흥 본궁에서 모시게 하였다. 두 본궁에다 선대 임금과 왕후의 위패를 모신 것은 원묘(原廟) 제도였다. 옛날에는 내수사에서 별도로 관리를 보내어 제사를 모시게 했으므로, 예에 맞지 않는 경우가 많았었는데, 선왕께서는 그 의식 절차를 모두 바로잡으셨고, 해마다 의복과 폐백을 봉안할 때도 꼭 전날부터 재계하고 일을 친히 주관하셨다.

사직단에 풍년을 빌며 올리던 기곡제[祈穀]를 대사(大祀)로 승격시켰으며, 각 지방에도 제사지내는 사단(社壇)을 개수하고 엄히 보호하도록 조치하였다. 그리고 매월 예조판서에게 보고하여 관리 상황을 살필 수 있게 하셨다.

명나라 황제에게 올리는 대보단 제사에도 처음으로 희생물과 집기들을 친히 살피는 제도를 정했다.

문정공(文靖公) 김인후(金麟厚)의 위패를 성균관의 문묘(文廟)에 모시면서 시호를 문정(文正)으로 고쳤으며, 여주에 있는 문정공 송시열 사당을 대로사(大老祠)라고 사액하고 친히 짓고 쓴 비를 만들어 뜰에다 세웠다. 그리고 단군(檀君)·기자(箕子)와 삼국(三國) 그리고 고려(高麗) 시조의 여러 왕릉들을 보수하고, 온조왕(溫祚王)의 사당은 숭렬전(崇烈殿)이라고 이름했다.

환관들이 감히 바깥 신료들과 접촉하거나 대화하지 못하게 하고, 무당들은 전부 한강 외곽으로 내쫓았으며, 승려들은 도성 안 출입을 못하게 했다. 각도에 윤음을 내려 향음주례(鄕飮酒禮)를 강습하였다. 또 늙은이를 봉양하고 농부들을 위로하는 등, 노인을 공경하고 농업을 근본으로 장려하도록 권하였으며, 농업 관계 서적(農書)을 구함에 임금의 뜻에 부응하여 농서를 올린 자가 매우 많았다.

우리나라를 다스리는 법제에 관한 서적으로는 세종께서 『경제육전(經濟六典)』을 창제한 것을 시작으로, 세조 때 『경국대전(經國大典)』이 만들어지고, 성종 때 『속록(續錄)』이 있었으며, 숙종 때 『집록통고(輯錄通考)』가 있었고, 영조 때 『속대전(續大典)』이 있었다. 선왕께서는 법전의 원전(原典)과 속전(續典)이 각기 따로따로 되어 있어 참고에 불편하다 하여, 두 원전 및 속전과 선대 임금의 교령(敎令), 현재의 수교(受敎) 등 법령이 될 만한 것들을 통털어 한 책으로 만들게 했는데 이것이 바로 『대전통편(大典通編)』으로서 내외

大老祠碑 탁본

대로사비(大老祠碑) 탁본

대로사는 우암 송시열의
사당으로 그가 모시던 효종의
능침 영릉이 있는 경기도 여주에
건립되었다. 정조는
1785년(정조 9) 이곳에
사액하고, 송시열이 태어난 지 세
번째 맞는 회갑년(1787년)을
기념하여 송시열을 기리는
비문을 직접 짓고 써서 이곳에
비석으로 세우게 된다. 노론의
신임의리론과 북벌대의론을 높여
현창하는 조치였다. 비석은
비문이 쓰여진 면만도 가로
260cm, 세로 210cm에 이르는
대작으로서, 전면에 대로사비라
쓴 큰 전서와 좌측면에서 뒷면,
우측면으로 돌아가면서 쓴
본문의 글씨는 화려하고도
장엄한 기운을 유감없이
드러내고 있다. 정조 글씨의
대표작이다.

에 반포하여 시행하셨다.

일찍이 관리들의 치적을 평가하는 대정(大政)을 실시하면서 하교하기를, "서한(西漢) 시대에는 관리 선임을 가장 중히 여겼었는데 지금은 그렇지가 않다. 인재 등용을 과목(科目)에 의하여 하기 때문에, 문관으로서 임금을 곁에서 모시는 신하가 도리어 문벌로 관리가 된 음관이나 무관만도 못하다. 그러므로 서울에 있을 때는 세금을 담당하는 관리가 못되고, 지방에 나가서는 지방관의 책임도 맡지 못하여, 경제적인 문제나 군사에 관한 문제에 모두가 캄캄하다. 만약 새로 들어온 문신을 변방 고을로 내려보내 거기에서 관리의 일을 습득하면서 민생의 고통도 잘 알게 했다가, 다음에 부름을 받아 올라왔을 때 나와서 말을 하고 물러가서는 글을 올려 잘잘못을 낱낱이 아뢰도록 한다면, 궁궐이 비록 깊숙이 있다고 해도 사방이 가깝게 보일 것이니, 나라와 백성에 도움되는 것이 날마다 어사를 파견하는 것 보다 나을 것이다" 하시고, 문관·음관·무관을 번갈아 임명하는 제도를 강구하도록 하셨다.

선왕께서는 세상에 드문 품성으로 큰 뜻을 가지고서 백관들을 올바르게 감독하고 본바탕과 겉치레를 짐작하셨으며, 길·흉·군·빈(吉凶軍賓)의 모든 예법에 있어서도 모든 사례를 참작하고, 옛 제도와 오늘의 제도를 아울러 참고했기에 예악과 문물이 훌륭히 갖추어졌다. 모든 관청과 지방 군현에 기준이 되는 기록이 없는 곳이 없고, 도량형에도 일정한 준칙이 모두 있게 되어, 계획을 세우고 사람을 추천하며, 군정과 재판을 진행하고, 재정과 백성의 파악 등에 대하여도 모두 근거할 자료가 있게 되었다. 또한 『대전통편』이라는 한 책이 질서정연하게 정리되어 있어 한 시대의 성문법이 되었으니, 『시경』에 이른바 "백성 편하게 되길 바라더니, 그 일 잘 이루어졌네"라는 말이 바로 선왕을 두고 한 말이었다.

몸가짐과 행실

선왕께서는 근엄하면서도 공손하고 두려워할 줄 아셨으며, 하늘을 잘 섬겨서 해가 비치는 곳이면 자세를 흐뜨리지 않았고, 옷을 갈아입거나 할 때도 북극성이 있는 곳이라 하여 북쪽을 향하지 않았으며, 비바람이 세거나 천둥이 치면 반드시 표정을 바로하고 일어나셨다.

종묘에 친히 제사하고 문을 나서면서는 근엄하고 경건한 태도였고, 오르내리며 술잔을 올릴 때는 종종걸음으로 날아갈 듯하여, 일을 돕는 백관들도 민첩하되 엄숙하였다. 혹시 대리해서 제사드리도록 명할 때면 가까운 신하를 보내 일을 살피게 했다. 재전(齋殿)에 나아가 제례에 임하다가는 예식이 끝나야 쉬셨고, 능(陵)이나 원(園)의 제사에도 과일·떡 등 제사 음식을 올려오면 반드시 꿇어앉아서 맛보곤 하셨다.

언젠가 몹시 더울 때 경연에 나오셔서 하교하기를, "오늘은 더워서 경들을 일찍 물러가게 할까 하는 생각이 문득 들었었는데, 다시 생각하니 이는 나태한 마음이었다" 하시고, 하루 일을 다 마치고 파하셨다.

평상시에 접견할 때면 까다로운 예절을 다 생략하고, 늘 웃는 얼굴로 대하여 따스하기가 마치 한집안 아버지와 아들 사이 같았다. 그러다가도 문득 정사를 행하는 정전에 나오시면 뭇 신하들이 머리를 숙이고 엎드려 감히 얼굴을 들지 못했다.

일찍이 왕세자의 교육을 담당하는 빈객(賓客)을 지낸 사람이면 그가 비록 음관(蔭官)이라도 직명을 부르지 이름을 바로 부르지 않으셨다.

아무리 내부 사석에서라도 왕실 척신은 감히 조정 정사에 간여하지 못하도록 하셨다. 그리고 내시들은 공적인 일이 아니면 감히 앞에 나서지 못했다. 선왕께서는 "사대부를 접할 때가 많았고, 환관과 궁녀를 접할 때는 적었으니, 이 일만은 남에게 별로 부끄러울 것이 없다"고 하셨다.

김귀주(金龜柱) 같은 이도 왕세자 가르치는 주연(胄筵)자리에서 나온 말로 홍봉한(洪鳳漢)을 임금 앞에서 논하였으므로 그를 섬에다 유배보내었고, 홍낙임(洪樂任)을 달력 배포 대상자 명단에 올리고 홍수영(洪守榮)을 제사담당하는 관리로 임명했다 하여 병조판서와 이조의 관리를 귀양보냈듯이, 무슨 처분이든지 척신인 경주김씨와 풍산홍씨 양쪽 모두에 엄정하게 하셨다.

정사에 부지런하여 조참(朝參)·상참(常參)·빈대(賓對)·윤대(輪對) 등 신료들과의 여러 정해진 만남을 모두 다 거행하셨고, 여러 신하들이 올린 상주문과 내외의 글들에 대하여도 그 가부를 즉석에서 알리고 하나도 지체한 일이 없었다. 날마다 신료들을 불러 만나시는데 밤까지 이어진 적이 허다하고, 아침에 대궐 문이 열리기도 전에 명령이 하달되는 경우도 있었다. 심지어 해가 기울도록

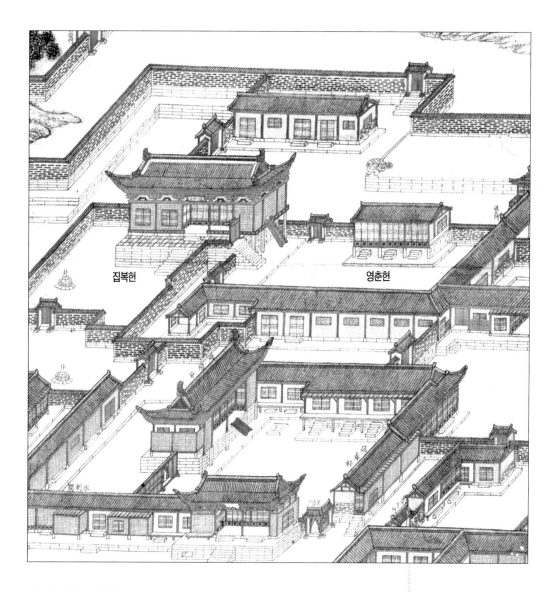

집복헌

영춘헌

〈동궐도〉 창경궁 영춘헌과 주변

정조의 검박한 생활은 그가 평생 머물던 영춘헌에서 잘 드러난다. 훗날 중건할 때 오늘 보는 것처럼 비교적
크게 확장되었지만, 정조 당시에는 그림 오른쪽 윗부분의 세 칸짜리 조촐한 건물이 그가 평소 거처하던
침전이었다. 김조순 등 측근들과의 은밀한 만남도 여기서 이루어졌고 그가 서거한 것도 이 건물에서였다.
국왕이 개인적 영화를 극도로 자제하도록 이끌어 갔던 것이 조선의 높은 정치적 수준이었고 주자학적
정치이념이었다. 또한 이를 스스로 받아들여 실천한 훌륭한 임금이 정조대왕이었다.

식사하실 겨를도 없어서 혹 너무 열심히 일하시는 것이 아니냐고 말하는 신하가 있으면, 선왕께서는 "나 자신은 피곤한 줄을 모르겠다. 선대의 업적을 계승하여 이루어내려는 수성(守成)의 임금이라면 정사에 부지런하고 백성을 걱정하는 일로 마음을 써야 한다. 이렇게 하지 않는다면 어디에다 마음을 쓴다는 말인가"라 하셨다.

또 아주 검소하셔서 의복도 여러 번 빨아서 입을 뿐 아니라, 곤룡포가 아니라면 비단옷을 입지 않았으며, 드시는 음식도 특별한 진수성찬이 아니었다. 평소에 거처하시는 침전(寢殿)도 너무 소박하여 창이나 벽이 연기로 그을리듯이 된 곳이 있어 담당 관리가 수리할 것을 청하면, 선왕께서는 "무슨 비용이 많이 들어서가 아니라, 내가 보기에는 그리 누추하지가 않아서 수리를 안한다"고 하셨다.

앉으시는 좌석 곁에는 도서와 집기들이 질서 정연하게 일정한 곳에 놓여져 있었고, 방안 구석구석도 선을 그은 듯이 정리 정돈이 되어 있어, 혼자 계신 곳에서도 어떻게 지내시는지를 알만 하였다. 옛 글에 이르기를 "장중하고 방정하여 공경심이 일어날 만하다" 했는데, 이는 선왕을 두고 한 말인 듯싶다.

가뭄이 들어서 기우제를 지내려 할 적에, 글짓는 관리인 지제교(知製敎)가 제문을 지어 올리자, 선왕께서는 "글 속에 군주의 죄를 말한 곳이 없어서야 되겠는가" 하시고, 다시 쓰도록 명하시고는 드디어 윤음을 내려 스스로 자책하는 열 가지 조항을 들으셨다. 또 한번은 기우제를 올리면서 뜨거운 햇살이 쨍쨍한데도 일산이 없는 보여(步輿)라는 가마를 타고 제단에 이르러 노상에서 하루 종일 앉아 계시다가, 제례가 끝난 후 환궁하여서도 곤룡포와 관을 벗지 않고 기다리고 계셨는데, 얼마 후 과연 비가 내린 일도 있었다.

선왕께서는 항상 천명을 생각하고 상제(上帝)를 받들었으며 늘 말씀하시기를 "하늘이 어디 멀다던가. 내 마음 속에 있는 것이다" 하셨고, 혹시 천재지변이라도 있으면 처음부터 끝까지 두려워하고 반성하며 자신의 몸가짐을 점검하여 나태하게 하지 않으셨다.

정사 처리와 탕평책

선왕께서는 총명하고 지혜가 뛰어나서 역대 정치의 잘잘못과 여러 종류의 재주와 기술, 인물의 성정(性情), 귀신의 조화 등에 관해 그 모두를 다 마음 속으로 터득하여 이해하시고는 "이치는 하나일 뿐이지만, 이 하나의 이치로 세상 온갖 것을 포괄하고 갖가지 일들에 대처할 수 있다"고 하셨다.

언제나 경연에 나아가시면 상주문이 쉴새없이 올라오고, 정부의 정책·대간의 언론·재판 및 재정 관련 업무가 한꺼번에 들이닥쳐도 이 일들을 다 사리와 형평에 맞게 처리하면서 오히려 여유를 보이셨다.

착한 일을 한 사람이면 언제나 등용을 하였으니 가까운 사이가 아니라거나 그의 신분이 비천하다 하여 누락시키는 일이 없었다. 뭇 신하들이 나아가 뵐 때면 반드시 얼굴빛을 부드럽게 하여 그들이 마음놓고 말할 수 있도록 해주셨으며, 그들 말이 혹 자신의 뜻에 거슬려도 노하여 화내시는 일이라곤 없었다.

올바른 의견을 구하여 구언교(求言敎)를 전후 십여 차례 내리셨는데 "영조대 후반까지만 해도 오히려 바른 말과 격한 논쟁들을 많이 했었는데, 요즈음에는 거리낌없이 말하는 자가 없으니, 아마 내가 잘못을 지적하는 소리를 듣기 싫어하는 듯이 보여서인가"라고 하시며 자책하셨다.

훌륭한 사람들을 애타게 구했기에 경학으로 진출한 사람도 있었고, 문학으로 진출한 사람도 있었으며, 재주로 진출한 사람도 있었고, 혁혁한 집안 배경으로 진출한 사람도 있었다. 혹은 뭇 사람이 다 버린 속에서 발탁하기도 하고, 혹은 죄에 연루된 사람 가운데서 추려내기도 하여 모두 그 능력을 다 발휘하도록 하셨다.

평소 거처하시는 침전(寢殿)에 편액을 '탕탕평평실(蕩蕩平平室)'이라고 달고, 「만천명월주인옹자서(萬川明月主人翁自序)」를 써서 스스로 깨우치고 경계하셨다. 그러니 『주역』에 이르기를, "성인은 덕을 높이고 사업을 광대하게 한다. 덕을 높이는 일은 하늘을 본받고, 낮추는 일은 땅을 본받는다"라 했는데, 이는 선왕을 두고 한 말인 듯하다.

병환과 서거

선왕께서 즉위하신지 14년 되던 경술년(1790)에 수빈박씨(綏嬪朴氏) 가순궁(嘉順宮)께서 우리 전하(순조)를 낳으시자, 선왕께

정조가 돌아간 후 올린 원래의 묘호(廟號)는 정종(正宗)이었다. '유덕왈 조, 유공왈 종(有德曰祖 有功曰宗; 큰 공이 있으면 조를 붙이고 덕이 있으면 종을 붙인다)'이라고 해서 종을 붙이는 것이 일반적이었기 때문이다. 그러나 1897년 고종이 대한제국을 선포하고 황제를 칭하면서 정종이란 묘호도 격상되게 된다. 1899년(광무 3)에 고종은 건릉이란 정조의 능호는 그대로 둔 채, 선황제(宣皇帝)의 시호와 정조(正祖)란 묘호를 올리고 효의왕후에겐 선황후(宣皇后)라는 시호를 올리게 된다. 이에 정조의 능침에는 새로이 건릉표가 서게 되었다. 비석 전면에는 새로 올린 칭호를 큰 전서로 새기고, 비석 뒷면에는 고종이 저간의 과정을 친히 써서 새겼다. 정조라는 칭호는 실상 이때부터 쓰기 시작한 것이다.

서는 왕비 효의왕후로 하여금 그를 자식으로 삼도록 하셨다. 이때 죄인들에게 대사면을 베푸셨으며, 노인들에게 관작을 내리고, 백세 노인에게는 쌀과 고기를 추가로 내려주셨다. 백성들에게는 각 도의 해묵은 대여곡 상환을 면제해주고, 각종 조세도 감면해 주셨는데, 이 해에는 큰 풍년이 들었다.

24년 경신년 정월 초하룻날 사도세자의 경모궁(景慕宮)에 참배하시고, 그 달에 현륭원(顯隆園) 성묘를 하시면서 땅에 엎드려 목이 쉬도록 오열하셨다. 그러고는 이르시기를, "오늘 어떻게 또 아버님 묘소를 하직하고 돌아갈까" 하셨는데 막상 환궁하고서는 그것이 더욱 마음의 병이 되어 그때부터 편찮으실 때가 많았다.

2월 을유일에 우리 전하의 관례(冠禮)를 행하시고, 왕세자 책봉을 한 다음, 현종 때의 전례에 따라 그해에 혼례까지 함께 치르기 위해 첫 번째 세자빈 간택 절차를 진행하였다. 이때 지금의 왕비(순원왕후)께서 뽑히셨으니, 영안부원군(永安府院君) 안동김씨(安東金氏) 김조순(金祖淳)의 따님이셨다. 그날 본댁으로 돌아갈 때 세 번째 간택까지 모두 마친 것과 똑같이 절차를 갖추도록 특별히 명령을 내리셨다.

6월 초에 와서 부스럼 증세가 점점 심하였지만, 그럼에도 백성들의 일을 늦추어 처리해서는 안된다고 하시며 승지들에게 상주문이나 보고서들을 지체없이 처리하도록 하교하셨다.

6월 28일 기묘일에 병환이 더 심하여져서 대신과 규장각신이 병세를 살피기 위해 방에 들어갔을 때 선왕께서는 이미 말씀을 못하시는 상태였다. 다만 가느다란 소리로 수정전(壽靜殿)이라고만 하셨는데, 수정전은 바로 정순왕후께서 거처하시는 곳으로 왕후께 무엇인가 아뢸 말씀이 있다는 뜻 같았다. 마침내 창경궁 영춘헌(迎春軒)에서 승하하시고 말았으니 당시 연세는 49세였다. 대상(大喪)을 치루는 날 도성 안 사족과 일반 백성들은 엎드려 통곡하였고, 멀리 떨어진 골짜기의 백성들도 마치 부모를 여읜 듯이 슬퍼 울지 않은 사람이 없었으니, 아아, 애통하도다.

우리 전하께서 여러 신료들과 예로부터의 시호(諡號) 올리는 법을 참고하여 선왕께 삼가 시호를 올리기를 '문성무열성인장효(文成武烈聖仁莊孝)'라 하고, 묘호(廟號)는 '정종(正宗)'이라고 했다. 묘호로 올바르다는 '정(正)'자를 올린 것은, 광대함과 정밀함을 다 이루어내고, 고명함을 다하여 중용(中庸)의 이치를 따른 도학(道學)의 올바름 때문이었고, 천지 사이에 어그러질 것이 없고 백세 후에도 의혹될 것이 없었던 의리(義理)의 올바름 때문이며, 마음을 바르게 하여 조정(朝廷)을 바르게 하고, 조정을 바르게 하여 백관(百官)을 바르게 하고, 백관을 바르게 하여 만민(萬民)을 바르게 한 정치술과 법도의 올바름 때문이었다. 시호는 행적과 공덕을 드러내는 것이니, 아아, 이 시호와 묘호는 선왕의 행적과 공덕에 거의 부합한 것이다.

그러나 그 큰 공덕에 합당한 이름은 얻었지만 수명을 얻어 오래 사시지 못하셨으니, 하늘이 보우하사 천명을 주신다는 옛말은 과연 무엇으로 증명할 수 있을 것인가. 이는 또한 이른바 '기수(氣數)'라고 하는 것이 그렇게 만드는 모양이지만, 그러나 문왕(文王)

의 제도를 본받아 날로 사방이 안정되고, 종묘에서 제사를 받아 자손을 보전하사 영원히 의지할 수 있는 힘이 되셨으니, 이야말로 하늘이 보우하사 천명을 주신다는 옛말을 가히 믿을만한 증거라 하겠다.

왕비 효의왕후

선왕의 왕비는 김씨(金氏)로서, 현종의 왕비 명성왕후(明聖王后)의 아버지인 청풍부원군(淸風府院君) 충익공(忠翼公) 김우명(金佑明)이 왕후의 5대조이고, 좌참찬으로 영의정을 추증받은 청원부원군(淸原府院君) 정익공(靖翼公) 김시묵(金時默)과 당성부부인(唐城府夫人) 남양홍씨(南陽洪氏)가 왕후의 부모이시다. 영조 계유년(1753) 12월 13일 서울의 사저에서 탄생하셨는데, 정원의 복숭아꽃과 오얏꽃이 홀연히 다시 핀 일이 있어 가족들이 그를 이상하게 여겼던 바 얼마 후 왕후가 태어나셨다.

왕후께서는 타고난 덕스러운 용모에 정숙하고 아리따우셨으며 행동거지에 절도가 있었다. 9세 때 간택에 응했는데, 영조께서 매우 가상히 여겨, 다섯 대에 걸쳐 옛날을 이었으니 이 집안이 나라의 근본이라는 뜻으로 '오세계석 식위종국(五世繼昔 寔爲宗國)'이라는 여덟 글자를 손수 써서 하사하셨다.

10세 되던 해 2월에 세손빈(世孫嬪)에 책봉되고, 병신년(1776)에 선왕께서 왕위에 오르자 왕후가 되었다가, 경신년(1800) 선왕께서 돌아가시고 우리 전하께서 왕위를 이은 후 왕대비(王大妃)가 되셨다. 존호(尊號)를 올리려고 하자, 왕후께서 "선왕이 존호를 받

**정조대왕 서거 2백주기
추모식 광경**

2000년 7월 29일(음력 6월
28일) 정조대왕 서거 2백주기
기일을 맞아 화성군이 주최한
단출한 추모식 행사. 우리
역사에서 정조의 위상을
생각한다면 정조 2백주기
추모식은 지난 2백년 간 격동의
민족사를 돌이켜 보면서
민족사의 과제를 되새겨보는
행사와 함께 당연히 국가적
차원에서 치루어져야 했다.
정부와 학계, 언론, 나아가 우리
시대의 역사의식 결여
때문이지만, 그나마 이런 조촐한
행사라도 있었던 것은 다행이
아닐 수 없다.

지 않았던 것은 그 마음 속에 지극한 애통함이 있었기 때문이었는
데, 미망인으로서 존호를 받는다면 선왕의 올바른 뜻에 부합할 것
인가?"라 하시니, 우리 전하의 효성스런 마음에는 비록 아쉬움이
있었겠으나 뭇 신하들로서는 더욱 여기에 감복하였었다.

경진년(1820) 겨울에 대신과 예관이 아뢰기를 "내후년이면 왕
대비전의 연세가 칠순이 되므로, 예법상 그때 경하하는 것이 당연
하지만, 그해는 사도세자께서 돌아가신 임오년이므로, 그를 피하여
세손빈 간택에 응한 지 60년이 되는 명년에 하례를 올리게 하소서"
하여, 바로 정월 초하룻날 전하께서 세자와 백관을 거느리고 축하
하는 글을 받들어 하례를 올렸다. 또 장차 영조 병자년(1756)에 인

원대비(仁元大妃)께 하례를 올렸던 것처럼 하기 위해 그에 관한 축하의 의례를 논의하려 하였는데, 왕후께서는 이 일을 더욱 꺼림직하게 여기시던 차에 처음에는 조금 편찮으시더니 달을 넘기면서 점점 더하여 창경궁의 자경전(慈慶殿)에서 승하하시고 마셨으니, 아아, 슬프도다.

왕후께서는 천성이 인자하고 효성스럽고 공손하고 검소하셨다. 궁중에 들어온 처음부터 어려운 고비를 누차 겪고, 임오년 윤5월 사도세자께서 돌아가시면서는 세자빈(혜경궁)과 세손빈 모두 각기 사저로 돌아가게 하라는 명령까지 있었으나, 왕후께서는 혜경궁이 계신 곳으로 함께 갈 것을 원하시니, 그 소식을 들은 영조께서는 이를 잘하는 일로 생각하셨다.

시아버지이신 사도세자를 반년도 채 못 모셨기에, 이렇게 얼마 못 모신 일을 돌아가실 때까지도 안타깝게 여기셨다. 혜경궁을 모시면서는 환한 표정으로 잘 살펴서 항상 조심스럽게 행동하셨고, 선왕께서 돌아가시자 선왕께서 섬기던 그대로 한결같이 혜경궁을 섬기셨으며, 정순왕후도 마찬가지로 그렇게 섬기셨다.

시누이인 두 군주(郡主)와도 우애가 대단했고, 남의 잘못 말하는 것을 부끄러워 하시며, 즐겁고 화나는 감정의 기복을 얼굴에 나타내지 않았다. 친척들이 잘못을 범하면, 그를 꾸짖지는 않고 다만 입을 다문 채 말이 없었는데, 그러면 그들이 야단맞는 것보다 더 부끄러워했다고 한다. 친정집에 내리는 혜택은 더욱 조심하여, 혹 무슨 물건을 주더라도 그것을 사사로이 주는 일이 없었고, 자신의 생활은 매우 검소하여 의복이나 집기들은 주어지는 것만을 겨우 쓰셨다.

중년에 왕후께서 갑자기 임신한 것 같은 징후를 보이자, 선왕께서는 매우 기뻐하시면서, 산실(産室)을 서둘러 차리도록 했으나 해가 넘도록 자식을 낳지 못하셨다. 경술년(1790)에 우리 전하께서 태어나시자 그를 사랑하고 돌보기를 자신이 낳은 이상으로 하셨으니, 우리 전하께서도 사랑과 존경을 다하여 두 분의 사랑과 효성이 옛날의 모범 그대로였다.

지난 무술년(1778) 정순왕후께서 언문 교서를 내려, 왕후의 병환이 자식 두기에는 가망이 없다고 하셨을 때, 사헌부 관리인 박재원(朴在源)이 훌륭한 의원을 구해 치료할 것을 청했다. 이에 홍국

영(洪國榮)이 크게 화내면서 공개석상에서 박재원에게 욕설을 한 일이 있었는데, 이때 홍국영의 누이로 후궁이었던 홍빈(洪嬪)을 대하기가 왕후로서 얼마나 난처했을지 알 수 있다. 선왕께서는 결국 박재원의 충절을 알고 그에게 특별히 좋은 관직을 추증하고 표창하셨는데, 이처럼 선왕과 왕후 두 분이 아무런 틈이 없이 원만한 사이였으니 이 모두가 선왕께서 현명하고 왕후께 덕이 있었기 때문이었다. 대비로 계실 때에는 마치 하늘과 같은 덕이 형용하기 어려울 정도로 훌륭하셨으니, 아, 그 덕의 지극함이여!

뭇 신하들이 삼가 시호(諡號)를 올려 효의(孝懿)라 하고 휘호(徽號)는 '예경자수(睿敬慈粹)'라 하였으니, 아아, 그 인품에 거의 부합하도다.

왕후의 집안 내력과 대대로 내려오는 덕망에 대하여는 전 대제학(前大提學) 김조순(金祖淳)이 지은 지문(誌文)에 자세히 실려 있다.

선왕의 후궁으로 우리 전하를 낳으신 가순궁(嘉順宮)께서는 숙선옹주(淑善翁主)도 낳으셨는데 옹주는 영명위(永明尉) 홍현주(洪顯周)에게 시집가셨다. 우리 전하(순조)께서는 두 아들을 낳으셨는데 장남이 세자이고 차남은 일찍 여의셨다. 따님은 셋인데 장녀는 명온공주(明溫公主)로 봉하셨고 차녀는 아직 공주로 봉하지 않으셨으며, 한 옹주도 아직 봉하지 않으셨다. 숙선옹주는 아들 한 분을 두셨다.

아아, 선왕께서 저의 어리석음을 잘 아시건만 선왕의 국상을 거듭 치루기까지 차마 따라죽지 못하고 살아서 외람되이 붓을 잡아 선왕의 행적을 기술하였습니다. 하지만, 제가 선왕이 가지셨던 덕망의 만분의 일이라도 제대로 알고 기록했는지 두렵기만 합니다. 다만 이 글이 사실과 달리 기록하지 않은 것만은 오랜 훗날에라도 알 수 있을 것입니다.

도판목록

찾아보기

ㅅ

정조대왕의 꿈
개혁과 갈등의 시대

2001년 4월 30일 초판 1쇄 발행
2016년 3월 30일 초판 7쇄 발행

지은이 유봉학
펴낸이 김정일
펴낸곳 신구문화사

등록 1968년 6월 10일
주소 경기도 성남시 중원구 광명로 377 신구대학교 우촌학사 1층
전화 031-741-3055~6
팩스 031-741-3054
e-mail shingupub@naver.com
홈페이지 www.shingubook.com

ⓒ 유봉학, 2001
ISBN 978-89-7668-095-2 03910
값 15,000원